# LA COMPOSITION

### DE

# PÉDAGOGIE

# E. RAYOT

AGRÉGÉ DE PHILOSOPHIE, ANCIEN PROFESSEUR AU LYCÉE DE BESANÇON
INSPECTEUR D'ACADÉMIE

# LA COMPOSITION

## DE

# PÉDAGOGIE

### COURS COMPLET DE PÉDAGOGIE THÉORIQUE ET PRATIQUE

### SOUS FORME DE PLANS DE DÉVELOPPEMENTS

A L'USAGE

des aspirants au certificat d'aptitude pédagogique
au diplôme de fin d'études normales
au professorat des Écoles supérieures et des Écoles normal s
à l'inspection primaire
à la direction des Écoles normales

PARIS

## LIBRAIRIE CLASSIQUE DELAPLANE

### Paul MELLOTTÉE, éditeur

48, RUE MONSIEUR-LE-PRINCE, 48

# AVANT-PROPOS

Le nouvel ouvrage que nous publions aujourd'hui constitue en réalité, sous une forme de plans de développements, un traité complet de pédagogie théorique et pratique : nous avons eu soin d'y faire figurer toutes les questions vraiment essentielles se rapportant à l'art de l'éducation, celles autour desquelles gravitent en quelque sorte toutes les autres qu'elles dominent. Il comprend deux parties : l'une plus générale, traitant de problèmes d'un caractère plus spéculatif, théorique, l'autre plus spéciale, portant sur des sujets d'ordre plus pratique, technique. Il nous a semblé que de cette façon il pouvait rendre des services plus nombreux, répondre à des besoins plus variés.

Nous n'avons d'ailleurs aucun scrupule à l'avouer : en l'écrivant, nous avons surtout songé aux nombreux candidats à l'examen du certificat d'aptitude pédagogique. Mais nous croyons que notre *Composition de pédagogie* n'est pas non plus tout à fait incapable d'offrir quelque utilité pour des examens d'un ordre plus élevé, pour le diplôme de fin d'études normales — qu'il est déjà question de remanier plus ou moins profondément, — pour le certificat d'aptitude au professorat des écoles normales et des écoles supérieures, même pour le concours de la direction des écoles normales et de l'inspection primaire. En tout cas, à toutes ces diverses catégories de candidats, il peut, si nous ne nous trompons pas, fournir quelques indications utiles, quelques idées intéressantes, surtout suggérer des réflexions précieuses.

Du reste, il constitue le complément naturel et attendu d'un autre ouvrage déjà paru à la même librairie, la *Composition littéraire, psychologique, pédagogique et morale*, que nous avons publié en collaboration avec notre ami, M. Roustan, inspecteur de l'Académie de Paris, et dont la première partie, rédigée spécialement par ce dernier, a été — comme du reste toutes ses autres publications — l'objet des appréciations les plus flatteuses. Nous l'ajoutons aussi : bien souvent, il ne fait que reprendre, en les développant, des idées que nous avons déjà exposées dans nos deux traités de *Psychologie appliquée à l'éducation*, édités par la même maison et auxquels, dès leur apparition, on a bien voulu faire un accueil dont nous sommes à la fois reconnaissant et très vivement touché. C'est pourquoi il est naturel que l'on y retrouve la même inspiration, les mêmes idées directrices. Nous continuons à rester attaché à la grande tradition française qui veut que l'éducation soit avant tout une culture générale et vise dans l'enfant à la formation de l'homme : c'est celle de Rousseau, c'est aussi celle des fondateurs de l'école laïque, conçue comme ne devant ni négliger ni sacrifier aucun besoin profond de l'âme humaine, comme destinée au contraire à préparer l'épanouissement le plus complet de toutes les puissances intellectuelles et morales de l'esprit. Même aujourd'hui, après la « destruction effrayante des énergies et des œuvres » amenée par la guerre la plus épouvantable que le monde ait jamais connue, même aujourd'hui où l'on insiste sur la nécessité de « fournir au pays des jeunes gens capables de produire deux fois plus que leurs aînés », ceux qui ont actuellement le grand honneur de présider aux destinées de l'école ne craignent pas de le proclamer : « L'enseignement primaire prétend faire des hommes. Bien misérable serait un système d'éducation, de quelque nom qu'on le décore, si, façonnant ses élèves d'après les formes et dimensions des places qu'ils occuperont dans la société, il négligeait de les cultiver pour eux-mêmes et s'abstenait de développer toutes leurs virtualités.. ; comme les enseignements secondaire et supérieur, l'enseignement primaire, en préparant les élèves à leur profession, entend initier leur esprit à ce qu'ils peuvent saisir de la science, former leur jugement et leur volonté, bref leur donner une éducation générale » (1). Sur ce point, il ne saurait donc y avoir de malentendus possibles. Et c'est pourquoi ce serait pour nous une récompense suffisante si ce modeste ouvrage pouvait, pour sa faible part, contribuer à faire réfléchir ceux qui ont la haute, la lourde charge de former les générations de demain, de les préparer à la tâche à la fois sociale, patriotique et humaine, qui les attend, à les faire réfléchir, dis-je, sur toute l'étendue, sur toute la gravité de leurs devoirs, sur la valeur infinie de leur travail, de leur mission, à leur permettre aussi de puiser sans cesse des forces nouvelles, des énergies toujours fraîches dans la pensée, surtout dans l'amour de l'idéal dont toute leur vie et toute leur attitude doit rester comme pieusement illuminée (2).

(1) LAPIE, *Un regard sur l'école d'après-guerre, Revue pédagogique,* septembre 1918.
(2) PÉCAUT, *Quinze ans d'éducation* (p. 357-358).

# LA
# COMPOSITION DE PÉDAGOGIE

—

## RÉSUMÉ COMPLET DE PÉDAGOGIE
### SOUS FORME DE PLANS DE DÉVELOPPEMENTS

---

## *PREMIÈRE PARTIE*

## PARTIE GÉNÉRALE THÉORIQUE

—

**1.** **Quelle conception convient-il de se faire de l' « éducation »?**

**A.** — Le terme « éducation » a deux sens : — un sens large, courant (par exemple lorsqu'on dit d'une personne qu'elle a ou n'a pas d'éducation, voulant exprimer par là qu'elle sait ou ne sait pas vivre, qu'elle a ou n'a pas les manières, les attitudes, etc. qui conviennent dans la bonne société) — et un sens plus étroit, plus précis (par exemple quand on dit que l'école est chargée de l'éducation). — Il est bien entendu que, dans le sujet, c'est à ce dernier point de vue qu'il faut se placer La question — délicate — se ramène à donner une « définition » exacte de la nature de l'éducation, à déterminer en quoi elle consiste.

**B.** — Quelques définitions célèbres, classiques, de l'éducation. — « L'éducation a pour but de développer dans chaque individu toute la perfection dont il est susceptible. » (KANT.) — « L'éducation consiste à mettre chaque enfant en état de remplir le mieux possible la destination de sa vie. » (M^me NECKER DE SAUSSURE.) — « L'éducation est l'opération par laquelle un esprit forme un esprit, un cœur forme un cœur. » (SIMON.) — « L'éducation a pour but le développement de toutes les facultés humaines. » (BAIN.) — On pour.ait rappeler d'autres définitions analogues.

**C.** — Ce qu'il y a de commun dans toutes ces définitions : — *a)* l'idée d'une certaine nature psychologique de l'enfant primitivement donnée ; — *b)* l'idée que cette nature n'est pas immédiatement celle qui répond à l'idéal moral de l'homme entièrement et normalement réalisé ; — *c)* l'idée que par l'action possible d'une nature déjà formée, cette nature primitive peut se transformer, se modifier dans le sens du mieux, s' « élever », se rapprocher de l'idéal de l'homme même.

**D.** — Montrer qu'effectivement il en est bien ainsi. — Ce qu'est au point de vue moral la nature primitive de l'enfant. On sait quelles sont les formes essentielles de la conscience (intelligence, sensibilité, volonté). — Indiquer ce qu'est au début l'intelligence de l'enfant (manque de connaissances ; ignorance des choses ; défaut de bonnes habitudes, etc.) ; montrer ce qu'est aussi sa sensibilité (égoïsme, mélange de dispositions fâcheuses et heureuses, de sentiments de bon et de mauvais aloi (exemples). Donner enfin un aperçu de ce qu'est sa volonté (capricieuse, identique au désir, désordonnée, etc.). Utiliser ici les connaissances concernant la psychologie de l'enfant ; indiquer le résultat d'observations personnelles. — Il y a loin de cette nature primitive à celle qui caractérise l'homme véritable, à celle que réclame l'idéal moral.

**E.** — De là la nécessité d'une action qui transforme cette nature dans le sens du mieux, dans la direction d'un perfectionnement véritable. — Au point de vue intellectuel, l'éducation meuble l'esprit : or, un esprit qui a des connaissances a plus de valeur que celui qui en est dépourvu. L'instruction forme l'esprit, l'habitue à bien juger : or, un esprit apte à bien juger a plus de valeur qu'un esprit incapable de le faire. — Au point de vue de la sensibilité, l'éducation consiste dans l'épuration des mauvais sentiments : or, une conscience en qui les mauvais sentiments ont disparu vaut mieux qu'une conscience en qui ces éléments subsistent ou restent prédominants. Elle vise aussi à la formation des inclinations désintéressées, généreuses : or, une conscience qui connaît de telles dispositions vaut mieux qu'une conscience qui ne les connaît pas. — Au point de vue de la volonté, l'éducation crée cette faculté du sein des désirs tumultueux, la dirige dans le sens du bien : or, une conscience qui sait vouloir et qui sait vouloir le bien est supérieure en dignité à une conscience en qui la volonté n'existe pas ou reste encore incertaine entre le bien et le mal.

**F.** — Ces considérations vont nous permettre de mieux déterminer quelle conception il convient de se faire de l'éducation. — La conscience n'est pas une chose, mais un progrès ; ce qui revient à dire qu'au point de vue moral, l'homme n'a pas toujours été ce qu'il est aujourd'hui ; pour se hausser à son état actuel, il lui a fallu un long travail. L'enfant représente l'humanité primitive, si voisine de l'animalité ; il ne pourrait lui-même refaire tout le travail opéré avant lui pour devenir un « homme » véritable. Il faut donc qu'une autre personne déjà formée, ayant profité de tout cet immense labeur, enrichie de toutes ces conquêtes, agisse sur lui, l'épure, l'élève, l'humanise, c'est-à-dire le prépare à la vie vraiment humaine. (Rappeler le mot profond d'Aristote : c'est l'« acte » qui développe la virtualité, la « puissance ».) — L'éducation est cette humanisation, cette formation, cette préparation de l'homme dans l'enfant. Son but, c'est que plus tard l'enfant vive en homme, qu'il soit digne de l'humanité.

*Ouvrages à consulter*: KANT : *Pédagogie*, édit. Thamin. — M<sup>me</sup> NECKER DE SAUSSURE : *Éducation progressive.* —BAIN : *La Science de l'éducation.* — PLACKIE: *L'Éducation de soi-même.* — COMPAYRÉ: *Pédagogie théorique et pratique ;* — *L'Éducation intellectuelle et morale.*—PÉCAUT : *Quinze ans d'éducation.* — BOIRAO et MAGENDIE : *Psychologie appliquée à l'éducation.* — ALENGRY : *Leçons de psychologie : applications à l'éducation.* — BERGSON: *Les Données immédiates de la conscience.* — BUISSON : *Dictionnaire de pédagogie*, art. *Éducation.*

---

## 2. L'école doit-elle donner une culture générale, uniforme, ou des disciplines variées, spécialisées?

**A.** — L'école est chargée de l'éducation des enfants. Mais quelle éducation doit-elle donner? Sur ce point déjà apparaissent les divergences. En réalité, on peut distinguer deux courants différents d'opinion.

**B.** — D'ordinaire les pédagogues déclarent volontiers que l'éducation ne doit pas viser à former l'homme particulier à un pays, à une société, à une région, l'homme de tel métier ou de telle profession, mais l'homme tout court, « l'homme en soi ». Elle fera donc abstraction de toutes les différences de conditions dans lesquelles les enfants sont placés ou dans lesquelles ils seront plus tard appelés à vivre pour ne plus s'attacher qu'au fond essentiel, identique de la nature humaine, et à préparer dans chacun d'eux la vie véritablement humaine. Autrement dit, elle consistera dans une culture générale, uniforme, invariable, indépendante de toute contingence d'espace ou de temps. (Conception classique de l'éducation, en particulier très nettement caractérisée dans Rousseau : Émile sera premièrement homme ; tout ce qu'un homme doit être, il saura l'être.)

**C.** — Réaction contre cette théorie. Critiques qu'on lui a adressées et qu'on lui adresse surtout de nos jours. — Elle procède dans l'abstrait, ne tient pas assez compte de la réalité, des conditions spéciales qui seront faites plus tard aux enfants, du mode d'existence auquel ils sont appelés, de la profession, du métier qu'ils exerceront et devront exercer pour pouvoir vivre, des besoins — variables — plus ou moins impérieux et pressants de la société, de la nation à laquelle ils appartiennent. Elle risque de les laisser désarmés pour l'avenir, de ne leur donner que des connaissances sans portée ni utilité pratique, qui les exposeront ou les condamneront à ne pouvoir se tirer d'affaire par eux-mêmes, à ne rendre non plus aucun service à leur pays ; elle est exposée à en faire des déclassés, des désabusés ou des inutiles. — Nouvelle conception de l'éducation : celle-ci doit au plus haut point se préoccuper de ce que l'enfant sera et fera plus tard, du milieu dans lequel il devra se mouvoir, des occupations auxquelles il sera appelé, lui donner avant tout les connaissances techniques, professionnelles, qui lui seront nécessaires pour ces occupations mêmes, bref le préparer au mode de vie qu'il aura dans l'avenir, à la forme de travail qui seul lui permettra d'être utile à lui-même et aussi de répondre aux besoins de son pays. En conséquence, il ne doit pas y avoir une éducation générale, uniforme, mais des éducations spécialisées, diversifiées, variant avec les diverses conditions faites aux divers enfants ou les nécessités sociales. (Principe fondamental : adapter l'école à la vie, aux besoins de l'individu et de la nation.)

**D.** — Grande part de vérité contenue dans cette théorie. — Diversité des enfants et des conditions qui leur seront faites ; diversité de leurs occupations dans l'avenir ; rôle différent qu'ils joueront dans l'ensemble du travail social. Nécessité pour le maître de s'en souvenir et de s'en inspirer. Comment l'école doit se soucier des besoins de la nation et former des hommes capables d'y répondre. — Pourquoi l'école rurale ne devrait pas ressembler à l'école urbaine, l'une ayant surtout affaire à de futurs agriculteurs, l'autre s'adressant plus particulièrement à de futurs ouvriers, à de futurs artisans. Connaissances techniques très différentes qu'il serait important de donner aux uns et aux autres : programmes particuliers. Comment cette spécialisation peut d'ailleurs être poussée très loin, les régions agricoles ou industrielles étant susceptibles d'être fort différentes. — Pourquoi l'école de filles ne devrait pas ressembler à l'école de garçons : rôle propre de la femme, enseignements spéciaux nécessaires pour l'y préparer (enseignement ménager, enseignement de la puériculture, de l'hygiène de la maison, etc.). — Comment par cette spécialisation l'école se ferait plus pratique, plus utile et aussi plus intéressante. Tendance actuelle au développement de l'éducation professionnelle ; organes plus spéciaux de cette éducation (cours complémentaires, cours d'adultes, cours de perfectionnement, etc.).

**E.** — Réserves à faire à cette conception. Nécessité de conserver à l'éducation la partie générale : sous l'agriculteur, l'ouvrier, le producteur, il y a l'homme ; l'agriculteur, l'ouvrier, le producteur vaudront surtout ce que vaut l'homme. De là la nécessité de cultiver les facultés générales de l'esprit, de développer toutes les virtualités de l'âme, le jugement, la bonne volonté, l'amour des belles choses, car ces éléments sont partout indispensables et rien ne peut les remplacer. — Conciliation des deux théories : la culture générale ne nuit pas à l'éducation professionnelle qui au contraire la suppose ; l'éducation professionnelle peut devenir, et, quand elle est bien comprise, doit devenir un instrument d'éducation générale.

*Ouvrages à consulter* : J.-J. ROUSSEAU : *Émile*, livre I. — CHANNING : *De l'éducation personnelle ou de la culture de soi-même.* — LAISANT : *L'Éducation fondée sur la science.* — LEBLANC : *L'Enseignement professionnel en France.* — VIAL : *La Culture générale et l'éducation professionnelle (Revue pédagogique, 1903).* — COMPAYRÉ : *L'Éducation intellectuelle et morale.* — ALENGRY : *Applications à la psychologie.* — LAPIE : *Un regard sur l'école d'après-guerre (Revue pédagogique, septembre 1918).*

## 3. Quelles sont, d'après vous, les relations de l' « instruction » et de l' « éducation » ?

**A.** — En un sens large, « l'éducation » comprend le développement, la culture de toutes les puissances de la vie morale, de toutes les « facultés de l'âme » (sensibilité, intelligence, volonté). — En un sens plus étroit, elle concerne plus spécialement la culture de la « sensibilité » et de la « volonté »; l' « instruction » se rapporte alors plus précisément à l' « intelligence ». — La question revient donc à savoir quelles relations peuvent exister entre la culture de l'intelligence d'une part, la culture de la sensibilité et de la volonté d'autre part, quelle action, quelle influence la première est capable d'exercer sur la seconde.

**B.** — Deux conceptions radicalement différentes. — D'après certains philosophes, il suffit que l'homme soit instruit pour qu'il soit bon ; la « vertu » est essentiellement « connaissance » ; d'emblée, la notion claire du bien détermine la pratique du bien ; la volonté est comme le prolongement de l'intelligence ; le méchant, le pécheur est un ignorant. De là cette conséquence, savoir qu'il suffit de répandre l'instruction pour amener la moralité. Cette théorie « intellectualiste » a pour principaux représentants Socrate, Platon, Descartes, Spinoza. — Pour d'autres, au contraire, l'instruction est sans relation avec l'éducation, sans action sur elle. *a)* Il y a des ignorants qui sont profondément honnêtes ; on peut n'avoir aucune instruction et posséder une réelle délicatesse morale. *b)* Il y a des « savants » qui n'ont aucune moralité, des gens instruits qui sont sans scrupule. La connaissance est « amo-

rale » ; elle peut être un instrument de mal comme de bien.
« Science sans conscience n'est que ruine de l'âme. » (RABELAIS.)
— Cette thèse a été surtout développée par le philosophe
anglais Spencer.

**C.** — Grande part de vérité contenue dans cette dernière
théorie. — Exagérations de la thèse intellectualiste. L'instruction est une chose, la pratique du devoir en est une autre ;
la connaissance du bien n'est pas nécessairement la « vertu ».
« Je vois le bien, je l'approuve, et je fais le mal » (OVIDE).
Entre la représentation du bien, si claire soit-elle, et la réalisation du bien, il y a place pour un élément nouveau, absolument indispensable, l'effort pour le devoir, la « bonne
volonté ». Conséquence : il ne suffit pas d'instruire les
hommes pour en faire d'emblée d'honnêtes gens.

**D.** — Il ne faudrait pourtant pas exagérer la distinction
de l'instruction et de l'éducation, prétendre que l'une est
absolument sans action sur l'autre. — A cet égard, la
théorie intellectualiste reprend ses droits. — *a)* Nature et
sens véritable de l'instruction. Elle ne consiste pas seulement à meubler l'esprit d'un ensemble de connaissances
(bien que cela soit déjà important, car un homme instruit
vaut mieux qu'un ignorant), mais surtout à former l'intelligence, à la doter de bonnes habitudes (réflexion, jugement,
etc.) : à ce point de vue, l'instruction fait vraiment partie
intégrante de l'éducation (culture intégrale de la conscience). — *b)* L'instruction intéresse la volonté et la sensibilité. Elle ne fait pas la moralité, mais elle montre le bien,
éclaire la volonté, lui permet de se décider pour le devoir : si
la connaissance n'est pas la condition suffisante de la vertu,
elle en reste au moins la condition nécessaire. La science peut
avoir des effets très heureux sur les sentiments. Elle nous
montre la solidarité universelle des hommes dans le monde,
la communauté de leur condition et de leur destinée ; par
suite, elle nous dispose à les aimer. Elle nous fait assister à
l'ordre qui existe au sein des choses, à la raison qui gouverne
la nature ; elle nous invite ainsi à introduire l'ordre en nous-
mêmes et à obéir à cette raison intérieure formée par la
conscience. Elle nous découvre les merveilles de l'infiniment
grand et de l'infiniment petit, par là même nous élève au sen-

timent de l'admiration, ouvre notre âme à l'émotion esthétique, fait éclore l'émotion religieuse (intuition de l'infini). Il y a là tout un groupe de sentiments supérieurs, essentiellement humains. A ce point de vue, l'instruction est vraiment éducatrice, parce qu'elle épure, élargit, hausse notre cœur.

**E.** — Comment, *a priori*, il était permis de concevoir qu'entre l'instruction et l'éducation il devait y avoir des rapports précis, une action réelle, non une séparation absolue. C'est que la conscience est une unité essentielle ; en elle, tout se tient ; les « facultés » ne sont pas autant de choses, de puissances absolument indépendantes, distinctes les unes des autres ; en réalité, elles ne constituent qu'une même réalité, une même vie, l'esprit ; elles ne sont de cette vie que des aspects différents : la conscience tout entière se retrouve en chacune d'elles parce qu'elle ne se divise pas. C'est pourquoi ce que l'on fait pour l'une d'elles retentit nécessairement sur toutes les autres.

*Ouvrages à consulter* : BOUTROUX : *Socrate ;* — *La morale antique* (Conférences faites à Fontenay). — ADAM : *Étude sur Bacon.* — FOUILLÉE : *Descartes.* — LIARD : *Descartes.* — CHARTIER : *Spinoza.* — SPENCER : *L'Éducation intellectuelle et morale.* — GRÉARD : *Instruction et éducation.* — PÉCAUT : *Quinze ans d'éducation.* — BERGSON : *Les Données immédiates de la conscience.* — LAPIE : *La Logique de la volonté.*

---

## 4. Quels sont exactement la place et le sens de l'éducation physique dans l'éducation en général ?

**A.** — Dans les conditions actuelles de l'existence, la vie psychologique se greffe sur la vie physiologique, la conscience sur l'organisme ; nous ne sommes pas des « esprits purs » : c'est la dualité si souvent signalée par les philosophes et les moralistes de l' « âme » et du « corps ». Le corps fait ainsi partie intégrante de notre nature ; c'est en quelque sorte l'assise de notre vie morale ; il la conditionne ; il en est l'instrument, l'organe indispensable ; sa constitution native, sa vigueur, son état de santé, les maladies qui l'atteignent ont une influence sur l'esprit. Il est donc nécessaire de ne pas le mépriser, mais de veiller sur lui, de chercher à développer, à fortifier ses énergies. Tel est le but de l' «éducation physique». — Elle était, chez les Grecs, l'objet de soins assidus. Chez nous, après avoir été peut-être un peu négligée, elle est actuellement, depuis la guerre qui en a démontré l'importance et la nécessité nationale, l'objet de recommandations pressantes et de soucis légitimes.

**B.** — Deux parties dans cette éducation. — Partie plutôt négative : l'hygiène, qui tend à garantir l'organisme contre les maladies susceptibles d'affaiblir sa vigueur ou même de menacer son existence. — Partie plutôt positive : la gymnastique, les jeux, les sports, les exercices physiques de toutes espèces, les diverses occupations manuelles (travail manuel, jardinage, etc.), qui ont pour but de développer et de fortifier les énergies corporelles. — Pourtant il ne faudrait pas établir entre ces deux parties de l'éducation physique une séparation par trop grande : en effet, elles se tiennent et s'enveloppent.

**C.** — But précis de l'éducation physique. Sans doute elle s'intéresse directement au corps, mais le corps ne doit pas être son unique objet. Si elle se préoccupait seulement de la vigueur physique, de la « muscularité » elle n'aboutirait qu'à des conséquences regrettables : elle risquerait de ne former que des hommes aux mœurs rudes, aux passions malsaines, des natures portées à la violence, à l'abus de la force. Ainsi comprise, elle irait directement contre le but de l'éducation même (formation de l'homme véritable). Déjà les Grecs ne séparaient pas la «gymnastique» de la «musique».

**D.** — Ceci revient à dire que la culture physique n'a pas sa fin en elle-même, qu'elle ne doit être qu'un moyen pour une fin plus haute, la « culture morale », que s'il faut s'intéresser au corps, c'est surtout pour les heureux effets que le développement des énergies physiques produit sur les énergies morales. — Les effets bienfaisants de la gymnastique ne sont pas douteux : elle agit sur la volonté, crée ou augmente le courage, le sang-froid, amène des habitudes d'ordre et de discipline. — Il en est de même des jeux : ce sont des dérivatifs contre certaines tendances malsaines qui apparaissent surtout avec l'adolescence et qu'ils calment ; ils font naître l'esprit de solidarité ; ils reposent la pensée à laquelle ils permettent une vigueur, une clarté nouvelle (les récréations) ; ils accroissent la sûreté du coup d'œil (éducation des sens), développent l'imagination, donnent l'habitude de l'initiative, le sentiment de la règle, de la justice. — D'une façon générale, les exercices corporels produisent l'endurance qui amène dans l'homme plus de virilité, de fermeté, d'indépendance par rapport au monde extérieur. C'est précisément la création, le développement de toutes ces précieuses dispositions intellectuelles et morales qu'il faut surtout avoir en vue dans la « culture physique ».

E. — Il y a plus. Sans doute l' « âme » n'est pas toujours l'image exacte du « corps » ; la puissance de l'une ne doit pas sans cesse se mesurer à la vigueur de l'autre. Des exceptions sont possibles : l'on voit des volontés énergiques, des intelligences remarquables unies à des corps débiles. Mais, d'une manière générale, les énergies physiques sont le support des énergies morales ; tout se passe comme si le « corps » était l'organe, l'instrument de l' « esprit » ; c'est par le corps que les choses agissent sur l'esprit ; c'est par le corps que l'esprit réagit sur les choses. Aussi bien, plus le corps aura de santé, de vigueur, plus il constituera pour les idées, les décisions de l'esprit un organe souple, un instrument docile ; moins l'esprit, sera exposé à voir ses conceptions trahies ou ses déterminations condamnées à l'avortement ; plus complet pourra être le rôle qu'il est appelé à jouer dans l'évolution et le progrès des choses. Aussi bien, débarrassé de tout souci étranger, il sera capable de vivre de sa vraie vie, d'une manière plus autonome, plus pure, plus idéale, c'est-à-dire ici encore de réaliser sa véritable destinée. — Conclusion : à quelque point de vue que l'on se place, les soins donnés au corps ne doivent être qu'un moyen en vue de la vie de l'esprit : c'est à l'esprit, au perfectionnement de toutes ses puissances, à l'autonomie de sa vie, que tout le reste doit être subordonné.

*Ouvrages à consulter* : PLATON : *Phédon.* — LOCKE : *Quelques pensées sur l'Éducation.* — J.-J. ROUSSEAU : *Émile*, livre II. — H. SPENCER : *L'Éducation intellectuelle et morale.* — BAIN : *Le corps et l'âme.* — MAURICE de FLEURY : *Le corps et l'âme de l'enfant.* — SAINT-CLAIR : *Jeux et exercices en plein air.* — LAISNÉ : *Gymnastique pratique*. — GRÉARD : *L'Enseignement primaire à Paris*. — TAINE : *Notes sur l'Angleterre*. — JAVAL : *L'Hygiène des écoles primaires*. — BERGSON : *Matière et mémoire ; l'Évolution créatrice*.

---

**5. Certains pédagogues considèrent que le plaisir doit occuper la plus grande place dans l'éducation, en d'autres termes que celle-ci doit être surtout « attrayante ». Que faut-il penser de cette théorie?**

**A.** — L'éducation est une œuvre aussi importante que délicate. Pour la rendre plus décisive et plus facile, certains pédagogues ont considéré qu'elle doit accorder la plus large place au plaisir, se présenter à l'enfant sous une forme agréable, en d'autres termes que le travail demandé par elle doit être essentiellement attrayant, bannir l'ennui, supprimer l'effort qui est pénible.

**B.** — De quelques représentants de cette conception pédagogique. — *a)* Fénelon : « Il faut que le plaisir fasse tout. » Ce pédagogue cherche à égayer l'instruction par quelques artifices (dialogues, fables), à éviter l'ennui de leçons purement didactiques. — J.-J. Rousseau : « L'attention ne doit jamais être produite par la contrainte, mais toujours par le plaisir; elle ne doit jamais aller jusqu'à l'ennui. » — Herbart : « L'intérêt qui adoucit et peut même faire disparaître la contrainte, l'effort, est le principe de toute l'éducation ; il convient que tout travail donné à l'enfant, toute leçon qui lui est faite soit en rapport avec ses goûts, ses tendances, sans quoi le maître ne parvient pas à créer et à fixer l'attention nécessaire à toute l'éducation intellectuelle et morale ». — Fourier et V. Considérant : l'éducation doit répondre à la nature, aux dispositions, aux « passions » qui déterminent et fixent la vocation de chaque enfant ; il est absurde d'imposer aux élèves des enseignements qui ne correspondraient pas à cette nature ou des disciplines qui la violenteraient. L'éducation doit être « naturelle et attrayante ». — On le voit : toutes ces doctrines pédagogiques s'inspirent d'une idée centrale, à savoir que le plaisir, l'attrait, constituent le principe de l'éducation.

**C.** — Part importante de vérité contenue dans ces théories.
— *a)* L'enfant doit pouvoir se plaire à l'école, s'y sentir à l'aise,
y venir avec plaisir ; celle-ci ne doit pas être la « geôle » dont
parle Montaigne, un lieu froid, austère, sans âme (problème
de la fréquentation). C'est pourquoi le maître doit se rendre
ingénieux afin de rendre l'école attirante ; il peut y contribuer
par ses dispositions personnelles, ses qualités de caractère,
la nature de son enseignement. — *b)* Aussi bien il convient
d'épargner à l'enfant tout exercice, tout travail par trop difficile, trop au-dessus de ses forces, qui demanderait un effort,
une tension d'esprit trop considérable, présenterait pour lui
des difficultés dont il ne parviendrait pas à sortir. L'on prévoit
les conséquences qui résulteraient si jusqu'à un certain point
le maître n'avait pas le souci d'adapter son enseignement
à l'intelligence des élèves : ce serait pour l'enfant le découragement, l'ennui, le dégoût de l'école. — *c)* Le rôle de l'intérêt
dans l'éducation est considérable ; il n'est d'ailleurs qu'un
cas du rôle de l'intérêt dans l'activité et la vie en général.
L'enfant fait sans peine attention aux leçons qui l'intéressent ;
il se les assimile volontiers et comme spontanément ; il les
retient avec facilité. Il accomplit aussi sans fatigue un travail
qui a pour lui de l'attrait ; d'une façon générale, le grand art du
maître consiste à provoquer l'intérêt des élèves ; il y parvient
à la fois par la matière de son enseignement (heureux choix
des sujets) et la forme qu'il lui communique (caractère concret,
méthode vivante dans l'exposition ou l'interrogation, originalité, chaleur, personnalité dans les leçons, etc...).

**D.** — Mais cette part précieuse de vérité étant reconnue à
ces théories, il y a lieu de leur faire de sérieuses réserves. —
*a)* Tout d'abord en matière d'éducation, il convient de s'abstenir d'artifices, d'expédients plus ou moins savants,
tendant à présenter à l'enfant l'étude sous une forme de
simple jeu, d'amusement, le difficile sous l'apparence du
facile : ce serait le tromper et le mensonge ne saurait être
l'instrument de l'éducation. — *b)* Aussi bien ces théories pédagogiques méconnaissent le véritable but de l'éducation.
Celle-ci est la préparation à la vie ; mais la vie est semée de
difficultés qu'il faut savoir surmonter ; elle demande sans
cesse des efforts, elle exige du courage, de la virilité, de la
persévérance ; en particulier, la pratique du devoir n'est pas

toujours aisée, elle réclame des sacrifices. S'en rapporter au seul plaisir, ce serait amollir l'enfant, énerver ses énergies, le laisser trop facilement désarmé ou lâche en face des réalités de l'existence. Il importe, au contraire, de provoquer dès l'école l'effort dans l'enfant et de lui en donner l'habitude. L'éducation a pour but de faire des hommes ; mais l'homme doit savoir vouloir toutes les fois que cela est pratiquement ou moralement nécessaire.

**E.** — *c)* Il y a plus. Ces théories opposent l'intérêt, le plaisir à l'effort. C'est commettre une erreur psychologique. D'une part, l'intérêt provoque, excite l'activité, amène naturellement l'effort. Donner à l'enfant une tâche intéressante, c'est le mettre dans les meilleures conditions pour qu'il tende toutes ses énergies dans le but de la réaliser aussi convenablement que possible (exemples empruntés à la classe). Réciproquement, si l'intérêt suscite l'effort, l'effort suscite l'intérêt : quand on s'est longtemps appliqué à un travail, on finit par s'y intéresser. Surtout l'effort peut être heureux, triompher des difficultés ; par suite il amène le plaisir ; c'est qu'il constitue alors pour l'activité une occasion de progrès ; mais tout progrès est la source de jouissances, de joies (loi qui lie le plaisir à l'activité : « le plaisir s'ajoute à l'acte comme à la jeunesse sa fleur » (ARISTOTE). La théorie du « travail attrayant » semble donc se retourner contre elle-même : en bannissant systématiquement tout effort du travail, elle risque d'enlever tout attrait au travail, de supprimer tout « travail attrayant ». L'enfant s'ennuierait certainement dans une école où tout serait pour lui par trop facile, d'où tout effort serait exclu. Le devoir de l'éducateur est d'attirer l'attention de l'enfant sur les joies qui constituent la récompense naturelle de l'effort, de l'amener ainsi à aimer l'effort, à le lui rendre attrayant, à en faire la source de plaisirs délicats.

**F.** — Il est d'ailleurs un autre intérêt, un autre attrait qui s'attache à l'effort en lui-même, indépendamment du plaisir dont il est l'accompagnement naturel. L'effort normal, déployé pour réaliser ce qui doit être fait, possède une valeur intrinsèque ; il élève, honore celui qui en est capable ; il est la marque d'une nature supérieure qui se distingue des autres, la preuve d'une perfection : quand même il échouerait ou n'atteindrait pas pleinement son but, il n'en garderait pas moins toute sa dignité, car il est une forme de la volonté, de la « bonne volonté ».

**G.** Conclusion. — L'éducation ne consiste pas à exclure systématiquement tout effort, mais à amener l'enfant à comprendre le prix de l'effort, sa dignité intrinsèque, à en sentir l'intérêt, le haut intérêt humain ; elle doit lui en donner l'attrait, lui en communiquer l'amour.

*Ouvrages à consulter* : ARISTOTE : *Morale à Nicomaque.* — FÉNELON : *L'Éducation des filles.* — J.-J. ROUSSEAU : *Émile.* — V. CONSIDÉRANT : *L'éducation naturelle et attrayante.* — PINLOCHE : *Traduction des principales œuvres pédagogiques de Herbart.* — W. JAMES : *Causeries pédagogiques.* — MAILLET : *Psychologie de l'enfant.* — COMPAYRÉ : *L'Éducation intellectuelle et morale.* — CLAPARÈDE : *Le Développement intellectuel de l'enfant.* — BOUTROUX : *Questions de morale et d'éducation.*

---

## 6. La douleur et l'éducation. — Examinez à ce sujet la théorie des « réactions naturelles » et déterminez-en la valeur.

**A.** — Les impressions que le monde extérieur apporte d'abord à l'enfant sont surtout douloureuses ; plus tard, quand ce dernier se meut au sein des choses — qui primitivement lui sont inconnues — il est à chaque pas exposé à éprouver des souffrances. — L'on voit les conséquences d'une telle situation : on conçoit que l'éducateur doive intervenir pour donner à l'enfant des avertissements, des connaissances susceptibles de lui épargner des contacts désagréables ou dangereux. — D'autre part, l'enfant est un mélange d'heureuses et de mauvaises tendances ; il est ainsi exposé à accomplir le mal comme le bien, peut-être même le mal plus facilement que le bien. L'on comprend, ici encore, la légitimité d'une intervention de l'éducateur pour lui infliger certaines douleurs (punitions) destinées à produire dans cette nature primitivement donnée les modifications morales nécessaires.

**B.** — Pourtant tous les pédagogues n'ont pas été de cet avis. Certains ont voulu supprimer l'action de l'éducateur pour ne laisser subsister que celle de la nature ; c'est à cette nature qu'ils ont confié le soin de donner à l'enfant les avertissements utiles et d'amener en lui les améliorations désirables. Telle est la théorie des « réactions naturelles ». Cette doctrine est déjà en germe dans Rousseau ; elle est d'ailleurs conforme au principe essentiel du système de ce pédagogue (placer l'enfant en dehors de toute influence sociale ; le laisser en présence des choses qui sont alors seules chargées de l'instruire et de le former). Mais elle a surtout été développée et systématisée par Spencer. Elle répond aussi à l'idée fondamentale de toute la doctrine de ce philosophe : c'est la nature qui, peu à peu, en vertu de la loi universelle de l'évolution, a instruit et formé l'homme ; or, l'histoire de l'enfant ne peut que reproduire celle de l'homme.

C'. — **Exposé de cette théorie.**. Toute intervention de l'éducateur dans le développement de l'enfant est inutile ; la nature se charge elle-même de cette œuvre : les impressions apportées par elle constituent une discipline pratique, morale, qui suffit. En effet, les actions accomplies par l'enfant sont pour lui, et en vertu des lois mêmes des choses, le principe de certains effets, de certaines conséquences plus ou moins douloureuses qui en représentent les « réactions naturelles » ; ces réactions sont suffisantes pour l'avertir, le renseigner sur la valeur pratique de ces actions mêmes ; elles forment pour ses divers modes d'activité des sanctions aussi sûres qu'efficaces qui lui indiquent comment dans l'avenir il importe qu'il se conduise. Exemple : l'enfant qui s'est brûlé à la flamme d'une bougie sait désormais de quelle façon il convient qu'il agisse à l'égard du feu ; celui qui, en courant, a fait une chute (souffrance) sait que dorénavant il doit marcher avec prudence ; celui qui s'est laissé aller à la gourmandise en est puni par l'indigestion : il apprend ainsi qu'il vaut mieux être tempérant ; celui qui ment en éprouve tôt ou tard des désagréments, des ennuis et constate qu'il est préférable de dire la vérité.

D. — **Examen critique de cette théorie.** — Sans doute quand la réaction de la nature reste modérée et ne dépasse pas une certaine limite, elle peut encore être utilisable. On connaît le rôle général de la douleur dans la vie : elle constitue un avertissement, le signe d'un obstacle ou d'un danger pour le développement de l'être. Mais la réaction peut être violente, compromettre l'existence, même amener la mort. La nature est inintelligente, ne connaît aucune exception pour des lois qui s'appliquent toujours avec une nécessité brutale. Par exemple, l'enfant peut se brûler très grièvement par suite des effets naturels de la chaleur, se tuer par suite de l'effet fatal de la loi de la chute des corps. C'est pourquoi il serait vraiment inhumain de laisser l'enfant faire des expériences par trop douloureuses ou dangereuses. L'intervention de l'éducateur s'impose : son rôle est de remédier à la brutalité de la nature en prévenant l'enfant de certains dangers, en lui donnant les avertissements utiles, en lui épargnant certaines souffrances qui le menaceraient dans sa santé, même dans sa vie, bref de faire en sorte que la « réaction naturelle » ne se produise pas. Il doit ainsi réagir contre les « réactions naturelles ».

**E.** — D'ailleurs la nature, inconsciente et aveugle, est aussi « amorale » ; elle se désintéresse de la valeur intrinsèque des actions, les frappe également dès qu'elles tombent sous l'application de ses lois, et cela qu'elles soient mauvaises, bonnes ou indifférentes, accomplies par devoir ou par mauvaise intention. Par exemple, le surmenage compromet également la santé, qu'il soit le résultat d'une vie de travail honnête ou l'effet d'une vie de dissipation ; un homme peut aussi bien être brûlé vif, qu'il veuille opérer un sauvetage dans un incendie ou qu'il ait lui-même provoqué l'incendie dans un but coupable. L'on voit les conséquences qui résulteraient de la théorie de Spencer : *a)* il ne faudrait accomplir que des actions produisant du plaisir ; *b)* l'on devrait éviter toutes les actions qui amènent de la douleur. Une telle conception est contraire à la moralité : la fin idéale de la vie n'est pas le bonheur. Il est nécessaire que l'éducateur intervienne pour produire le redressement nécessaire  D'une part, il doit apprendre à l'enfant à s'abstenir de certaines actions qui peuvent être agréables, enseigner que le plaisir n'est pas toujours le signe de l'utile, ni surtout celui du bien (plaisirs dangereux ou malsains). Il doit surtout montrer que l'on doit accomplir certaines actions, quelque désagrément ou quelque souffrance que l'on puisse éprouver, qu'il y a des douleurs qui sont bonnes, saintes, savoir celles qui sont liées à l'accomplissement du devoir. C'est qu'en effet le devoir n'est pas toujours aisé, agréable : il exige parfois des sacrifices pénibles qu'il faut savoir accepter ; il faut résolument séparer l'idée du devoir d'avec celle du bonheur, et considérer que la vertu consiste à faire son devoir, parce qu'il est le devoir, « advienne que pourra ».

**F.** — Ce n'est pas tout et le caractère « amoral » de la nature se manifeste encore à un autre point de vue. S'il lui arrive de frapper — injustement — de bonnes actions, des dispositions heureuses, il lui arrive aussi de laisser sans aucune sanction des actions mauvaises ou des tendances regrettables (exemples : un mensonge, un excès de gourmandise ne sont pas toujours punis). Bien souvent d'ailleurs, si la sanction se produit, elle survient trop tard : le mal est fait ; n'eût-il pas mieux valu qu'il fût prévenu? Au surplus, avec de l'habileté, de l'adresse ou seulement avec un tempérament robuste, il n'est pas toujours impossible d'esquiver les conséquences d'une faute et d'empêcher la « réaction naturelle » de se fait sentir (exemples : il n'est pas impossible de se soustraire aux conséquences du mensonge ou de la gourmandise). — Ici encore l'action de l'éducateur est nécessaire : son rôle sera de remplacer la nature par trop indifférente, d'infliger à l'enfant des sanctions dans le cas où la nature ne se soucie pas de le faire. De là le rôle des « réactions artificielles », des « punitions » (exemples où l'éducateur est dans la nécessité morale de punir). Toutefois, si l'éducateur intervient, ce n'est pas seulement pour obtenir de l'enfant qu'il s'abstienne désormais de certaines actions ou renonce à certaines habitudes par la crainte de leurs conséquences douloureuses, mais surtout pour l'avertir ou lui rappeler qu'elles ne sont pas convenables, dignes, que leur nature intrinsèque est telle qu'il faut désormais s'en abstenir ou s'en corriger ; en d'autres termes, elles ne sont qu'un moyen d'éclairer sa conscience ou de réformer sa volonté; elles visent à une amélioration morale, à un perfectionnement ou à un redressement (qui est une forme de perfectionnement) de la nature primitive.

**G.** — Conclusion. — Que faut-il retenir de la théorie des « réactions naturelles »? Spencer déclare inutile l'intervention de l'éducateur et de ses « réactions artificielles » ; il n'accepte que les réactions de la nature extérieure. Ce qu'il y a de vrai, c'est que le plus tôt possible les réactions artificielles, venues de l'éducateur, doivent devenir des « réactions naturelles », non pas des réactions de la nature extérieure à l'enfant, mais des réactions de la nature intérieure de l'enfant lui-même. Autrement dit, le rôle de l'éducateur est d'apprendre à l'enfant à se conduire par lui-même ; plus tôt l'enfant se sera rendu autonome, plus tôt le maître se sera rendu inutile, mieux cela vaudra. L'idéal, c'est que, formé par l'éducation, l'enfant, en présence d'une action à réaliser, soit capable de trouver la « réaction naturelle » de son intelligence qui lui apprendra jusqu'à quel point l'action est pratiquement nuisible ou utile, dangereuse ou opportune, surtout « la réaction naturelle » de sa conscience assez éclairée pour lui révéler la vraie valeur morale, la vraie dignité de cette action, assez forte pour la lui faire accomplir si elle est conforme au devoir, et cela indépendamment des inconvénients ou des douleurs dont elle peut être pour lui la source, pour la lui faire aussi éviter si elle ne répond pas à la loi morale, et cela indépendamment du plaisir ou des avantages matériels dont elle pourrait pour lui être le principe. Spencer se trompe en cherchant dans les choses la règle de l'activité humaine ; c'est dans l'intérieur de l'homme, dans la raison qu'elle doit être placée ; l'éducation n'a d'autre but que de la faire naître dans l'enfant le plus tôt possible.

*Ouvrages à consulter* : J.-J. ROUSSEAU : *Émile*. — SPENCER : *L'Éducation intellectuelle et morale*. — BAIN : *La Science de l'éducation*. — MARION : *L'Éducation dans l'Université*. — GRÉARD : *L'Esprit de discipline*. — VESSIOT : *L'Éducation à l'école*. — COMPAYRÉ : *Spencer ou l'éducation scientifique*. — GUYAU : *Esquisse d'une morale sans obligation ni sanction*. — VALLIER : *De l'intention morale*. — PÉCAUT : *Quinze ans d'éducation*.

---

## 7. Quel est le rôle de l'émulation dans l'éducation ?

**A.** — Les tendances naturelles de l'homme sont diverses : on les divise généralement en inclinations personnelles, sociales, supérieures. — L'émulation est une inclination personnelle. On la définit « une disposition qui nous porte à égaler et, si possible, à surpasser ceux dont nous reconnaissons la supériorité sur nous, à tenir convenablement notre rang parmi nos semblables. » C'est en somme une forme de l'amour-propre; c'est aussi la marque d'une nature généreuse qui, au lieu de rester indifférente au mérite ou au succès des autres, désire valoir ou réussir au moins autant qu'eux. Dans ces conditions, elle représente une inclination excitatrice qui nous stimule à nous élever au-dessus de ce que nous sommes, et à nous perfectionner par l'acquisition de qualités que d'abord nous ne possédions pas. .

**B.** C'est pourquoi il semble que l'éducateur puisse légitimement faire appel à une telle tendance, la mettre à profit dans les natures où elle existe, la susciter et la fortifier là où d'abord elle semblait moins réelle. Pourtant sur ce point les pédagogues ne sont pas d'accord.

**C.** — Les uns insistent sur les heureux effets de l'émulation et la défendent. —' *a)* L'enfant n'a pas la notion exacte de ce qu'il peut faire ; il a besoin de points de comparaison : en voyant comment les autres le dépassent, jusqu'où ils peuvent aller, il comprendra mieux lui-même ce dont il est capable. — *b)* Le sentiment du devoir pur n'est pas encore assez clair, assez puissant en lui pour qu'il puisse être pris par l'enfant pour mobile, pour principe exclusif de tout son travail ; il faut à l'élève un stimulant plus approprié à son âge ; ce sera précisément le rôle de l'émulation de porter ce dernier à rivaliser avec les autres et à chercher à les surpasser. — *c)* Par là même, l'émulation tend tous les ressorts de l'activité de l'enfant, provoque son ardeur, excite ses énergies, soutient ses efforts, détermine ainsi en lui le progrès dans les différents domaines de la vie scolaire (exemples). Un enfant que ne connaîtrait pas l'émulation serait indifférent ; il resterait inerte et lâche. — *d)* La lutte pour la vie, la concurrence est une loi qui se retrouve partout ; faire appel à l'émulation, mettre l'enfant en présence de rivaux, c'est du même coup le placer dans les conditions mêmes qu'il rencontrera plus tard, le préparer à la réalité, le rendre plus fort pour les luttes qu'il devra soutenir dans la société, et, par là même, plus apte à bien remplir sa destinée. L'émulation a été effectivement en honneur dans toute l'antiquité (les concours chez les Grecs) ; elle a été préconisée par de grands pédagogues (Quintilien, Fénelon,

Bossuet, Rollin). C'est à elle que l'on doit le régime actuel des compositions, des classements, des « tableaux d'honneur ».

**D.** — Au contraire, d'autres pédagogues attirent l'attention sur les dangers de l'émulation et en montrent les funestes effets, — *a)* L'émulation peut facilement faire naître des sentiments malsains, comme la jalousie ou l'envie, qui introduisent la désorganisation dans l'école, en troublent la bonne harmonie ; elle provoque des rivalités et des inimitiés dangereuses. — *b)* Elle amène dans le travail scolaire une activité fiévreuse qui lui enlève son calme, peut compromettre son honnêteté, sa dignité. — *c)* Malgré ses efforts, l'enfant peut ne pas réussir à égaler ou à surpasser ses camarades : il est donc exposé au découragement. — *d)* Visant surtout au succès, il est aussi exposé à le sacrifier au mérite, à chercher à obtenir l'un indépendamment de l'autre et c'est là une conséquence périlleuse pour la moralité. — *e)* L'émulation n'a pas toujours la sûreté désirable ; elle peut aussi bien s'appliquer au mal qu'au bien (les grands criminels). — En conséquence, ces pédagogues proscrivent l'émulation dans leur système d'éducation. Les maîtres de Port-Royal pensent que ce sentiment conduit facilement à l'orgueil, à la « concupiscence de l'esprit » ; Rousseau estime qu'il expose l'enfant à la jalousie et à la vanité ; il remplace l'émulation vis-à-vis des autres par l'émulation vis-à-vis de soi-même.

**E.** — Ce qu'il faut retenir des critiques adressées à l'émulation, c'est que ce sentiment doit demeurer ce qu'il est est naturellement. — *a)* A proprement parler, il ne peut y avoir d'émulation pour le mal : une telle disposition ne serait plus véritablement de l'émulation. — *b)* L'émulation est incompatible avec la jalousie ou la haine : éprise de perfection, elle doit seulement provoquer la sympathie, l'affection pour celui qui possède la supériorité que nous remarquons en lui et que nous désirons introduire en nous (1). D'ailleurs la concurrence, dont elle est le principe à l'école, engendre et soude souvent des amitiés qui se prolongent dans la vie au delà de l'école même. — *c)* Elle ne conduit pas forcément au découragement ou à l'orgueil. D'une part, elle peut

_______________

(1) Voir dans nos *Leçons de morale pratique*, p. 178-179, le plan du sujet de devoir sur la comparaison entre l'émulation et l'envie.

être accompagnée de la conscience que l'on a sincèrement déployé tous les efforts dont on était capable, et ce sentiment peut consoler de n'avoir pas absolument réussi, attendu que cette bonne volonté est préférable à un succès trop facilement acquis. D'autre part, il est facile au maître de faire comprendre à l'enfant que, quelle que soit sa supériorité, celle-ci n'est encore que relative et n'atteint pas la limite à laquelle il doit parvenir, d'éveiller par là même et d'entretenir le sentiment d'une légitime modestie.

**F.** — L'éducateur peut donc avoir recours à l'émulation : son perpétuel souci sera seulement de l'appliquer dans toute sa pureté ; mais c'est précisément en cela que consiste la difficulté. Au surplus, même ainsi compris, ce sentiment constituerait un mobile encore trop extérieur. Il importe que l'enfant puisse le plus tôt possible se conduire, se gouverner par lui-même et pour ainsi dire du dedans, sans avoir besoin d'une discipline, d'une règle étrangère à lui. En ce sens, la thèse de Rousseau reprend toute sa vérité : la véritable émulation, c'est l'émulation de soi-même avec soi-même ; l'idéal du maître, c'est d'arriver à ce que l'enfant soit capable de se juger, de s'apercevoir qu'il n'est pas encore tout ce qu'il peut et doit être ; c'est de faire en sorte que du même coup il éprouve le besoin de diminuer la distance qui sépare le réel de l'idéal, c'est-à-dire de toujours faire mieux. Sans doute, c'est là une œuvre malaisée, délicate ; mais on peut dire que le rôle du maître est vraiment atteint, terminé, quand il l'a réalisée, éveillant alors et fortifiant dans l'âme de son disciple le désir d'un perfectionnement indéfini, et cela dans les différents modes possibles de son activité actuelle et future.

*Ouvrages à consulter :* CARRÉ : *Les Pédagogues de Port-Royal.* — J.-J. ROUSSEAU : *Émile.* — MARION : *L'Éducation dans l'Université.* — PÉCAUT : *Quinze ans d'éducation.* — FORFER : *Causeries* (recueillies par LECHANTRE), *passim.* — MAILLET : *Psychologie de l'enfant.* — COMPAYRÉ : *Éducation intellectuelle et morale.* — BOUTROUX : *Questions de morale et d'éducation.*

### 8. La contagion des émotions. Quelles sont les conséquences de ce fait au point de vue de l'éducation ?

**A.** — Les hommes vivent naturellement en société. Ils ne sont pas absolument indépendants les uns des autres; il existe entre eux une solidarité psychologique qui naturellement les lie. — Une première forme de cette solidarité consiste dans la tendance à l'imitation. L'on sait comment nous nous copions les uns les autres : c'est ce qu'on appelle la « synergie ». D'ailleurs, cette imitation peut aller plus loin, passer en quelque sorte de l'extérieur à l'intérieur, porter non plus seulement sur des actes ou des attitudes, mais sur des sentiments, des états d'âme. C'est là une deuxième forme de la solidarité naturelle entre les hommes : on lui donne le nom de « synesthésie ». Du reste, entre l'imitation des actes et la contagion des émotions il n'y a pas une différence absolue : *a)* la contagion des émotions entraîne l'imitation des actes ; *b)* l'imitation des actes se double facilement de la contagion des émotions. Sans doute la contagion des émotions est surtout du ressort de la psychologie ; mais elle intéresse aussi la pédagogie par ses conséquences, sa portée éducatives.

**B.** — Analyse succincte du fait. — La contagion des émotions crée dans un ensemble d'individus des dispositions affectives analogues, correspondantes, produit une sorte de vibration à l'unisson des consciences. Sans doute l'émotion (joie, douleur, etc.) que j'éprouve m'est personnelle ; pourtant elle ne reste pas enfermée dans l'enceinte étroite de mon individualité ; tout en restant en moi, elle semble pénétrer dans l'âme de ceux qui m'entourent ; ceux-ci en éprouvent le contre-coup ; tout se passe comme si elle parvenait à passer en eux, de sorte que les autres en sont affectés comme moi. En réalité, mon émotion ne saurait sortir de moi ; mais elle se traduit au dehors par certains signes (douleur et pleurs ; enthousiasme et applaudissements, etc.). Ces signes sont perçus de ceux avec lesquels je suis en relations ; ils sont aussi compris par eux, parce qu'eux-mêmes ont éprouvé autrefois la même émotion et expérimenté sur eux le rapport qui existe entre deux ordres de faits ; c'est pour-

quoi les signes réveillent en eux le souvenir de l'émotion déjà
vécue : or l'idée d'une émotion, c'est déjà cette émotion. —
Conditions de la contagion des émotions : émotion antérieurement éprouvée ; intelligence des signes corporels par
lesquels cette émotion s'exprime au dehors ; évocation par
ces signes de l'émotion dont on a été affecté dans le passé.
— Causes qui favorisent cette contagion. — Causes extérieures : *a)* identité des circonstances dans lesquelles vivent
les différents êtres ; *b)* densité des groupes. — Causes intérieures : *a)* faiblesse de la volonté ; *b)* vivacité de l'imagination ; *c)* dispositions sympathiques à l'égard de ceux
qui nous entourent.

**C.** — Exemples de la contagion des émotions : certains
sentiments (peur, insubordination, indignation, etc.) peuvent
se communiquer d'une conscience à une diversité d'autres :
il suffit de quelques fuyards pour déterminer une panique,
de quelques meneurs pour déterminer une grève ou une
révolte, etc. On sait comment s'est propagé ce qu'on a ré-
cemment appelé le « défaitisme ». On a plus spécialement
été frappé du caractère endémique des passions malsaines,
à cause des ravages ou des désastres qu'elles sont susceptibles
de produire ; « à certaines époques, il peut souffler sur un
groupe d'individus, sur certaines classes sociales ou sur la
société tout entière un air de corruption » qui conduit aux
pires excès. Cette contagion est même susceptible de s'étendre
de peuple à peuple (tendance à la révolution, à l'anarchie :
exemples empruntés à l'histoire contemporaine). — Ce qui
est vrai des mauvais sentiments l'est d'ailleurs aussi des bons :
la même loi s'applique aux uns et aux autres (exemples :
le courage, l'émulation, l'enthousiasme se gagnent ; à la guerre,
les plus lâches peuvent être enlevés par leurs officiers et se
conduire en braves ; un paresseux se met à travailler quand
autour de lui tout le monde travaille ; quelques applaudissements déterminent l'enthousiasme de toute une salle, etc. ;
contagion de l'héroïsme, de la charité, de la générosité, de
l'esprit de discipline, etc.).

**D.** — Il y a là un fait très important pour ses conséquences
pédagogiques. L'enfant, plus que tout autre, est accessible
à la contagion des émotions, parce que, manquant de volonté

ou n'ayant encore qu'une volonté faible, il est moins capable de réagir. Il éprouvera surtout les dispositions de ceux avec lesquels il vit, c'est-à-dire de ses camarades à l'école ou en dehors de l'école, de ses parents, de sa famille. — L'on comprend l'influence néfaste et corruptrice que peut avoir sur sa nature primitive le spectacle de sentiments malsains comme aussi le danger des mauvaises fréquentations, des compagnies douteuses (le proverbe : « dis-moi qui tu hantes, je te dirai qui tu es), des lectures frivoles. Il importe donc que l'éducateur prenne des précautions pour préserver l'enfant de cette contagion dangereuse : il doit exercer une surveillance active sur ceux qui seraient plus spécialement disposés à en être la cause ou l'occasion ; c'est ainsi qu'il ne perdra jamais de vue les indisciplinés, les frondeurs, les paresseux, etc., toujours prêts à donner le mauvais exemple et à créer des foyers de dispositions répréhensibles. Aussi bien les parents doivent prendre soin d'éviter à l'enfant tout spectacle qui pourrait ternir ou corrompre son âme (la maxime « le plus grand respect est dû à l'enfant »). A cet égard, le maître et la famille encourent les plus graves responsabilités.

E. — Mais la contagion des émotions est une loi à double effet : si ses conséquences peuvent en être dangereuses ou funestes, elles peuvent aussi être heureuses et saines. Grâce à elle, il est possible de suggérer dans l'âme de l'enfant des sentiments de bon aloi que d'abord il n'éprouvait pas (pitié, sympathie, etc.). — Surtout il est donné à l'éducateur de réagir contre la nature primitive de l'enfant et de remplacer certaines de ses dispositions par d'autres qui sont meilleures. La loi de la contagion des émotions est ainsi le principe d'une sorte de thérapeutique morale. Exemples : on mettra le paresseux au milieu d'élèves studieux et travailleurs, celui dont les manières sont plus grossières en contact avec des natures plus délicates, celui qui est plus volontiers enclin à l'égoïsme, à la colère, à la cruauté en présence de caractères plus généreux, plus calmes, plus doux. Si les milieux peuvent corrompre et gâter, ils sont aussi susceptibles d'amender, de purifier, d'élever. Dans ces conditions, il est donné au maître de faire l'éducation des enfants les uns au moyen des autres, ceux-ci devenant entre ses mains un principe d'émulation pour ceux-là. Son rôle est de profiter des bons éléments qu'il découvre dans son école, pour créer et entretenir en elle une sorte d'atmosphère morale capable d'assainir ou d'améliorer ; il doit lui-même par ses propres dispositions contribuer à la formation et au maintien de cette atmosphère. Il doit en être de même pour les parents dans la famille.

**F.** — Conclusion. — Pour ce qui concerne la loi de la contagion des émotions, le rôle de l'éducation est à la fois préventif et actif. D'une part, elle doit garantir l'enfant contre les conséquences regrettables ou dangereuses de cette loi ; d'autre part, il faut qu'elle le fasse bénéficier de tous ses effets bienfaisants. Toutefois, même dans ce dernier cas, il convient qu'elle ne s'en contente pas et qu'elle aille plus loin. Sans doute il est bien de chercher à éveiller dans l'enfant des sentiments de bon aloi par le spectacle de dispositions analogues dans les autres, de travailler à faire disparaître aussi des sentiments malsains par le spectacle de dispositions contraires. Mais le but de l'éducation n'est pas que l'enfant se contente d'imiter, qu'il imite passivement, inconsciemment et, pour ainsi dire, du dehors ; elle doit viser à ce que, le plus tôt possible, il trouve en lui-même la règle de sa conduite, agisse suivant des principes intérieurs : c'est en cela qu'elle se distingue du « dressage ». C'est pourquoi le maître devra non seulement chercher à faire disparaître de l'âme de l'enfant certaines dispositions fâcheuses et dangereuses ou à faire éclore en elle certaines dispositions heureuses et de bon aloi ; il importe surtout qu'il fasse comprendre, sentir à l'élève la valeur de ces tendances, l'indignité des unes, la beauté morale des autres pour que ce dernier travaille lui-même et volontairement, à la lumière de sa conscience, à s'interdire désormais les unes, à les bannir définitivement de son âme, à aimer aussi les autres, à les cultiver et à les entretenir précieusement en lui.

*Ouvrages à consulter*: TARDE : *Les Lois de l'imitation.* — MARION : *La Solidarité morale.* — DARWIN : *L'Expression des émotions.* — RIBOT : *La Psychologie des sentiments.* — SPENCER : *Principes de psychologie.* — BERGSON : *Le Rire.* — G. MARTIN : *L'Éducation du caractère.* — PREYER : *L'Âme de l'enfant.* — COMPAYRÉ : *L'Évolution intellectuelle et morale de l'enfant.* — RABIER : *Leçons de psychologie.* — MALAPERT : *Psychologie.* — THAMIN, *Pédagogie de guerre.*

## 9. Quel parti le maître doit-il tirer de la curiosité de l'enfant pour l'œuvre de l'éducation?

**A.** — Tous ceux qui ont observé l'enfant ont remarqué à quel point il est curieux, et cela de bonne heure : il interroge, questionne à tout propos ceux qui l'entourent. Sans doute cette curiosité native n'a pas toujours la même valeur. Parfois elle n'a pas de but bien défini, provient d'une sorte d'activité exubérante qui demande à se dépenser : aussi bien l'enfant accepte la première réponse qu'on lui donne sans même chercher à la comprendre. Elle peut n'être aussi qu'un mouvement d'égoïsme, un désir de déranger, de se faire écouter, d'attirer l'attention. Dans d'autres cas, elle n'est que de l'indiscrétion qui pousse alors l'enfant à vouloir connaître ce qui ne le regarde pas ou qui est encore au-dessus de la portée de son âge. Mais il y a aussi chez lui une curiosité normale, saine, qui est le désir d'être éclairé sur tout ce qu'il aperçoit, de connaître, de comprendre, de saisir le vrai.

**B.** — L'histoire de l'enfant reproduit d'ailleurs celle de l'humanité. — Les choses qui, à l'origine, sont obscures à l'homme sont d'abord pour lui autant de problèmes en présence desquels il se sent mal à l'aise et qu'il veut résoudre : il s'étonne, il est surpris de ce qu'il voit ; il sait qu'il ne sait pas et il désire alors savoir, rendre intelligible ce que son intelligence d'abord ne saisit pas. La curiosité est précisément cet appétit, ce besoin intellectuel. — Le monde est pour l'enfant ce qu'il était d'abord pour l'homme, c'est-à-dire mystérieux, inconnu : comme l'homme, l'enfant éprouve naturellement le désir de savoir ce que sont les choses présentées par l'expérience (connaître), de les rattacher les unes aux autres et de voir dans celles-ci la cause ou la raison de celles-là (comprendre). — C'est pourquoi les questions de l'enfant peuvent se répartir sous trois chefs principaux : « Qu'est-ce que cela ? », « pourquoi cela ? », « à quoi cela sert-il ? ».

**C.** — Il semble bien qu'il y ait dans cette curiosité, véritable instinct de l'intelligence, un élément précieux dont le maître doit savoir tirer tout le parti désirable. — On l'a pourtant fait remarquer : parfois l'enfant est à peine entré à l'école que sa curiosité s'éteint. C'est là l'effet funeste d'un enseignement mal compris. — *a)* Certains maîtres exigent qu'un silence absolu règne dans la classe : sous prétexte d'obtenir une bonne discipline, ils interdisent aux élèves de poser eux-mêmes des questions. — *b)* Par là même, ils ont une tendance regrettable à trop parler, à se substituer entièrement aux élèves qui ne manifestent plus aucune activité intellectuelle, s'habituent à une entière passivité. — *c)* Parfois aussi ils mettent directement l'enfant en présence d'enseignements dont celui-ci ne sent pas assez l'intérêt, qui sont trop éloignés de la réalité au milieu de laquelle il vit, dont il n'arrive pas à saisir l'opportunité, l'utilité ou l'importance, devant lesquels, en conséquence, il reste entièrement indifférent. — L'on pressent les résultats qui en dérivent : les classes sont mortes, elles éteignent l'esprit, restent sans portée intellectuelle et sans résultats pratiques.

**D.** — Le maître doit se garder de se passer de la curiosité de l'enfant, de l'émousser et de l'étouffer : une telle inclination doit jouer son rôle. Par elle, « l'enfant va au-devant de l'instruction » dont il éprouve le besoin. D'après Rousseau, l'idéal serait que l'élève se passât entièrement du maître et qu'il se fît lui-même l'artisan de toutes ses connaissances. Il y a quelque chose à retenir de cette conception. Sans doute l'enfant ne saurait par lui-même refaire tout le travail grâce auquel, à travers les siècles, l'humanité a constitué l'édifice de la science. Il faut en tout cas lui permettre de solliciter lui-même la connaissance et de la demander à qui la possède. Alors, en effet, au lieu de la recevoir passivement du dehors et de risquer de la perdre rapidement parce qu'il n'en saisit pas l'intérêt, il la provoque du dedans et la retient précieusement parce qu'il l'a auparavant désirée. Cette curiosité, en rayonnant ainsi à travers les divers enseignements, conserve la fraîcheur de l'esprit, le tient en haleine et en éveil, lui fait pousser ses recherches du côté des choses les plus diverses, révèle au maître les obscurités qui pèsent encore sur l'enfant et que peut-être, étant lui-même plus instruit, il ne soupçonne pas, constitue ainsi pour les progrès de l'élève le ressort le plus puissant et le plus fécond. Et, d'autre part, la classe est animée, vivante ; l'enseignement ne cesse pas d'être intéressant ; il l'est pour l'enfant qui est impatient de savoir ; il l'est pour le maître qui est témoin de cette impatience même et désire la satisfaire. D'ailleurs il n'est pas nécessaire que l'instituteur donne immédiatement la réponse ou fournisse d'emblée l'explication désirée ; il est préférable qu'il aide, amène progressivement l'enfant à la trouver, de façon à faire goûter à ce dernier la joie de la découverte, d'où naîtra en lui un amour encore plus profond pour la vérité. Il s'agira seulement de prendre certaines précautions nécessaires, de guider la curiosité facilement capricieuse ou vagabonde, de veiller à ce qu'elle ne s'éparpille pas sur des objets par trop nombreux — ce qui introduirait dans l'esprit plus de confusion que de clarté —, de l'empêcher de rester aussi trop superficielle, soit qu'elle s'égare sur des futilités, soit qu'elle laisse l'essentiel pour le superficiel, le vrai pour le nouveau ou le piquant.

E. — Du reste le maître ne doit pas seulement conserver intacte et entretenir la curiosité de l'enfant à cause de l'importance d'une telle inclination pour l'éducation à l'école ; une telle tendance reste précieuse pour l'enfant qui est entré dans la vie. — Les connaissances que l'instituteur peut donner ne sont presque rien en présence de toutes les autres vérités découvertes par le travail de toute l'humanité et de celles qui tous les jours viennent grossir notre bilan scientifique. Ce n'est pas pour le maître professer le scepticisme que de faire toucher du doigt à l'enfant combien, malgré tout ce qu'on a pu lui enseigner, son ignorance reste vaste et quelle carrière immense il lui reste à parcourir. Tout en maintenant dans son entière vigueur la foi à la raison dont la science représente une création aussi grandiose que solide, le maître a toute facilité pour montrer à l'élève que non seulement la vérité déborde infiniment l'esprit de l'homme, mais que les vérités qu'il lui reste à connaître à sa sortie de l'école dépassent aussi infiniment celles dont il est déjà en possession. Par là, en même temps qu'il éveillera et maintiendra en lui un sentiment de modestie nécessaire, il fortifiera dans son cœur l'ardent désir de continuer plus tard à apprendre, de poursuivre l'œuvre à peine ébauchée, d'étudier lui-même les choses, de consulter les hommes ou les livres pour accroître sans cesse la somme de ses connaissances et éclairer toujours davantage son intelligence. Ces nouvelles vérités, ainsi acquises par ses efforts, ses recherches personnelles n'auront pas seulement l'avantage de lui permettre de se débrouiller dans la vie, de se tirer plus facilement d'affaire, de réussir plus sûrement dans sa carrière ou ses entreprises ; elles ne lui procureront pas seulement des distractions saines, des occupations de bon aloi, des joies délicieuses, susceptibles d'embellir son existence ; elles augmenteront encore sa valeur, car la vérité vaut par elle-même, en dehors de toute utilité pratique, et elle communique à celui qui la possède une dignité qui manque à celui qui ne l'a pas ou qui s'en désintéresse.

*Ouvrages à consulter :* Aristote: *Métaphysique.* — Pascal : *Pensées.* — Renan: *L'Avenir de la science.* — Preyer: *L'Ame de l'enfant.* — B. Pérez: *L'Éducation dès le berceau.* — J. Sully : *Études sur l'enfance.* — Compayré: *Évolution intellectuelle et morale de l'enfant.* — Bain : *La Science de l'éducation.* — Boutroux: *Étude sur Socrate; Questions de morale et d'éducation.* — Pasteur : *Discours de réception à l'Académie Française.* — Ribot : *Psychologie des sentiments.* — Buisson: *Dictionnaire de pédagogie,* article *Curiosité.* — Alexgry: *Psychologie et éducation.* — Rabier : *Discours à la distribution des prix du concours général* (1886).

## 10. L'éducation esthétique à l'école primaire.

**A.** — L'œuvre de l'école primaire est complexe. — *a)* On ne conteste pas qu'elle doive instruire l'enfant, le mettre en possession d'un certain nombre de connaissances élémentaires, surtout faire naître et entretenir en lui l'amour du vrai. — *b)* On s'accorde aussi à reconnaître qu'elle doit former sa conscience et sa volonté, lui enseigner ses devoirs, fortifier en lui l'amour du bien. Les opinions sont plus partagées sur la question de savoir s'il convient qu'elle éveille et développe en lui le sentiment du beau, autrement dit qu'elle se préoccupe de l'éducation esthétique.

**B.** — Ceux qui déclarent qu'à l'école primaire il ne peut y avoir de place pour une telle culture invoquent diverses raisons. — *a)* Le temps passé à l'école primaire est généralement assez court; il s'agit donc de l'employer avec soin, sans perdre un instant. Mais précisément l'essentiel est de donner à l'enfant un ensemble de connaissances pratiques, susceptibles de lui être utiles pour la vie. Or, par définition même le beau, c'est ce qui ne sert à rien, ne répond à aucun besoin matériel, et l'émotion esthétique ne se produit que si l'on considère les choses dans leur forme pure, sans se demander à quelle fin elles peuvent réellement servir. — *b)* L'école primaire, qui s'adresse à de jeunes enfants, ne saurait avoir la prétention de former des artistes : tous ne possèdent pas les dispositions réclamées pour cela. Même en supposant que ces dispositions existent, on peut se demander si tous les maîtres seraient vraiment capables de les entretenir ou de les cultiver avec sûreté : ils ont d'ailleurs autre chose à faire. — *c)* Le beau, c'est l'idéal ; mais précisément il serait dangereux que l'école habituât les enfants à vivre en dehors de la réalité, qu'elle en fît des rêveurs exposés à oublier le monde et des devoirs pressants, à mépriser les hommes et les choses sous prétexte qu'ils ne répondent pas à la conception trop élevée que l'on s'en fait, à être rebutés par les conditions réelles de la vie que désormais ils jugeraient trop rudes, trop vulgaires, trop grossières, par là même à se détacher de l'action, à ne devenir que des désabusés ou des pessimistes.

**C.** — Cependant ces raisons, si sérieuses soient-elles, ne sont pas définitives. Il est possible d'en invoquer de plus importantes et de plus décisives en faveur de la culture du sentiment du beau à l'école primaire. — *a)* L'éducation doit s'adresser à l'âme tout entière sans négliger ni sacrifier un seul élément : or, actuellement, l'amour du beau fait partie intégrante de la conscience humaine au même titre que l'amour du vrai et l'amour du bien ; ces trois inclinations en sont même la caractéristique, car on ne les trouve pas ou, en tout cas, on ne les rencontre pas avec les mêmes caractères, la même pureté dans les autres êtres, même les plus rapprochés de nous. L'éducation serait donc incomplète si elle laissait systématiquement de côté une telle inclination. — *b)* L'émotion esthétique ne se produit que si nous sommes dans un état d'âme spécial, savons adopter une attitude psychologique particulière ; elle demande que nous considérions les choses indépendamment de toute préoccupation matérielle ou égoïste : par suite, elle élargit notre cœur, l'ouvre au désintéressement et aux tendances généreuses. — *c)* On a souvent insisté sur les rapports du beau et du bien : la vérité est que le commerce avec les belles choses épure notre âme, nous détourne et nous éloigne de tout ce qui est laid, serait susceptible de nous ternir au point de vue moral ; il nous invite aussi à introduire en nous cet ordre, cette harmonie, cette domination par l'esprit qui est identique à la moralité. — *d)* Le beau, c'est l'idéal ; mais précisément il ne saurait être question de priver d'idéal l'homme du peuple « sur lequel pèse d'un poids si lourd la fatalité matérielle » ; seul le contact avec l'idéal lui procurera un précieux allègement à sa dure condition, apportera à sa vie parfois si sombre et si prosaïque cette part de poésie si nécessaire à l'existence. — *e)* Le beau sera de même pour lui la source de jouissances saines, de joies délicates et pures qui ennobliront son âme, enrichiront son cœur, constitueront pour lui des distractions de bon aloi, le préserveront des divertissements dangereux.

**D.** — L'école primaire, l'école populaire, doit donc se préoccuper de l'éducation esthétique et faire la plus large part possible à la culture du sentiment du beau. — Indications rapides sur les moyens de réaliser cette fin. D'une initiation et d'un entraînement nécessaire, parce que l'enfant ne peut tout d'abord distinguer, apprécier et sentir le beau véritable. — Des deux sens particulièrement esthétiques : l'ouïe et la vue. — Culture du sentiment du beau par les « arts de l'ouïe » : le chant, la poésie, la prose poétique. Du choix judicieux qui s'impose ; adaptation nécessaire à l'âge de l'enfant. — L'éducation esthétique par la vue : la décoration de la salle de classe ; images, gravures ; le dessin. L'enfant est naturellement artiste : nécessité de former son goût en respectant sa personnalité. Visite dans les musées toutes les fois que cela est possible. Reproductions des chefs-d'œuvre de l'art ; contemplation des choses de la nature (promenades scolaires) auxquelles l'enfant reste souvent insensible. Les merveilles de l'infiniment petit (exemples) ; les merveilles de l'infiniment grand (exemples). — De cette façon l'on comprend mieux à quel point serait incomplète une éducation qui, sous prétexte que l'école doit être aussi utilitaire que possible, sacrifierait résolument la culture esthétique, : c'est qu'en son fond dernier, le sentiment du beau touche au sentiment religieux, couronnement de toutes les aspirations vraiment distinctives de l'âme humaine.

*Ouvrages à consulter :* M^me NECKER DE SAUSSURE : *L'Éducation progressive,* livre V. — J. SULLY : *Études sur l'enfant.* — RAVAISSON : Article *Beau* du Dic-

*tionnaire pédagogique* . — PÉCAUT : *Quinze ans d'éducation.* — B. PÉREZ : *L'Art et la poésie chez l'enfant.* — ADAM : *Essai sur le jugement esthétique.* — P. VITRY : *L'art à l'école (Revue pédagogique,* juillet 1904*).* — P. BEURDELEY : *Le Congrès de l'Art à l'école (Revue pédagogique,* octobre 1904*).* — M. BRAUNSCHVIG : *L'Art et l'enfant.* — M. THOMAS : *L'Éducation des sentiments.* — GUYAU : *Les Problèmes de l'esthétique contemporaine.* — QUÉNIOUX : *Méthodes nouvelles de l'enseignement du dessin.*

## 11. L'éducation des sens. Que faut-il entendre par là? Quels en sont les moyens et quelle en est l'importance?

**A.** — Le terme « éducation des sens » est équivoque, car il désigne deux choses très différentes. — Il se fait d'abord pour chacun de nos sens une éducation en quelque sorte spontanée, presque inconsciente, en dehors de toute intervention du maître, et cela par le seul fait que, vivant au milieu des choses, nous sommes dans la nécessité de nous y adapter. Cette éducation est d'ailleurs double. Elle consiste tantôt dans l'aptitude de nos sens à atteindre un discernement de plus en plus fin, de plus en plus subtil dans le domaine de ses données propres, immédiates, tantôt dans la faculté — au moins apparente — qu'ils possèdent d'étendre pour ainsi dire leur compétence, d'arriver à nous renseigner sur des qualités qui, d'abord, semblaient en dehors de leur ressort. — Exemple précis emprunté à la vue. En vertu de sa constitution naturelle, ce sens ne peut nous donner des indications que sur les couleurs. Une première éducation spontanée de la vue consiste pour ce sens dans le pouvoir de discerner les couleurs, les nuances les plus délicates (la vue du peintre). Une seconde éducation, aussi naturelle, de ce sens consiste dans une aptitude à nous renseigner sur des propriétés d'un autre ordre que les couleurs, par exemple sur la forme, la distance, la température des objets ; en tout cas, tout se passe comme si la vue pouvait à un certain moment nous donner des perceptions qu'à l'origine elle est incapable de nous fournir, percevoir n'étant plus maintenant pour nous qu'une occasion de nous souvenir. — Le mécanisme de cette double éducation presque instinctive, les raisons plutôt pratiques qui l'expliquent sont du domaine de la psychologie.

**B.** — Mais à côté de cette éducation qui s'organise dans l'enfant dès les premiers jours de sa naissance et se continue spontanément sous la nécessité de s'adapter au monde, c'est-à-dire en dehors de toute action du maître, il en est une autre qui relève spécialement du maître lui-même, provient de son intervention, se fait ainsi à l'école. Elle consiste à reprendre et à compléter systématiquement, d'une façon méthodique, par des exercices appropriés et bien préparés, avec des dispositifs choisis, le travail primitif qui s'est fait dans la perception, à chercher à doter les sens de l'enfant de toute la perfection dont ils sont capables, soit en augmentant le nombre, en accroissant la délicatesse ou la justesse de leurs données propres, soit en les rendant aptes à nous fournir eux-mêmes — et cela avec toute la précision, toute l'exactitude désirables — des perceptions d'emprunt qui semblent pourtant leur être refusées en vertu de leur constitution naturelle. Exemple : il est certain qu'un maître peut augmenter la capacité visuelle d'un enfant en l'habituant à distinguer des nuances que d'abord il ne remarquait pas ou en le rendant capable d'évaluer avec autant de rapidité que de sûreté des distances sur l'appréciation desquelles il pouvait d'abord se montrer très inexpérimenté. Les moyens par lesquels cette éducation se constitue sont du domaine propre de la pédagogie. — Il y a d'ailleurs quelque chose de commun dans les effets de ces deux modes de « l'éducation des sens ». C'est que nos sens ne sont pas des « choses », mais des « progrès » ; ils sont susceptibles d'évolution, capables de devenir plus parfaits au point de vue de la qualité et de la quantité de leurs perceptions, et cela, soit par le fait seul du contact avec les choses, soit par l'art du maître. Aussi bien il n'y a pas entre ces deux formes de l'éducation sensorielle une différence absolue : même dans l'éducation systématique du maître, la part de ce dernier est infime : c'est en somme l'enfant qui s'éduque lui-même ; le maître se contente de choisir ou de créer les choses auxquelles s'appliqueront les sens de l'enfant et de diriger les exercices.

**C.** — Coup d'œil rapide sur l'histoire de « l'éducation des sens ». — Rousseau, le premier, préconise l'éducation des sens : Nous ne savons ni toucher, ni voir, ni entendre que comme nous avons appris. — Pestalozzi s'inspire des mêmes idées. — Frœbel fonde les « jardins d'enfants » : le pédagogue allemand institue ses six « dons » pour organiser systématiquement l'éducation des sens. — M^{me} Pape-Carpentier et M^{me} Kergomard estiment que c'est surtout l'école maternelle qui est chargée de cette partie de l'éducation : les sens sont en effet les premières facultés intellectuelles qui apparaissent et se développent dans l'enfant ; par suite, on comprend qu'ils soient d'abord l'objet de la sollicitude de l'éducateur. — De là toute une diversité de moyens utilisés pour cette fin. Par exemple, pour opérer l'éducation de la vue (sens chromatique), on fera distinguer à l'enfant une multiplicité de laines, de balles, de petites tablettes de différentes couleurs ; on l'habituera à reconnaître par ce seul sens, c'est-à-dire sans l'intermédiaire du toucher ou sans lui permettre de se déplacer, des grandeurs, des dimensions, des formes diverses, à juger de la distance des objets. Pour opérer l'éducation de l'ouïe (sens musical), on le rendra capable de distinguer une série de sons ou de saisir un bruit extrêmement faible, etc. — Toutefois cette éducation peut et doit se poursuivre même après que l'enfant est sorti de l'école maternelle et entré à l'école primaire. Il convient peut-être de recourir moins à des objets artificiels qu'à des choses réelles ; à cet égard, la nature, avec ses formes, ses nuances extrêmement riches et variées constitue pour le maître une matière inépuisable. Le maître instituera des exercices d'observation, des « leçons de choses ». Aussi bien certains enseignements, comme le dessin, le travail manuel, la musique auront une utilité plus spéciale.

**D.** — Tous ces exercices doivent d'ailleurs revêtir un caractère intéressant et attrayant. Est-ce à dire qu'ils ne soient que des jeux? En réalité, leur portée est sérieuse, et il ne faut pas méconnaître l'importance de l'éducation des sens. — *a)* D'une part, celle-ci intéresse au plus haut point la vie pratique. Certains métiers, certaines professions exigent la finesse ou la précision dans les perceptions de tel ou tel sens (le goût chez le négociant en vins ; le toucher chez le drapier, le banquier ; l'odorat chez le pharmacien, le cuisinier, etc.). En particulier, rien ne peut remplacer la sûreté du « coup d'œil » grâce auquel, dans les diverses occasions où l'on est appelé à vivre, l'on saisit certains détails qui échappent à des vues moins expérimentées, mais qui constituent des indices précieux

et permettent de prendre la décision, d'adopter l'attitude nécessaire ou utile. L'on retrouve ainsi le caractère primitif de
la perception qui nous permet de réagir sur les choses et de
nous adapter à notre ambiance. — *b)* Aussi bien l'éducation
des sens est parfois indispensable pour suppléer à l'insuffisance
pratique de nos idées spéculatives : nous pouvons posséder
d'une façon parfaite les connaissances théoriques nécessaires à
notre métier ou à notre profession ; faute d'éducation sensorielle, nous risquons d'être incapables de nous tirer d'affaire,
d'adopter la ligne de conduite convenable. Exemple : un jeune
médecin a sans doute l'idée exacte des symptômes de telle ou
telle maladie ; mais cela ne lui suffit pas pour la reconnaître si,
par exemple, il n'a pas appris à discerner les bruits du cœur
ou du poumon; il ne devient bon praticien qu'à la suite d'une
longue expérience et celle-ci n'est autre chose qu'une tardive
éducation des sens — *c)* Il y a plus : cette même éducation
peut nous préserver d'être la dupe de nos semblables : par
exemple, elle nous permet de reconnaître le frelatage d'une
substance alimentaire ou le maquillonnage d'un animal. L'on
ne saurait méconnaître l'intérêt pratique et moral qu'il y a
dans la capacité de « s'y connaître », c'est-à-dire de distinguer
personnellement, par les sens, les caractères différentiels des
choses ou des êtres. En particulier, la pénétration et la sûreté
du « coup d'œil » est nécessaire pour bien se rendre compte
de ce que sont les hommes et descendre, par l'intuition de
tel ou tel détail, jusqu'au fond même de leur âme.

E. — D'ailleurs en dehors de cet intérêt pratique et social —
qui n'est pas à dédaigner; — l'éducation des sens possède
encore une haute importance intellectuelle. — *a)* Les données
de nos sens constituent les éléments nécessaires de toutes nos
connaissances ; si haut que notre intelligence s'élève dans ses
constructions théoriques, les perceptions restent toujours ses
premiers matériaux indispensables. La conséquence est évidente : plus les informations obtenues à l'aide de nos sens seront
nombreuses, plus elles auront de finesse et de précision, plus
aussi notre science aura d'étendue et d'exactitude. Il n'est
pas interdit de concevoir des êtres doués de plus de sens que
nous ou disposant de sens plus parfaits que les nôtres ; de
tels êtres auraient du monde une connaissance plus complète, par suite plus juste que la nôtre. — *b)* L'éduca-

tion des sens n'est pas parfaite du premier coup ; cette œuvre progressive exige une série de tâtonnements, surtout de rectifications, de corrections grâce auxquelles notre perception atteint une sûreté, une exactitude de plus en plus grandes. A ce point de vue, l'éducation des sens se confond avec l'éducation du jugement. Par là même il est facile de faire comprendre à l'enfant la complexité et la difficulté des choses qui paraissent d'abord simples et aisées, la nécessité de se défier de l'erreur toujours possible et de n'affirmer qu'avec prudence, à bon escient. — *c)* Du même coup, l'enfant prend l'habitude de faire attention : c'est en effet en exerçant nos sens avec attention que nous arrivons à leur faire acquérir toute la finesse et la puissance de discernement dont ils sont susceptibles (exemples). Aussi bien l'habitude de la réflexion est importante pour l'esprit qu'elle forme et rend à la fois plus circonspect, plus vigoureux. — *d)* C'est dire que l'éducation des sens provoque dans l'élève l'esprit d'observation, et l'on connaît les avantages intellectuels d'une telle disposition qui dispose la pensée à ne pas se contenter d'un regard superficiel sur les choses, à les examiner sérieusement, à pénétrer en elles pour y saisir des détails intéressants ou des propriétés importantes.

**F.** — Il faut l'ajouter : l'éducation des sens intéresse aussi l'éducation esthétique et l'éducation morale. La vue et l'ouïe sont appelés « sens artistiques ». Grâce à leur finesse, il est possible de mieux saisir toute la beauté qui est dans les choses, de distinguer toute une variété de nuances ou de tons, de surprendre les harmonies les plus cachées des œuvres de la nature ou des créations de l'art, d'assister aux merveilles de l'infiniment grand ou de l'infiniment petit. Or, ces impressions sont le principe de jouissances extrêmement délicates; elles purifient notre âme, élèvent notre esprit jusqu'à l'idée du divin, nous communiquent la « sensation religieuse ». — Conclusion : l'éducation des sens intéresse au fond l'âme tout entière ; elle intéresse aussi toute la vie de l'homme, qu'on l'envisage au point de vue plus spécialement théorique, intellectuel ou au point de vue plus particulièrement pratique et social.

*Ouvrages à consulter*: J.-J. ROUSSEAU : *Émile.* — COMPAYRÉ : *Les Grands Éducateurs* : Pestalozzi, Froebel. — M<sup>me</sup> NECKER DE SAUSSURE : *L'Éducation progressive.* — TAINE : *L'Intelligence.* — BAIN : *Les Sens de l'intelligence.* — BERX-

STEIN : *Les Sens*. — BERNARD PÉREZ : *L'Education dès le berceau*. — BLACKIE : *L'Education de soi-même*. — Mme PAPE-CARPENTIER : *Manuel du maître*. — Mme KERGOMARD : *L'Éducation à l'école maternelle*. — Mlle CHALAMET : *L'École maternelle*. — MARIA MONTESSORI : *Pédagogie scientifique*, préface de M. Laple. — COMPAYRÉ : *L'Évolution intellectuelle et morale de l'enfant*. — ROUSTAN, *Psychologie*.

## 12. Montaigne a dit : « Savoir par cœur, ce n'est pas savoir ». Expliquez cette pensée et tirez-en des applications pratiques sur le rôle de la mémoire dans l'éducation.

**A.** — Certains psychologues ont considéré que la mémoire n'est pas, à proprement parler, une fonction spéciale de l'esprit, mais l'esprit lui-même : seule en effet la conscience, qui est un développement incessant, est capable de revivre sa vie antérieure, de la retrouver et de la reconnaître : il n'est rien de semblable au sein de la matière. En tout cas, la mémoire est indispensable aux progrès de l'intelligence : sans elle, la pensée serait obligée de refaire sans cesse le même travail sur les choses, et cela sans jamais avancer d'un pas. — On voit immédiatement les conséquences pédagogiques qui en résultent : l'éducation serait impossible et se réduirait à une action inutile si, grâce à la mémoire, l'enfant n'était pas en état de conserver les divers enseignements du maître et de s'en enrichir. Pourtant il convient de ne pas se faire illusion sur le rôle de cette faculté : ce n'est qu'une puissance de conservation ; ni dans la vie de l'esprit, ni par suite dans l'œuvre de l'éducation, elle ne constitue elle-même la connaissance, ne se charge de la compréhension des idées, n'apporte à elle seule la science. C'est pourquoi il serait dangereux de s'en remettre uniquement à elle.

**B.** — C'est ce que Montaigne a bien compris : « Savoir par cœur, dit-il, ce n'est pas savoir ». — Parfois, en effet, on a fait de la mémoire un usage excessif et irrationnel. Alors le maître se contentait de donner à apprendre par cœur ce qui était imprimé dans le livre ou le manuel et de le faire réciter d'une façon absolument littérale. — L'on voit ce qui résultait d'une telle méthode : l'enfant à qui on n'avait donné aucune explication, dont on ne se souciait pas de savoir s'il avait compris ou s'il comprenait, ne répétait qu'une série de mots, de sons sans signification, par-dessous lesquels il ne plaçait souvent aucune idée. Bien que « sachant par cœur », il ne « savait » pas, car par lui-même le mot n'est rien, il se réduit à n'être qu'un signe sans portée ; ce qui fait sa valeur, c'est l'idée, l'élément intellectuel dont il n'est que le symbole, la base ou l'expression matérielle. On introduisait dans l'élève ce « psittacisme » dont parle Leibnitz, qui laisse le bon grain pour la paille sans valeur; on ne l'instruisait pas ; on oubliait encore plus de le former ; on l'habituait au pur verbalisme, on le disposait à être dupe des mots. — Encore aujourd'hui certains maîtres ont quelquefois une tendance à faire apprendre par cœur aux enfants — surtout aux jeunes — des morceaux de prose et de poésie que ceux-ci récitent sans rien comprendre, en altérant parfois certains termes d'une façon ridicule, avec une diction défectueuse, sans aucune expression. Parfois ces élèves n'ont même pas l'idée générale de ce qu'ils répètent ainsi automatiquement ; aussi demeurent-ils muets dès qu'on vient à leur poser quelque question sur le sens des mots ou des expressions les plus faciles. — Une telle méthode doit être condamnée : elle fait de l'enfant une pure serinette, risque de fatiguer son esprit, compromet la fraîcheur et la souplesse de sa mémoire, l'habitue à un pur mécanisme stérile; même dangereux.

C. — Néanmoins ce serait un excès contraire de prononcer contre la récitation une condamnation absolue. Un tel exercice est nécessaire dans les divers enseignements. Par exemple, en matière de sciences, il est indispensable que l'enfant sache bien les définitions ou les lois fondamentales ; en histoire et en morale, il est utile que des résumés restent solidement gravés dans la mémoire ; surtout il est important que l'élève possède parfaitement certains morceaux de prose ou de poésie choisis pour la beauté de leur fonds et de leur forme. Non seulement par là on lui apprendra mieux sa langue, mais encore l'on formera son goût, l'on cultivera son esprit, l'on épurera son cœur et l'on fortifiera sa volonté ; devenu homme, l'élève retrouvera ces textes dans les différentes circonstances heureuses ou malheureuses de l'existence et aura en eux un « viatique » précieux. Par là l'école pourra plus facilement devenir ce qu'elle doit être, une « puissance morale ». — Mais pour qu'une telle méthode produise tous ces heureux fruits, il est indispensable que le maître ait pris les précautions désirables.

**D.** — Il est en effet de toute nécessité que le maître ait au préalable expliqué comme il convient ce qui doit être su par cœur, que l'enfant comprenne dans toute la mesure désirable, que l'éducateur s'assure que, pour ce dernier, tout est aussi clair que cela est possible. Il ne s'agit pas évidemment de faire en sorte que l'élève ait la compréhension parfaitement claire de tous les détails du texte appris par cœur : c'est impossible ; en tout cas, il ne saurait être question de se contenter de lui faire retenir des mots sans signification, mécaniquement associés les uns aux autres ; il faut qu'il ait des idées suffisamment nettes, reliées entre elles par des rapports logiques et précis. Même l'instituteur doit toujours se demander si, dans l'esprit de l'enfant, les idées conservent bien la première place qu'elles doivent avoir, si elles sont sans cesse aussi vivantes et aussi lumineuses. C'est qu'en effet la mémoire verbale peut progressivement se substituer à la mémoire intellectuelle ; de cette façon, le mot qui d'abord recouvrait l'idée en la conservant arrive à tenir seul la place de l'idée qui finit alors par disparaître. De là la nécessité d'obliger l'enfant à toujours voir l'idée dans le mot, à ne jamais séparer celui-ci de celle-là, à retrouver sans cesse l'une dans l'autre. Avec de telles précautions, il n'est plus exact de dire que « savoir par cœur, ce n'est pas savoir » : on a commencé par savoir, connaître, comprendre ; la mémoire retient alors ce qui est su, connu, compris : par suite, savoir par cœur, c'est vraiment savoir.

**F.** — Conclusion. — Se souvenir n'est pas nécessairement comprendre ; or, ce que l'éducateur doit surtout former dans l'enfant, c'est l'aptitude à comprendre, c'est-à-dire la pensée, l'intelligence. Ce serait donc se tromper que de vouloir se soucier uniquement de la mémoire au détriment de l'intelligence. Ce serait surtout méconnaître cette importante vérité, savoir, que l'intelligence est la condition la plus sûre et la plus rationnelle de la mémoire. En effet, d'une part, nous ne retenons bien et d'une façon durable que ce que nous avons compris, ce que notre pensée s'est bien assimilé : « savoir » est pour nous la meilleure garantie de « savoir par cœur », pour longtemps. D'autre part, notre faculté de se souvenir ne peut se maintenir toujours souple et fraîche que parce que nous savons oublier ; mais pour cela il est nécessaire que notre intelligence opère un choix entre les souvenirs, ne retienne que ceux qui sont vraiment essentiels, importants, utiles, qu'elle élimine ainsi tous les autres. Ce que nous « savons » ainsi est le meilleur moyen de « savoir par cœur » toujours un plus grand nombre de choses. Ce qui revient à dire qu'en définitive il n'y a d'autre meilleure culture de la mémoire que la culture même du jugement.

*Ouvrages à consulter :* Montaigne : *Essais.* — Guyau : *Education et hérédité.* — Pécaut : *Quinze ans d'éducation ; L'Éducation publique et la vie nationale.* — W. James : *Causeries pédagogiques.* — Ribot : *Les Maladies de la mémoire.* — Bergson : *Matière et mémoire ; L'Évolution créatrice.* — Maillet : *Psychologie de l'homme et de l'enfant.* — Compayré : *Cours de pédagogie ; L'Éducation intellectuelle et morale.* — Dugas : *Le Psittacisme.* — Alengry . *Psychologie et éducation.* — A. Aubin : *Les Exercices de récitation à l'école primaire (Revue pédagogique, juillet 1918).*

---

## 13. Quel rôle l'éducation doit-elle jouer par rapport aux associations d'idées dans l'enfant?

**A.** — On connaît la nature de l'association des idées : lorsqu'une idée revient à notre conscience, elle ne demeure jamais seule, mais évoque tout un déroulement d'autres idées (exemples). D'ailleurs, cette loi ne régit pas seulement les « idées », c'est-à-dire les états intellectuels ; elle s'étend à tous les faits de conscience, quels qu'ils soient. Si l'esprit est une évolution interrompue, il possède aussi la faculté de conserver tous les éléments de son passé intimement fondus les uns dans les autres et de faire revivre, dans une seule de ses modifications — inséparable des autres — sa vie antérieure tout entière. C'est à la psychologie qu'il appartient d'analyser un tel fait, d'en établir les lois générales. Celles-ci semblent d'ailleurs se ramener à deux : loi de contiguïté et loi de similarité.

**B.** — On a remarqué avec raison que si l'association des idées a des résultats heureux pour l'esprit dans lequel elle n'est pas sans introduire un certain ordre, réaliser une certaine unité, elle est aussi susceptible de provoquer des effets fâcheux. Or il n'est pas douteux qu'elle s'exerce déjà dans la conscience de l'enfant ; on peut même dire qu'elle tend facilement à prédominer en lui parce que, plus que l'homme doué d'une réflexion plus forte et d'un jugement plus sûr, il subit passivement les impressions des choses. Même dans une conscience adulte, l'association est le principe d'erreurs, de croyances fausses. Aussi bien ces erreurs peuvent subsister, passer de génération en génération : elles constituent alors les préjugés, les superstitions. Il suffit en effet que deux faits se soient présentés en même temps pour que nous ayons une tendance à attendre l'un quand l'expérience vient à nous montrer l'autre. Cela est surtout vrai quand la coexistence ou la succession des deux événements nous a intéressés, frappés ou émus; désormais nous sommes portés à ne plus apercevoir que ce qui confirme notre croyance, à négliger ce qui serait susceptible de la détruire (exemples : comète et bonne récolte en vins : croyance à l'effet funeste du nombre treize, au danger de se mettre en route un vendredi, etc.).

C. — Il importe donc de surveiller dans l'enfant une première catégorie d'associations formées en vertu de la loi de contiguïté. Il est nécessaire de le tenir en dehors des préjugés populaires, ou, quand il en a pris connaissance, de lui en montrer l'inanité. Pour cela, on lui fera observer les faits nombreux qui les démentent, on lui démontrera que telles croyances sont absurdes, qu'aucune relation ne saurait exister entre les deux choses; on fera appel à sa raison, à son bon sens. L'enfant, comme l'homme, est prompt à rattacher deux faits simultanés ou successifs par un lien de cause à effet, à voir dans l'un l'effet de l'autre. Sans doute on a pu dire que de telles erreurs sont des erreurs « sublimes », dont l'esprit humain est seul capable. Mais ces erreurs n'en sont pas moins des erreurs ; il serait préférable qu'elles fussent évitées. Il est donc indispensable à l'éducateur de discipliner la pensée de l'enfant, de modérer sa tendance à relier les choses par des connexions causales ou du moins de ne lui permettre de s'exercer qu'à bon escient. Il sera facile au maître de prouver que certaines coexistences ou successions sont le fruit du hasard ; il lui sera encore plus aisé d'établir que la cause supposée n'est qu'une cause fictive, imaginaire; enfin l'éducateur ne manquera pas de faire ressortir la difficulté de découvrir les vraies causes des choses, l'extrême réserve et la grande prudence avec laquelle affirme le savant.

D — D'ailleurs la surveillance des associations formées par

contiguïté intéresse non seulement la vie intellectuelle de l'enfant, mais encore sa vie pratique : certaines croyances ou certaines associations contractées dans le premier âge ont en effet un retentissement sur tout l'avenir, sont le principe d'inquiétudes ou de craintes injustifiées. (Exemples : croyance aux sorciers, au mauvais sort, au malheur annoncé par une salière renversée ou des couteaux placés en croix, etc.). — L'éducateur aura soin de préserver l'esprit de l'enfant de telles croyances et d'éloigner de lui toutes ces peurs irraisonnées, de les faire aussi disparaître s'il constate qu'elles y ont pris pied. Ce sera le cas d'appliquer un principe donné par St-Mill : si puissantes et si anciennes que puissent être les associations, aucune n'est absolument indissoluble. Elles peuvent disparaître soit par suite des informations plus exactes de l'expérience, soit par suite d'une faculté de jugement plus solide et plus juste. De cette façon, en purifiant l'intelligence d'erreurs d'abord acceptées ou commises par elle, l'on contribue à la tranquillité de l'âme et, du même coup, au bonheur de la vie.

**E.** — Ce qui est vrai des associations par contiguïté l'est aussi des associations par ressemblance. Sans doute, ainsi qu'on l'a justement remarqué, ces associations jouent un rôle important dans la pensée. Par les rapprochements qu'elles provoquent, elles sont la condition de l'originalité de l'esprit, lui communiquent des intuitions heureuses, le lancent sur la piste de la vérité. Mais elles peuvent aussi conduire à l'erreur, car les ressemblances qui provoquent alors le jeu de l'intelligence ne sont pas nécessairement essentielles, exactes ; elles risquent parfois de rester superficielles. L'enfant est d'autant plus exposé à ce danger qu'il se contente bien souvent de passer d'une chose à l'autre, de les réunir ou de les grouper dans une même idée sur la foi d'analogies plus apparentes que réelles ; même, pour cela, la similitude la plus vague, la plus lointaine lui suffit ; n'ayant encore qu'un petit nombre de mots à sa disposition, il utilise un même terme pour désigner des choses pourtant très différentes, à la seule condition qu'il découvre en elles quelque caractère commun, et cela sans pouvoir encore se rendre compte de la valeur objective de ce rapport (exemples classiques). La perception du monde par l'enfant est loin de concorder avec celle de l'homme mûr. Aussi quelque intéressantes et si originales que puissent être dans l'enfant les associations par ressemblance, elles risquent, dans le plus grand nombre de cas, de le conduire à l'erreur.

**F.** — Dangereuses pour son intelligence, ces associations peuvent encore aussi le devenir pour sa sensibilité, déterminer en lui des sympathies irraisonnées ou des haines injustes. Si nous aimons une personne, nous aurons une tendance naturelle à éprouver un sentiment analogue pour une autre soutenant avec la première telle ou telle ressemblance (exemple historique de Descartes : son affection pour toutes les jeunes filles qui louchaient). De même, si nous détestons une personne, nous aurons de la prévention ou du parti pris à l'égard de telle autre qui aura tel ou tel détail de commun avec la première. Une surveillance s'impose donc à l'égard des associations d'idées formées par ressemblance dans l'esprit de l'enfant. Ici encore il s'agit de discipliner son intelligence, de modérer sa tendance à passer d'une chose à l'autre en lui révélant la difficulté qu'il y a à discerner les vraies ressemblances — souvent cachées — des choses, à distinguer les caractères essentiels et profonds d'avec les caractères superficiels et purement apparents, en l'invitant à observer aussi longtemps que le permettent les exigences de la vie pratique et à n'affirmer qu'avec toute la circonspection désirable. L'action de l'éducation revient donc en définitive à la formation générale de l'esprit. Il conviendra de même de mettre l'enfant en garde contre les mouvements irraisonnés de son cœur, de lui montrer qu'un sentiment n'est pas suffisamment légitime quand il repose sur une simple association d'idées dont la valeur reste sujette à caution et qui, en elle-même, ne constitue qu'un fait irraisonné.

**G.** — Ainsi toutes les associations d'idées dans l'enfant sont loin d'être exactes : même on peut dire que l'instruction en général consiste à doter son esprit d'associations justes, correspondant à la réalité. D'autre part, il n'est pas interdit d'établir en lui certaines associations susceptibles d'avoir sur sa volonté et sa conduite une heureuse influence, d'unir dans son esprit par exemple l'idée du devoir et l'idée du vrai bonheur, l'idée de l'honnêteté et de l'estime des autres. Mais ici encore il convient d'élever l'enfant au-dessus des pures et simples associations. Il s'agira toujours de lui en montrer la valeur, le bien-fondé, par là même de les convertir soit en vérités claires et distinctes pour son intelligence, soit en principes nets et sûrs pour sa conscience. Après tout, l'association n'est que l'automatisme et le mécanisme dans la pensée ; c'est facilement l'étroitesse d'esprit qui nous ferme aux idées nouvelles et peut conduire à l'intolérance. C'est aussi aisément la routine qui menace ou étouffe l'initiative, empêche la réflexion, compromet la liberté. — Le grand secret de l'éducation, c'est donc d'habituer l'enfant à dominer ses associations, à les juger et à ne retenir que celles qui représentent des idées justes, à les briser aussi, à les faire éclater en fragments, de façon à ce qu'il reste capable de les combiner d'une façon originale, conserve alerte son imagination, la fasse servir à la réalisation des fins diverses qu'il peut poursuivre, bref maintienne à son intelligence toute sa justesse, toute sa souplesse avec sa précieuse fécondité. — Du même coup, on élargit devant lui le cercle de ses possibilités d'action ; on lui permet un choix à la fois plus étendu et plus éclairé ; on assure sa liberté. L'association est susceptible de produire les effets les plus regrettables et d'amener les résultats les plus heureux : il appartient précisément à l'éducateur de prévenir les uns en assurant les autres (1). A cet égard, sa tâche et son rôle sont considérables.

*Ouvrages à consulter*: SPINOZA: *Éthique, livre III*. — MALEBRANCHE : *Recherche de la vérité*. — ST.-MILL : *Philosophie de Hamilton; Logique inductive et déductive.* — BAIN : *Les sens et l'intelligence.* — M<sup>me</sup> NECKER DE SAUSSURE: *L'Éducation progressive.* — FERRI : *Psychologie de l'association.* — COMPAYRÉ : *Évolution intellectuelle et morale de l'enfant.* — LACHELIER : *Du fondement de l'induction.* — VALTIER : *De l'intention morale.* — RIBOT : *Psychologie anglaise contemporaine.* — W. JAMES : *Principes de psychologie.* — RABIER : *Leçons de psychologie.* — BERGSON *Matière et mémoire.* — EVELLIN : *Infini et quantité.*

-------

(1) Voir dans notre *Composition littéraire, psychologique, pédagogique et morale*, faite en collaboration avec M. ROUSTAN, la dissertation sur « l'*Association des idées et le caractère* » (p. 192-194) ; Librairie Paul Delaplane; P. Mellotée, éditeur.)

**14.** Indiquer sommairement la nature de l'imagination ; préciser ses liens avec la réalité. En déduire les précautions que le maître doit prendre pour ce qui concerne une culture rationnelle de l'imagination à l'école.

**A.** — L'esprit ne se contente pas d'éprouver des impressions venues des choses (perception extérieure), de les conserver en l'absence des objets qui les ont provoquées, de les reconnaître comme ayant déjà fait partie de sa vie antérieure (mémoire), de les laisser s'évoquer spontanément les unes les autres et se dérouler en lui dans l'ordre même où elles lui ont été une première fois données dans l'expérience (association des idées). Il possède encore le pouvoir de les grouper, de les organiser d'une façon originale, de constituer ainsi des œuvres dont la réalité ne nous a pas fourni le modèle. Cette faculté est l'imagination. — On peut la définir la « puissance poétique » de l'esprit, c'est-à-dire l'esprit en tant qu'il est capable d'invention, de création. Parfois l'on désigne encore sous le nom d' « imagination » la faculté que nous avons de retrouver ou de faire réapparaître des perceptions anciennes, alors que les choses qui nous les ont données ne sont plus devant nous (revoir mentalement un paysage ; entendre mentalement une mélodie) : à proprement parler, il n'y a là qu'une forme de la mémoire. Le langage vulgaire lui-même indique que l'imagination est quelque chose de plus (imagination brillante, féconde), savoir la faculté de trouver quelque chose de nouveau, de produire des œuvres possédant plus ou moins d'originalité. Bref, la seule imagination est l' « imagination créatrice ». Le génie n'en représente que la forme la plus élevée.

**B.** — En réalité tout le travail de l'imagination se réduit à une double opération. — *a)* D'une part, l'esprit opère la dissociation des données sensibles ; il rompt d'abord le lien naturel qui existait entre les idées et sépare celles-ci les unes des autres. Procédant aussi d'une façon plus profonde, il peut décomposer les différentes idées en fragments qu'il isole les uns des autres. — *b)* D'autre part, il associe dans un ordre nouveau ou sous une forme indépendante de l'expérience les idées ou les éléments des idées ainsi brisées, et de

3.

cette façon compose des touts qui ne se rencontrent pas dans la réalité. Autrement dit, la pensée procède par analyse et par synthèse ; aussi bien les synthèses opérées par elle sont d'autant plus originales que l'analyse a été poussée plus loin. Ce double travail de dissociation et de réassociation se retrouve dans toutes les créations imaginatives, depuis les fictions naïves de l'enfant ou de l'homme primitif jusqu'aux œuvres les plus superbes de l'artiste.

C. — Mais ceci même montre nettement les rapports, les liens qui unissent l'imagination et la réalité. A vrai dire, l'homme ne peut rien « créer » absolument dans le monde intellectuel pas plus d'ailleurs que dans l'univers matériel : à ce point de vue, l'on ne saurait véritablement parler d'une « imagination créatrice » ; l'esprit est seulement capable de combiner dans un ordre nouveau les éléments fournis par l'expérience, de composer avec eux des touts qui n'étaient pas des choses réelles et qu'en conséquence la perception ne pouvait pas lui présenter. Aussi, quelles que soient ses constructions, toujours on retrouve en elles des matériaux constitués par des souvenirs ; sans eux, la pensée est pour ainsi dire frappée d'impuissance, et ainsi la mémoire constitue la condition de tout le travail de l'imagination. Ce n'est pas d'ailleurs une raison pour rabaisser cette dernière faculté. Elle reste originale grâce à la forme dans laquelle elle groupe les matériaux qui lui sont nécessaires, à la synthèse dans laquelle elle les assemble, au tout qu'elle constitue avec eux par l'idée ou le sentiment qu'elle leur fait exprimer. Or cette forme est quelque chose de nouveau qui ne s'explique pas entièrement par les éléments eux-mêmes ; au surplus cette forme est bien supérieure à la poussière de matériaux qui, isolément, n'ont aucune valeur ; à vrai dire, elle seule est intéressante.

D. — Il y a là une vérité importante dont l'éducateur doit savoir tirer tout le parti qu'elle comporte : elle constitue comme le principe d'une culture rationnelle de l'imagination à l'école. — Sans doute l'on s'est demandé si le maître devait s'occuper d'une telle faculté ; l'on a bien souvent signalé les dangers de l'imagination. Mais ces dangers mêmes impliquent la nécessité d'intervenir pour la discipliner. — D'autre part, les bienfaits de l'imagination ne sont pas douteux ; en particulier, l'on peut bien dire qu'elle est pratiquement nécessaire dans tous les métiers, dans toutes les professions : toujours, en effet, il est indispensable de combiner des moyens en vue de certaines fins. Il importe donc que l'école ne la sacrifie pas, mais qu'elle s'y intéresse sérieusement, la réglant chez ceux en qui elle est facilement exubérante et désordonnée, l'échauffant chez ceux où elle se manifeste plus lente ou plus lourde, c'est-à-dire en la cultivant toujours d'une façon rationnelle. — Pour cela d'ailleurs divers exercices sont tout indiqués (jeux, dessins, problèmes de mathématiques, etc.). Mais le plus important et le plus efficace est sans contredit la « composition littéraire »; il importe toutefois que le maître prenne des précautions.

**E.** — Parfois, en effet, il lui arrive de se plaindre de l'absence ou de la pauvreté de l'imagination des élèves : ceux-ci ne savent pas développer un sujet donné ; ils ne peuvent rien trouver, ils n'ont pas d'idées. C'est que peut-être le devoir n'a pas été assez heureusement choisi ; il est possible qu'il ne représente rien à l'esprit de l'enfant, qu'il reste complètement en dehors du champ de son expérience, qu'il n'évoque en lui aucune impression, aucun souvenir. L'on comprend que dans ces conditions l'imagination de l'élève soit frappée de stérilité ; celle-ci ne saurait s'exercer à vide ; les idées ne viennent pas d'elles-mêmes à l'enfant; il faut au préalable lui permettre de les avoir. La sagesse veut donc qu'avant de donner un sujet à développer à l'élève on commence par remplir sa pensée d'observations, d'images, de souvenirs s'y rapportant; il importe de s'assurer que sur ce point son esprit n'est pas absolument vide. Il est nécessaire qu'on le mette en face des choses pour qu'il ait des idées. Aussi bien, c'est seulement quand il aura des idées, quand il pourra les évoquer du fond de sa conscience et faire qu'elles s'appellent les unes les autres, c'est seulement alors qu'il y aura lieu de lui apprendre à choisir entre elles, à les mettre en ordre, à « composer », à s'exprimer d'une façon à la fois correcte et élégante. — Il est donc indispensable d'élargir autant que possible l'expérience de l'enfant (lectures en classe, lectures personnelles, récits, promenades, voyages, etc.), de ne lui proposer que des sujets relatifs à des objets qui lui sont familiers, qui rentrent dans le champ de ses observations ou de ses réflexions personnelles.

**F.** — Conclusion. — Une relation étroite lie la mémoire et l'imagination. L'imagination emprunte tous ses matériaux à la mémoire : c'est pourquoi il importe d'abord de doter l'enfant d'une riche provision de souvenirs. Mais il est aussi nécessaire de l'habituer à rester maître de ces images, à les dominer, à se mouvoir à l'aise au milieu d'elles ; sans cette souplesse qui préserve d'une rigidité excessive, la mémoire risquerait de paralyser le jeu de l'imagination et d'entraver toute originalité de la pensée. Il est indispensable que l'enfant sache procéder à une dissociation préalable de ses idées pour qu'il reste capable d'opérer entre elles des associations nouvelles et originales. C'est par là qu'il saura rester ou devenir ingénieux, faire aussi, toutes les fois que les nécessités de la vie lui en laisseront le temps, une place légitime à la rêverie qui repose et console, accepter le réel avec plus de courage et toujours avec la même force d'espérance, en le colorant d'un rayon de poésie et en vivant quelques moments délicieux dans le monde plus léger de l'idéal.

*Ouvrages à consulter :* M^me NECKER DE SAUSSURE : *L'Éducation progressive.* — RABIER : *Leçons de psychologie.* — RIBOT : *L'Imagination.* — QUEYRAT : *Les Variétés de l'imagination dans l'enfant.* — SÉAILLES · *Le Génie dans l'art.* — JOLY : *De l'imagination.* — RICARDOU : *De l'idéal.* — P. JANET : *L'Automatisme psychologique.* — J. SULLY : *Études sur l'enfance.* — B. PEREZ : *L'Éducation dès le berceau.* — BRAUNSCHVICQ : *L'Art et l'enfant.* — COMPAYRÉ : *Évolution intellectuelle et morale de l'enfant.* — D^r E. PÉCAUT : Article *Poésie* dans le *Dictionnaire de pédagogie.* — VESSIOT : *De l'enseignement à l'école.* — M. ROUSTAN : *La Composition française* (Les genres). — BERGSON : *L'Effort intellectuel* (*Revue philosophique*, 1902).

## 15. Comment l'éducation peut-elle entretenir la disposition naturelle de l'enfant pour le merveilleux et en tirer tout le profit désirable pour la culture générale de l'âme ?

**A.** — Tous ceux qui ont étudié l'enfant ont signalé sa disposition naturelle à vivre dans le merveilleux. Sa conception du monde est loin de ressembler à celle de l'homme adulte ou à celle qu'il adoptera lui-même plus tard. A ce point de vue, son histoire reproduit celle de l'humanité : la représentation qu'il se fait des choses rappelle en effet celle de l'homme primitif avec ses légendes ou ses mythes. — *a)* Spontanément, l'enfant projette dans tous les objets qu'il perçoit une âme analogue à celle dont il a le sentiment direct : autrement dit, tout pour lui vit et est animé. Il prête de même à tout une capacité de sentir, des intentions, des efforts, une volonté. A cet égard, il est déjà un véritable poète. — *b)* Il peuple aussi l'univers d'êtres fictifs, de forces surnaturelles, de géants ou de nains, d'anges ou de diables auxquels il attribue un aspect tantôt terrible et effrayant, tantôt aimable et gracieux. Certaines circonstances, comme l'obscurité, favorisent d'ailleurs cette tendance ; parfois aussi les parents ne font que la fortifier (le bonhomme Janvier, le marchand de sable, etc.). — *c)* Enfin l'enfant altère facilement les objets, leur donne des formes extraordinaires, rapproche les choses les plus disparates en vertu des analogies les plus lointaines et les plus superficielles, élabore avec les données de l'expérience les combinaisons les plus imaginaires. A ce point de vue encore c'est un véritable poète. Aussi bien cette attitude psychologique naturelle de l'enfant explique l'amour qu'il éprouve pour les contes, les récits, les fables : cet élément est un aspect intéressant de son goût pour le merveilleux.

**B.** — Sans doute les éducateurs n'ont pas toujours été d'accord sur la place qu'il convient de laisser à une telle disposition. — Les uns ont fait observer que cette tendance répond à la nature même de l'enfant, à une phase de son développement intellectuel, qu'il importe de laisser, au moins quelque temps, l'enfant vivre en enfant, que d'ailleurs ce dernier trouve dans ce jeu de l'imagination des joies réelles qu'il serait peut-être injuste de lui enlever ou de lui refuser. — Les autres ont objecté que l'univers ainsi créé par l'enfant n'est qu'un monde de fictions, de chimères, que, le plus tôt possible, il importe de fermer son esprit à l'erreur et de l'ouvrir à la vérité. — Il n'est pas impossible de concilier ces deux conceptions opposées. A coup sûr, l'idée primitive que l'enfant se fait des choses n'est pas une conception viable, destinée à s'installer définitivement dans son esprit; elle a le sort de celles que l'humanité avait d'abord adoptées concernant le monde et qui se sont progressivement évanouies par l'effet des progrès de la connaissance. De cette façon, elle est condamnée à laisser peu à peu la place à une autre plus conforme à la réalité mieux saisie ou mieux interprétée. Si à travers l'humanité la conception scientifique de la nature a de plus en plus chassé la part du merveilleux du sein des choses, dans l'esprit de l'enfant l'instruction enferme la fantaisie de l'imagination dans un cercle de plus en plus étroit ; elle repousse toutes les entités chimériques pour ne plus laisser subsister que les faits et leurs lois ; elle remplace les synthèses extravagantes et naïves par un système de notions faisant aussi exactement que possible le tour des choses ou des êtres : bref, à la fiction elle substitue la vérité.

**C.** — Est-ce à dire que l'action de l'éducation n'ait nécessairement d'autre effet que de détruire l'amour de l'enfant pour le merveilleux ? — Ce serait oublier qu'elle doit au contraire l'entretenir, mais à la condition de l'orienter dans un autre sens et de le diriger sur d'autres objets. A côté du merveilleux surnaturel, monstrueux, qui sort des cadres mêmes de la réalité, il existe un merveilleux naturel, normal, qui réside dans le monde même. Il est possible de le faire saisir à l'enfant, de susciter en lui l'admiration et l'enthousiasme, et cela d'autant plus facilement que pour lui tout est nouveau. Les merveilles que l'éducateur a mille occasions de lui présenter ne sont pas rares ; il les trouvera dans les fleurs, les insectes ; il aura à sa disposition les richesses de l'infiniment petit et les sublimités de l'infiniment grand. Si en un sens la science refoule ou supprime le merveilleux, en un autre sens elle est la source même d'un autre merveilleux : c'est qu'en effet par elle nous assistons à l'harmonie, à l'ordre du cosmos. Il y a dans la science une véritable inspiration pour la poésie. Du reste, à côté de ce merveilleux dans les productions de la nature, il y a aussi place pour le merveilleux dans les créations de l'homme relatives au domaine de la morale, c'est-à-dire dans les belles actions, les dévouements sublimes, la pratique constante des devoirs journaliers, relatives aussi au domaine de l'art, c'est-à-dire dans les chefs-d'œuvre de la peinture, de la musique ou de la poésie.

**D.** — Conclusion. — La culture du sentiment du merveilleux ainsi comprise est d'une haute importance pour la formation générale de l'âme. Après tout, elle ne représente que le développement des plus hautes aspirations de la conscience humaine, celles qui la portent vers le Vrai, le Bien, le Beau, l'Infini. Par elle, l'éducateur ne provoquera pas seulement dans l'enfant des joies délicieuses et pures; il élèvera encore sa pensée, la haussera jusqu'à l'intuition des choses éternelles qui ne passent pas. Il entretiendra en lui la faculté de l'admiration si précieuse pour l'action qu'elle stimule, pour le cœur qu'elle empêche de se dessécher. En même temps, il attachera fortement sa volonté aux seules fins qui ne trompent pas et n'apportent point de désenchantement parce que seules, dans la vie, elles ont une valeur solide et sûre. De cette façon, il saura à la fois aiguiser dans l'esprit de l'élève le sens du rée et donner satisfaction à l'aspiration vers l'idéal, associer ainsi les deux éléments dont la sage harmonie est nécessaire à la fécondité de l'existence.

*Ouvrages à consulter :* M<sup>me</sup> NECKER DE SAUSSURE : *L'Éducation progressive.* — G. SAND : *Histoire de ma vie.* — A. FRANCE : *Le Livre de mon ami.* — ROMAIN ROLLAND : *Jean-Christophe (l'Aube).* — J. SULLY : *Études sur l'enfance.* — B. PÉREZ. *L'Éducation dès le berceau.* — BALDWIN : *Étude sur le développement mental dans l'espèce.* — BUISSON : *Dictionnaire pédagogique :* articles *Poésie* de Pécaut, *Fable* d'Anthoine, *Beau* de Ravaisson. — BRAUNSCHWICQ : *L'Art et l'enfant.* — G. VARET : *L'Ignorance et l'irréflexion.* — BLACKIE : *De l'éducation de soi-même.*

---

## 16. L'attention dans l'enfant. Quels sont les moyens dont dispose l'éducation pour la fixer et lui donner toute la force désirable ?

**A.** — La conscience est un perpétuel « progrès » : on a pu dire que pour elle cesser de changer, de « devenir », ce serait cesser d'être. Parfois cependant ce mouvement s'arrête : alors la pensée se fixe tout entière sur un objet particulier. Cette attitude psychologique n'est autre que l'attention (exemple). A un certain point de vue, l'attention s'oppose à la loi essentielle de la conscience, puisqu'elle est l'immobilisation de cette dernière. A un autre point de vue, elle est la continuation de la conscience même, car partout où celle-ci apparaît, elle est essentiellement une « faculté de choix » entre les impressions venues du monde ; or l'attention est un nouveau choix opéré dans ce premier choix. — Dans la pensée adulte, l'attention possède assez de force pour être durable, capable de demeurer longtemps et intentionnellement concentrée sur une seule chose. Il n'en est pas de même dans l'enfant : ce dernier passe facilement d'un objet à l'autre;

se donne tout entier à chaque sensation qui surgit ; si l'attention est la stabilité de la pensée, l'état naturel de l'enfant est au contraire l'instabilité mentale. Sans doute il serait inexact de prétendre qu'en lui il est impossible de trouver l'attention sous quelque forme que ce soit : l'enfant fait au contraire attention à chacune des impressions qui se présentent à lui ; mais précisément cette attention discontinue, brisée, sautillante est le contraire de l'attention véritable : c'est ce qu'on appelle la « distraction » ; alors que l'attention est la concentration de l'esprit, la preuve de sa puissance et de sa liberté, la distraction en est la dispersion, l'éparpillement ; elle en accuse la faiblesse et l'esclavage. L'œuvre de l'éducateur consistera précisément à remplacer cette distraction primitive par l'attention vraiment digne de ce nom.

**B.** — Par quel moyens pratiques arrive-t-il à réaliser cette fin ? Les psychologues distinguent d'ordinaire deux formes d'attention, savoir l'attention spontanée et l'attention volontaire, l'une qui viendrait directement des impressions des objets extérieurs, l'autre qui serait le résultat d'un effort intérieur de l'esprit. Toutefois il ne faut pas s'y tromper : quelle que soit sa forme, l'attention est toujours la conséquence de l' « intérêt » : une conscience qui ne s'intéresserait à rien, pas même à sa conservation, ne ferait attention à rien. Dans l' « attention spontanée », l'intérêt est direct, provient de la chose même ou plutôt de sa correspondance avec notre nature, nos besoins, nos tendances ; c'est pourquoi, bien qu'en présence du même monde, les divers hommes sont loin de faire spontanément attention aux mêmes objets ou aux mêmes caractères des mêmes objets : c'est qu'ils sont loin d'avoir les mêmes dispositions, les mêmes occupations. Dans l' «attention volontaire », il y a encore un intérêt, mais un intérêt indirect, qui ne sort plus de la chose, mais de l'idée que nous nous en faisons, de la considération de la fin pour laquelle nous y voyons un moyen ; par exemple, si le comptable fait attention à ses additions, ce n'est point parce qu'il les trouve intéressantes par elles-mêmes, mais bien parce que les erreurs qu'il commettrait compromettraient sa situation. — L'on voit les conséquences pédagogiques qui découlent immédiatement de ces courtes considérations théoriques. Pour éveiller et soutenir l'attention dans l'enfant, l'éducateur no dispose que d'un moyen, l' « intérêt » sous sa double modalité, direct ou indirect.

**C.** — Tout d'abord il peut mettre à profit l'intérêt indirect. L'enfant peut ne pas être disposé à donner son attention à une leçon ou à un exercice qui ne l'intéresse pas naturellement : il arrivera pourtant à l'écouter ou à le faire avec soin, si le maître lui en montre l'utilité pratique dans l'avenir ou la nécessité pour arriver à une fin plus immédiate comme le succès à un examen, s'il fait appel à certains sentiments comme le désir d'égaler les camarades ou d'être agréable aux parents, l'attrait ou l'espoir d'une récompense, la crainte d'une punition. De là la nécessité de connaître le caractère de l'enfant pour faire un choix judicieux des moyens à employer. Mais précisément il existe une très grande diversité dans les caractères : c'est pourquoi telle méthode qui réussit avec celui-ci peut ne rien valoir pour celui-là (exemples). Toutefois l'on ne doit recourir à ces moyens qu'avec discrétion ; ils n'ont pas d'ailleurs toute l'efficacité désirable, attendu que l'enfant se hâtera de porter son attention ailleurs dès que, pour une raison ou pour une autre, ils lui seront devenus indifférents. Aussi est-il indispensable de faire appel à d'autres mobiles d'un caractère moins artificiel et de substituer à l'intérêt indirect l'intérêt direct.

**D.** — On le sait : les choses n'ont pour nous d'intérêt que si elles répondent à nos dispositions, à nos besoins. Par suite, pour provoquer l'attention dans l'enfant, il sera nécessaire de lui donner un enseignement adapté à ses tendances primitives. — Or l'enfant s'attache spontanément aux choses qui sont nouvelles pour lui et lui donnent des sensations vives. Il importe donc à l'éducateur de lui présenter des objets concrets, de commencer par lui communiquer non des idées abstraites, mais des intuitions susceptibles de le frapper (méthode intuitive : choses, images, dessins, expériences). — D'ailleurs cet amour du nouveau n'est qu'une forme de la curiosité. C'est pourquoi le maître doit savoir faire appel à cet « appétit intellectuel ». La curiosité mène naturellement à l'attention qui consiste en effet à émettre une série de suppositions sur la nature ou les caractères de la chose que l'on veut connaître. L'éducateur pourra entretenir cette disposition, la tenir en haleine en laissant l'enfant poser des questions, intervenir activement au lieu de se substituer complètement à lui, en le faisant collaborer à la leçon, en lui donnant, par le plaisir de la découverte, le sentiment de sa propre force, en rendant ainsi pour lui la classe vivante. Parfois, pour mieux préparer l'attention dans l'enfant, il sera utile de lui faire comprendre que l'objet étudié n'est pas encore complètement exploré et qu'on est loin d'avoir donné sur lui tous les renseignements désirables; l'on peut ainsi amorcer les leçons à faire en les accrochant à celles qui ont déjà été faites.

**E.** — Ce n'est pas tout. Notre intelligence est au plus haut point éprise de clarté. Cela est déjà vrai de l'intelligence de l'enfant : ce dernier se rebute vite d'un enseignement obscur; il s'attache au contraire facilement à un enseignement où tout est pour lui parfaitement lumineux. Il sera donc nécessaire d'adapter les leçons au niveau intellectuel des élèves. — D'un autre côté, l'enfant a une tendance naturelle à vivre de la vie de l'imagination : c'est pourquoi l'enseignement sera toujours aussi pittoresque, aussi suggestif que possible. — De même, l'enfant partage aisément les sentiments et les émotions des autres, surtout de ceux qu'il juge supérieurs à lui. Dans ces conditions, le maître arrivera plus sûrement à l'intéresser si lui-même s'intéresse à ce qu'il dit, s'il parle avec chaleur, avec émotion ou seulement d'une façon agréable : ce n'est pas seulement par les qualités de son enseignement qu'un éducateur peut provoquer et retenir l'attention, mais aussi par les qualités de sa personne.

**F.** — Il est d'ailleurs un autre intérêt direct et naturel, supérieur à tous les autres, auquel le maître doit faire appel le plus tôt possible, savoir l'intérêt même de l'intelligence et de la dignité personnelle. — D'une part, en effet, l'attention constitue la condition du progrès de l'esprit puisqu'elle lui permet de faire connaissance avec la vérité: or une intelligence éclairée, instruite vaut mieux qu'une intelligence qui ne l'est pas. — D'autre part, l'attention est la marque d'un esprit viril qui se possède et domine les impressions des choses : on peut dire que l'attention accuse et exprime la personnalité. Il y a là deux vérités importantes à faire sentir à l'enfant. Il convient de lui apprendre le plus tôt possible à faire attention par

respect pour la vérité qui est effectivement une fin supérieure
de l'homme, surtout par respect pour l'attention même qui
est une forme de la personnalité libre : or, non seulement
aucune fin ne peut être mise au-dessus de la personne humaine,
mais encore aucune ne peut lui être comparée. Il faut donc
que l'enfant arrive à le comprendre ; faire attention, c'est
pour lui vraiment agir en homme. Cet intérêt dépasse tous
les autres et l'idéal, c'est qu'il les remplace tous.

**G.** — Toutefois il est indispensable de prendre certaines
précautions. La puissance d'attention est, surtout au début,
limitée dans l'enfant; l'on a fait des expériences intéressantes
sur la fatigue mentale. — Il est nécessaire de ne donner aux
exercices et aux leçons qu'une durée d'autant plus limitée que
l'on aura affaire à des intelligences plus jeunes, de les couper
par des récréations destinées à reposer et à rafraîchir l'esprit,
de les varier aussi d'une façon judicieuse : à une occupation
plus fatigante devra succéder une occupation plus facile,
exigeant une tension moindre. Dans ces conditions, il y a lieu
d'adopter un véritable entraînement destiné à rendre l'attention de plus en plus aisée à l'enfant; le but de l'éducation,
c'est de la transformer en une véritable habitude pour l'esprit.
L'idéal de l'« attention volontaire » est donc de se transformer
en « attention spontanée ». Pour arriver à le réaliser, le maître
devra surtout faire sentir à l'enfant non seulement la portée
intellectuelle de l'attention, mais surtout son importance morale, sa dignité intrinsèque, le rendre accessible à la joie délicate dont son exercice même est la conséquence naturelle. L'on
retrouve ainsi une importante vérité pédagogique, savoir qu'il
ne s'agit pas pour l'éducateur de supprimer l'effort, mais de
créer le plaisir de l'effort lui-même, de l'effort normal et sain.

**H.** — Conclusion. — On ne saurait donner trop de soins
à la culture de l'attention. C'est qu'en effet l'importance
de cette faculté dans l'histoire de l'humanité n'est pas douteuse. L'attention a constitué une des principales conditions
du progrès scientifique : il n'est pas possible de contester la
nécessité de l'observation, de la réflexion pour la découverte
— toujours difficile — de la vérité; l'on a pu définir le génie
une « longue patience ». — C'est aussi en revenant sur lui-
même que l'homme a créé la moralité, découvert l'obligation

morale, trouvé sans cesse de nouveaux devoirs. A cet égard, l'histoire de l'enfant reproduit celle de l'humanité. C'est seulement par l'attention qu'il peut s'enrichir de toutes les inventions dues à l'attention, c'est-à-dire s'instruire d'abord, éclairer et former sa pensée, mais surtout élever sa conscience, saisir cette réalité, l'esprit, qui constitue le centre de toute moralité, se recueillir au sein des impressions, des désirs qui l'assaillent et s'ouvrir ainsi à la vie humaine de la liberté.

*Ouvrages à consulter :* M<sup>me</sup> NECKER DE SAUSSURE : *L'Éducation progressive.* — RIBOT : *Psychologie de l'attention.* — JANET : *L'automatisme psychologique.* — BALDWIN : *Essais sur le développement mental dans la race.* — BERGSON : *Matière et mémoire.* — JOLY : *Psychologie comparée de l'homme et de l'animal.* — COMPAYRÉ : *Évolution intellectuelle et morale de l'enfant.* — HÖFFDING : *Psychologie.* — JANET et THAMIN : *Psychologie appliquée à l'éducation.* — W. JAMES : *Causeries pédagogiques.* — PINLOCHE : *Traduction des principales œuvres pédagogiques de Herbert.* — MALAPERT : *Psychologie.*

---

## 17. Un éducateur contemporain a dit : « L'abstraction est le grand écueil de l'école ». Examiner cette pensée et déterminer exactement la place de l'abstraction dans l'enseignement.

**A.** — Le grand art de l'éducateur est de s'adapter au niveau intellectuel des élèves ; tout son enseignement serait condamné à ne porter aucun fruit s'il dépassait par trop la force de la pensée dans l'enfant. Or c'est parfois ce qui arrive, surtout quand le maître en est à ses débuts et manque encore d'expérience. Il peut oublier ou méconnaître la distance qui sépare son propre esprit des intelligences auxquelles il s'adresse, leur parler un langage qui ne convient qu'à des pensées adultes, déjà développées, constituer ses leçons avec des idées générales, commencer par faire connaître des lois, des règles, des définitions, donner un enseignement composé d'éléments qui ne tombent pas proprement sous les sens et n'ont d'existence, de réalité que dans l'esprit capable de les concevoir, autrement dit, un « enseignement abstrait », n'enveloppant que des « abstractions ». Un tel enseignement est gros d'inconvénients ; même un éducateur contemporain, M. Gréard, a pu déclarer qu'il représente « le grand écueil de l'école ».

**B.** — Il est facile de comprendre pourquoi il en est ainsi. Partant des objets concrets et particuliers donnés dans la sensation, l'intelligence n'arrive à l'idée, au concept abstrait qu'après une longue et patiente élaboration consistant à dissocier les choses ou les faits présentés dans l'expérience, à isoler toutes les multiples différences qui les séparent pour ne plus retenir que les rapports et les ressemblances essentielles qui les unissent. C'est le résultat de ce travail que fixe le mot : en effet, sans ce support sensible, l'idée à peine conquise risquerait de disparaître et de s'évanouir. Mais pour l'obtenir l'esprit doit disposer d'une puissance qui le mette à même de dominer la diversité de ses impressions et ne pas se laisser entraîner par elles. Les « idées » ne sont pas données toutes faites à l'intelligence ; c'est à la pensée de les créer, de substituer ainsi au monde sensible qui est en dehors d'elle un monde intelligible lui appartenant en propre.

**C.** — Il résulte de ces rapides considérations une conséquence importante. — Sans doute des intelligences adultes, ayant déjà une certaine puissance et un certain développement, peuvent se mouvoir assez aisément dans le monde des idées, les manier sans trop de difficultés ; surtout de tels esprits voient clair dans les idées ou plutôt, pour eux, les idées sont claires : c'est que, formées par le travail de la pensée élaborant le réel, elles enveloppent en quelque sorte pour la pensée les choses et leurs ressemblances. Du même coup, elles ont aussi pour elle une valeur, un sens; l'intelligence qui, pour se reconnaître au sein du monde, les a substituées à la diversité des données de l'expérience peut, de nouveau, y substituer cette diversité de données concrètes, retrouver tout le bagage intellectuel dont chaque idée est comme l'expression. De cette façon, en les pensant, c'est toute une multiplicité de choses réelles qu'elle pense du même coup. Il n'en est plus du tout de même des intelligences plus neuves et moins avancées. D'une part, elles restent encore enfermées dans le domaine des impressions sensibles et ne peuvent avoir affaire qu'aux objets particuliers de l'expérience ou à leurs images aussi individuelles que les objets eux-mêmes. Mais surtout les idées abstraites, c'est-à-dire les mots dans lesquels celles-ci s'expriment, n'évoquent, ne suggèrent rien ; elles sont en quelque sorte vides de tout contenu, ne représentent à l'esprit aucune réalité ; c'est pourquoi les termes qui servent à les désigner se réduisent à de simples sons, à de pures « émissions de voix ».

**D.** — Dans ces conditions, on comprend ce qu'un enseignement abstrait peut être pour l'enfant dont l'intelligence est encore toute neuve, dépourvue de toute expérience. — *a)* Il dépasse la portée de sa pensée ; il ne peut avoir aucune prise sur lui ; il est incapable de l'intéresser : aussi l'enfant aura-t-il vite fait de porter son attention ailleurs, même de prendre l'école en aversion. — *b)* Mais surtout un tel enseignement n'est pas à proprement parler un enseignement : n'apportant aucune connaissance, n'évoquant aucune chose précise, il n'instruira pas ; au lieu d'avoir des idées, l'enfant n'aura par devers lui que des mots condamnés à rester sans signification. — Sans doute le « nominalisme » prétend que les idées générales ne sont que des mots. Mais une telle conception est contradictoire : supprimant l'idée au profit du mot, elle supprime le mot lui-même dont l'idée est seule la raison d'être. — Pourtant il y a une vérité à retenir de cette théorie : parfois, au lieu d'être un enseignement d'idées, l'enseignement du maître, se contentant trop volontiers de pures abstractions, se réduit pour l'enfant à un enseignement de mots. Il suffit alors d'interroger l'élève pour s'assurer que les mots, bien que répétés par lui, ne sont pas compris et que pour lui ils ne représentent rien de précis. C'est alors le « psittacisme » dont parle Leibnitz : il ne conduit qu'à un enseignement stérile, infécond, dangereux pour l'esprit en qui il tend à introduire la paresse et le pur mécanisme. « Rien de plus contraire au véritable enseignement que de verser dans des esprits passifs, soit par le livre, soit par la parole du maître, une masse d'abstractions à apprendre par cœur. C'est proprement le verbalisme, c'est-à-dire un fléau. » (LIARD).

**E.** — Comment le maître doit-il se comporter pour échapper à ce danger ? L'homme n'est pas arrivé d'emblée à l'élaboration du système d'idées qui constitue la connaissance, la science ; il a dû nécessairement débuter par la sensation. Le maître ne saurait davantage mettre d'abord l'enfant en face d'idées abstraites ; il importe qu'il le fasse débuter par l'observation des choses, des faits, qu'il le mette en présence des réalités individuelles, qu'il institue aussi certaines expériences, autrement dit qu'il remplace l'enseignement abstrait par un enseignement concret, pratique la « méthode intuitive ». Aussi bien, il y a là une discipline susceptible de s'appliquer dans toutes les matières du programme. — *a)* En mathématiques, le maître évitera de donner d'abord la définition générale de telle ou telle figure, par exemple du rectangle ou de la circonférence ; il montrera différents rectangles ou différentes circonférences existant dans la classe ou en dehors de la classe, dans la nature ; il en dessinera au tableau noir ou en réalisera lui-même. — *b)* Dans les sciences physiques, il se gardera de commencer par l'énoncé de telle ou telle loi ; il aura soin de faire observer des faits précis, ou de procéder à certaines expériences très simples. — *c)* Dans les sciences naturelles, il ne traitera pas immédiatement des caractères généraux de telle ou telle catégorie d'êtres ; il montrera des échantillons, fera appel aux souvenirs des enfants, utilisera des gravures, etc. (utilité du musée scolaire). — *d)* C'est encore à un enseignement concret qu'il aura recours en histoire, en géographie, même en morale : c'est ainsi qu'au lieu de parler de telle ou telle vertu, d'en définir la nature, il aura soin d'en montrer, mieux encore, d'en faire trouver des exemples concrets, frappants, les empruntant surtout à la vie même de l'école ou au milieu bien connu de l'enfant. Les avantages de l'enseignement concret sont évidents : grâce à une telle méthode, non seulement il est certain qu'on intéressera l'élève, mais encore on l'instruira, parce qu'on le mettra non plus en face de mots creux, mais en présence de réalités avec la plénitude, la richesse de leurs qualités.

**F.** — Pourtant il ne faudrait pas croire qu'il faille bannir systématiquement l'abstraction : il ne s'agit pas de méconnaître son rôle dans la vie de l'esprit. — *a)* La force et la maturité d'une intelligence se mesurent à l'aisance avec laquelle, dominant les impressions concrètes, elle se déploie au milieu des idées abstraites. Les grands philosophes (Platon, Descartes) ont conçu que la pensée humaine n'était tout ce qu'elle pouvait et devait être que si elle arrivait à saisir l'intelligible dans toute son idéale pureté. — *b)* C'est par l'abstraction que l'esprit arrive à constituer la science : celle-ci n'est dans son ensemble, qu'un système d'idées abstraites ; connaître, c'est s'élever au-dessus de l'infinie diversité des objets ou des faits particuliers présentés par l'expérience pour saisir leurs ressemblances fondamentales, leurs lois permanentes et universelles, c'est-à-dire substituer aux sensations les idées, au concret l'abstrait. — Ceci même le prouve : s'il est nécessaire de faire débuter l'enfant par des « intuitions », il est non moins indispensable de l'habituer à les dépasser, à les convertir en « idées ». Qu'arriverait-il si on le laissait en face de la pure multiplicité des impressions sensibles ? Non seulement son esprit ne s'appartiendrait pas et resterait constamment sous la domination des choses, mais encore il demeurerait éparpillé, perdu au sein du désordre et du chaos de l'expérience ; il en serait de lui comme de l'animal, incapable de se recueillir au sein du tourbillon des choses ; la connaissance lui serait vraiment refusée, car il resterait incapable de l'organiser. Il faut ajouter qu'il ne s'attacherait — en vain — qu'à des ombres décevantes puisque tous les êtres ou les faits individuels sont passagers, éphémères, et que seules les ressemblances des choses, les lois des phénomènes, c'est-à-dire les idées formées de la pensée, possèdent une réalité durable.

**G.** — Conclusion. — L'enseignement ne doit pas commencer par l'abstraction, par l'idée, mais par l'« intuition », la sensation. Il n'en reste pas moins vrai que l'intuition, la sensation n'est qu'un moyen pour aller jusqu'à l'abstraction, atteindre l'idée qui reste la fin. C'est pourquoi une éducation bien comprise consistera à faire monter l'enfant progressivement et « comme par degrés » de l'une à l'autre.

*Ouvrages à consulter :* PLATON : *La République.* — DESCARTES : *Discours de la méthode ; Règles pour la direction de l'esprit.* — SPINOZA : *Traité de la réforme de l'entendement.* — FOUILLÉE : *La Philosophie de Platon.* — SÉAILLES : *Le Génie dans l'art.* — BUISSON : article : *Intuition* du *Dictionnaire de pédagogie.* — RABIER : *Leçons de philosophie.* — RIBOT : *Évolution des idées générales.* — HÖFFDING : *Psychologie.* — DUGAS : *Le Psittacisme et la pensée symbolique.* — COMPAYRÉ : *L'Éducation intellectuelle et morale.* — GRÉARD : *Éducation et instruction.* — TAINE : *De l'intelligence.* — GOBLOT : *Logique.*

**18. Indiquer sommairement la nature précise de la généralisation. Comparer cette opération intellectuelle dans l'homme et dans l'enfant. Tirer les applications pédagogiques que comporte cette étude.**

**A.** — L'intelligence humaine ne se contente pas de percevoir la diversité des choses données dans l'expérience ; grâce à l'abstraction, elle est capable de distinguer les ressemblances qui existent entre elles. Mais elle peut encore aller plus loin, considérer que ces ressemblances n'existent pas seulement entre le petit nombre d'objets qu'elle a pu rapprocher et comparer, qu'elles valent encore pour une multitude d'autres objets actuels, passés ou futurs qu'elle ne perçoit pas, qu'elle n'a pas perçus, qu'elle ne percevra pas : elle donne ainsi aux ressemblances extraites par elle une valeur infinie, universelle, éternelle. C'est cette opération qui constitue l'acte propre de la généralisation et lui donne sa physionomie particulière. — Certains philosophes, et non des moindres, ont admis que les ressemblances, ainsi dégagées par la force de la pensée, constituent une « réalité », une « essence » supérieure aux êtres particuliers qui y participent, distincte d'eux, qui demeure stable, immuable alors qu'ils sont tout éphémères et passagers. Ce qui est vrai, c'est que la pensée juge ces ressemblances comme susceptibles de se retrouver dans une multitude illimitée de choses à travers l'espace et le temps, se les représente facilement comme échappant à l'incessant mouvement, au « devenir » qui est la loi du monde de l'expérience. L' « idée générale » devient ainsi pour notre intelligence comme un cadre fixe dans lequel nous pouvons classer toute une diversité d'êtres dont les ressemblances sont pour nous plus importantes que les différences (exemple : idée générale d'arbre, de fleur, etc.).

**B.** — Mais ceci même l'indique : la généralisation ne vaut que ce que valent les ressemblances, les rapports dégagés par l'esprit dans son travail d' « élaboration ». Toutes les choses que l'expérience nous présente sont différentes les unes des autres ; plus notre attention a le temps de se fixer sur elles, d'en faire plus librement le tour, plus aussi se révèle à nous la multiplicité des détails par lesquels chacune possède une individualité propre et irréductible. Il s'agit donc pour la pensée de saisir du sein des choses des ressemblances qui soient à la fois plus nombreuses et plus essentielles que leurs différences, et qui, de cette façon, l'autorisent à rapprocher les objets, à les grouper dans une même catégorie, sous une même idée. Il y a là un travail complexe, délicat ; toutes les intelligences ne sont pas également capables de l'accomplir avec le même succès ; toutes n'ont pas également la puissance d'attention ou de pénétration nécessaire pour découvrir les vrais liens de parenté qui existent entre les choses ; toutes n'ont pas non plus au même degré la faculté de les apprécier et d'en déterminer l'exacte valeur. C'est précisément à cet égard que diffère la généralisation dans un esprit adulte et cultivé (comme le savant) et dans un esprit neuf, inexpérimenté (comme l'enfant).

C. — Le savant cherche à dégager dans les objets des ressemblances profondes, essentielles, constituant entre eux une affinité véritable. C'est pourquoi il ne se contente pas de jeter sur le monde un regard superficiel, mais s'efforce de percer les apparences : il analyse avec autant de patience que de scrupule les données de l'expérience, travaille à entrer dans l'ossature même du réel et à mettre à découvert les relations qui souvent se cachent. Aussi les genres qu'il constitue, les classifications qu'il élabore possèdent une valeur objective, impersonnelle ; ses concepts cadrent avec les choses, en sont la reproduction fidèle ; du moins tous ses efforts tendent à ce qu'il en soit ainsi. D'ailleurs, quand cela est nécessaire, c'est-à-dire quand un fait nouveau vient lui révéler que la correspondance de ses idées avec le réel n'existe pas ou reste incomplète, il n'hésite pas à renoncer à ses idées, à les rejeter pour les remplacer par d'autres qui soient plus exactes et qui serrent de plus près la nature. A ce point de vue, son travail n'est jamais terminé. Précisément parce que la pensée n'a pas elle-même créé les choses, ses concepts ne peuvent jamais en fournir une représentation parfaitement exacte ; aussi bien, quand même cette condition serait réalisée, l'homme n'en aurait jamais la preuve. Il faut ajouter que le réel ne se plie peut-être pas aux exigences de notre intelligence et qu'il existe peut-être en lui une puissance de transformation trop profonde pour que nous arrivions à l'immobiliser dans nos concepts rigides. C'est pourquoi nos classifications sont l'objet d'un perpétuel devenir ; jamais nos systèmes ne se superposeront exactement aux choses.

**D.** — Un tel travail est évidemment au-dessus de la portée de l'intelligence de l'enfant ; aussi bien de telles préoccupations lui sont étrangères. C'est pourquoi ses généralisations sont beaucoup plus promptes, par là même plus téméraires, plus superficielles. Il rapproche les objets, les classe dans une même catégorie, malgré les nombreuses différences susceptibles de les séparer, à la seule condition qu'ils présentent quelque ressemblance bien apparente et frappante ; il ne se demande pas quelle est la valeur de cette ressemblance, et la plupart du temps en effet celle-ci, loin d'être essentielle, est sans importance objective. C'est que l'enfant n'aperçoit ou ne saisit les choses que par un certain côté, un caractère pratique, quelque détail qui l'a intéressé ou impressionné. Dans ces conditions, ses concepts et ses classifications sont factices, d'une valeur purement subjective, sans rapport avec la réalité : ils représentent une construction purement personnelle. L'on cite de ce fait des exemples classiques. L'enfant range dans le même groupe, appelle d'un même terme des objets fort éloignés les uns des autres et n'ayant entre eux qu'une affinité lointaine ou douteuse : ainsi le mot « oua-oua » sera employé par lui pour désigner tous les chiens, puis tous les êtres qui ont quatre pattes, comme aussi des objets ayant quatre pieds, etc. ; le mot « fafer » sera appliqué à une locomotive, à une cafetière, à un bateau à vapeur, etc., le mot « couac » étendu à des canards, à de l'eau, à des pièces de monnaie ; le même terme « bô-du » signifiera une médaille et un lorgnon, etc. De cette façon, la généralisation dans l'enfant imite celle du sauvage ou de l'homme primitif.

**E.** — L'on voit les conséquences pédagogiques qui en résultent. — *a)* L'enfant généralise autant et même plus que l'homme adulte ; il le fait à outrance, « hors cadre ». Aussi importe-t-il moins d'exciter cette tendance que de la discipliner, de lui apprendre à ne s'exercer qu'à bon escient. Il s'agit donc de rendre l'enfant prudent, circonspect, de lui apprendre à dominer les apparences, à faire un choix entre les ressemblances superficielles et les ressemblances essentielles, de le mettre aussi en présence des erreurs qu'il a pu commettre. On le pressent : cette œuvre est délicate et longue ; en réalité, elle se confond avec l'éducation de toute l'intelligence : c'est la même puissance qui, agissant témérairement, commet les inexactitudes les plus grossières et qui, procédant avec plus de rigueur, avec un sens plus net de la complexité des choses, construit les classifications scientifiques. — *b)* Le travail de l'humanité, se poursuivant à travers de longs siècles, a abouti à créer des cadres vraiment généraux, correspondant aussi exactement que possible aux objets ou aux êtres de la nature ; chaque génération a d'ailleurs apporté à ces catégories les rectifications et les retouches qui les ont de plus en plus rapprochées du réel. En conséquence, il sera nécessaire d'en donner progressivement connaissance à l'enfant, de substituer peu à peu une vérité objective à sa vérité toute subjective, de remplacer ainsi la fantaisie par la pensée : c'est en cela que consistera son instruction. Ce qui revient à dire qu'à ce point de vue encore la discipline de la faculté généralisatrice se confond avec l'éducation générale de l'esprit.

*Ouvrages à consulter :* FOUILLÉE : *Philosophie de Platon.* — TAINE : *De l'intelligence.* — EGGER : *Essai sur le développement intellectuel de l'enfant.* — COMPAYRÉ : *Évolution intellectuelle et morale de l'enfant ; Cours de pédagogie.* — B. PÉREZ : *L'Éducation intellectuelle dès le berceau.* — QUEYRAT : *La Logique de l'enfant.* — RIBOT : *Évolution des idées générales.* — RABIER : *Leçons de logique.* — AGASSIZ : *L'Espèce et les classifications.* — CL. BERNARD : *Introduction à la médecine expérimentale.* — H. POINCARÉ : *La Science et l'hypothèse.* — BERGSON : *L'Évolution créatrice.*

---

## 19. A quel point de vue la culture du jugement dans l'enfant intéresse-t-elle la formation de sa personnalité ?

**A.** — Il n'est pas douteux que la culture du jugement est le but essentiel de toute l'éducation intellectuelle. Sans doute il faut que le maître commence par donner des connaissances ; mais en réalité celles-ci constituent moins une fin qu'un moyen ; elles ne doivent en effet tendre qu'à la formation de la pensée même, dont le jugement est l'acte essentiel. Il serait inutile de les entassser dans l'esprit de l'enfant ; d'ailleurs,

un grand nombre d'entre elles sont condamnées à s'effacer
et à disparaître plus ou moins vite. Ce qui importe, c'est de
s'en servir pour fortifier l'intelligence même, l'habituer à
penser, à distinguer le vrai du faux ; c'est le cas de rappeler
le mot de Montaigne : « une tête bien faite vaut mieux
qu'une tête bien pleine. » Grâce à cette habitude, l'enfant pourra plus tard continuer par ses propres forces l'œuvre ébauchée à l'école. « On l'a dit avec raison : créer dans l'enfant
pour l'avenir l'instrument du travail intellectuel, telle est la
fin qui, même en matière d'instruction, doit dominer toutes
les autres. » (GRÉARD). L'on peut même aller plus loin, soutenir que la culture du jugement ne constitue pas seulement
le centre de l'éducation intellectuelle, mais qu'elle intéresse
encore de très près la formation de la personnalité tout entière.

**B.** — C'est qu'en effet, à l'école, l'enfant est plutôt naturellement disposé à se contenter de ce qui lui est enseigné,
à recevoir passivement ce qu'on lui dit. Il ne questionne pas
aussi souvent que cela serait nécessaire ; surtout, quand on
l'interroge, il reste assez facilement muet ; il ne répond pas,
hésite, se tait assez aisément et cela soit par paresse d'esprit,
timidité, crainte de l'erreur, etc. Il importe au maître de
réagir contre une telle attitude, d'être un véritable « excitateur intellectuel », de provoquer les jugements de l'enfant,
d'éveiller son sens critique. — C'est du même coup l'habituer
à faire preuve de personnalité. Être une personne, c'est en
effet ne pas se contenter de s'en remettre aux opinions des
autres, si justes soient-elles, mais être capable de se faire, par
un travail original, des opinions qui soient bien à soi ; c'est
prouver que l'on possède en même temps assez de virilité et
de courage pour se former des croyances réfléchies, quelque
délicate que soit une telle opération, puisque l'erreur est toujours aux portes de l'esprit. C'est par là même avoir confiance
en soi et manifester cette foi en soi-même par des actes précis :
à un certain point de vue, on peut dire que toute affirmation
relative à une chose enveloppe d'abord et implicitement l'affirmation de soi-même. Or s'affirmer soi-même, c'est poser
sa propre personnalité. On ne saurait le contester : il est
important pour plus tard que l'enfant soit ainsi habitué à
penser par soi-même au lieu d'accepter aveuglément les idées
des autres, à ne donner aussi son adhésion aux croyances de

ceux qui l'entourent qu'après avoir reconnu qu'elles représentent vrainient la vérité, appliquant alors la première règle du *Discours de la Méthode* de Descartes : « ne recevoir pour vrai que ce qui paraît évidemment être tel ». Se conduire ainsi, c'est vraiment agir en homme au lieu de se comporter à la façon d'une girouette tournant à tous les vents.

C. — Aussi bien, dans les cas où l'enfant se montre plus disposé à affirmer, il est exposé à commettre des erreurs. Alors, en effet, il juge avec trop d'étourderie, de précipitation, sans avoir pris le temps de se rendre exactement compte de la nature exacte des choses. — Dans une intelligence adulte, une distance sépare l'impression et l'affirmation : c'est qu'entre l'une et l'autre se place l'acte de la réflexion qui permet à l'esprit de voir si l'apparence est sérieuse ou non ; la tendance naturelle de l'impression à provoquer le jugement est arrêtée, « inhibée » ; l'affirmation est momentanément suspendue ; c'est cette attitude qui constitue le « doute méthodique », lequel d'ailleurs n'a rien de commun avec le doute systématique et définitif des sceptiques. Or, tout d'abord, l'enfant ne la connaît pas : c'est qu'il ne domine pas encore ses impressions et en reste facilement l'esclave ; il y a chez lui comme un « vertige mental ». — Cultiver son jugement, c'est précisément lui montrer les erreurs qui proviennent de sa foi naïve aux apparences, l'amener à réfléchir, l'habituer à examiner, à n'affirmer que librement, en connaissance de cause. C'est du même coup l'ouvrir à la vie de la personnalité : être une personne, c'est en effet poser sa propre réalité en face de celle des choses, se recueillir du milieu des impressions extérieures, rester maître de soi au milieu d'elles et les dominer. Pour Descartes, le jugement constitue une opération volontaire ; ce qu'il y a de vrai, c'est que l'affirmation de l'intelligence est analogue à la décision de la volonté ; dans les deux cas, l'esprit fait un choix ; or c'est dans ce choix que précisément se manifeste et s'atteste le plus clairement la personnalité.

D. — Conclusion. — L'on connaît la maxime célèbre de Pascal : « Toute notre dignité consiste dans la pensée ; travaillons donc à bien penser ». Le maître doit s'en inspirer, c'est-à-dire s'appliquer à faire penser l'enfant, à le faire aussi

« bien penser ». En poursuivant une telle fin, il ne répond pas seulement aux véritables exigences réclamées par l'éducation de l'esprit, mais à l'idéal de toute l'éducation. C'est qu'en effet celle-ci ne peut avoir pour but que de préparer dans l'enfant la vie de la personnalité en le rendant capable d'agir librement, par lui-même. Mais la première condition pour agir librement, c'est de pouvoir penser par soi-même, de faire en soi-même la lumière capable d'éclairer la volonté ; c'est d'arriver aussi à « bien penser », en reconnaissant de quel côté se trouve le bien qui n'est, après tout, que la forme supérieure du vrai.

*Ouvrages à consulter :* MONTAIGNE : *De l'institution des enfants.* — DESCARTES : *Discours de la méthode.* — PASCAL : *Pensées.* — LIARD : *Descartes.* — BROCHARD : *De l'erreur ; les Sceptiques grecs.* — PAYOT : *De la croyance.* — GRÉARD : *Éducation et instruction.* — G. COMPAYRÉ : *L'Évolution intellectuelle et morale de l'enfant.* — PAULHAN : *Esprits justes et esprits faux.* — RABIER : *Leçons de logique.* — BRUNSCHWICG : *La Modalité du jugement.* — RENOUVIER : *Principes de psychologie rationnelle.* — LAPIE : *La Logique de la volonté.* — ROUSTAN : *Psychologie.*

---

**20. Locke a dit : « Le raisonnement est la plus importante faculté de l'esprit ; il mérite les plus grands soins et doit être cultivé avec attention ». Développer et apprécier cette pensée. Insister en particulier sur les moyens de faire la culture du raisonnement et sur l'exacte portée qu'il convient de lui attribuer.**

**A.** — Pour certains philosophes, la faculté la plus importante de l'esprit, c'est la mémoire, attendu que, par elle, la conscience, qui est un développement continu, ne perd rien de sa vie antérieure et à chaque instant s'en enrichit. S'il en faut croire Locke, la faculté la plus importante est non plus la mémoire, mais le raisonnement. L'on sait en quoi il consiste : c'est l'opération par laquelle, en vertu de son activité propre, la pensée passe d'une vérité connue à d'autres vérités encore inconnues, se sert de ce qu'elle sait déjà pour déterminer d'autres choses qu'elle ne savait pas. En particulier, quand le raisonnement s'exerce au sein des faits concrets, il est toujours l'anticipation de l'expérience, la fixation de ce que sera l'avenir par l'interprétation du présent. On peut donc avec raison le considérer comme une fonction plus importante que la mémoire : par la mémoire, c'est seulement le passé, toujours limité, qui revit dans le présent ; par le raisonnement, c'est tout l'infini de l'avenir qui est déjà en quelque sorte présent dans l'esprit (exemples).

**B.** — Au point de vue théorique, le raisonnement témoigne ainsi de la hardiesse et en même temps de la puissance de la pensée. Par lui, l'intelligence est en quelque sorte capable d'un développement illimité ; elle élargit énormément le cercle de ses connaissances, fait d'une vérité la source de toute une diversité d'autres, d'un fait particulier et contingent la preuve d'une loi universelle et nécessaire. Elle domine ainsi les choses, semble commander à la nature en fixant l'ordre dans lequel devront se développer les faits de l'avenir. Cette importance théorique en indique du même coup l'importance pratique. Tournée tout entière du côté du passé, la mémoire est en réalité de peu d'intérêt pour l'action ; même nous ne remontons guère dans notre passé, nous ne le faisons revivre mentalement que quand nous en avons le temps, c'est-à-dire quand nous sommes affranchis des nécessités pressantes de la vie. Au contraire, le raisonnement est essentiellement tourné vers l'avenir ; il est la détermination du futur ; il est donc au plus haut point précieux pour l'action, car pour agir, surtout pour pouvoir agir avec efficacité et sûreté, pour savoir comment il convient d'ordonner notre conduite, il importe que, dès le présent, nous sachions de quelle façon les choses doivent se passer, que nous ayons sur l'ordre dans lequel vont se développer les faits des idées nettes et des connaissances précises. Raisonner, c'est prévoir, voir les choses qui ne sont pas et avant qu'elles soient ; mais prévoir, c'est se préparer à agir ou être prêt à l'action.

**C.** — Aussi, étant donnée l'importance du raisonnement, l'on comprend que cette faculté « mérite les plus grands soins et doive être cultivée avec attention ». Or cette culture ne pourra se faire d'une façon plus sûre que par le commerce avec les sciences dont le raisonnement constitue plus précisément la méthode. — Il y a d'ailleurs lieu de distinguer deux formes

du raisonnement. Tantôt l'esprit part de vérités générales et
de celles-ci tire d'autres vérités aussi générales ou plus particulières : c'est la « déduction ». Tantôt il part de faits parti..uli-
liers, donnés par l'expérience, et de ceux-ci s'élève jusqu'à
l'affirmation de vérités, de lois générales : c'est l' « induction ».
— La déduction est plus spécialement la méthode des sciences
abstraites, par exemple des mathématiques. En effet, avec les
mathématiques, la pensée commence par poser certaines
vérités et, à l'aide de celles-ci, détermine des vérités nouvelles en établissant des rapports nécessaires de dépendance entre les unes et les autres. — L'induction est plus
particulièrement la méthode des sciences concrètes, par
exemple de la physique : les lois ne sauraient être posées
d'emblée et du premier coup ; il faut les demander à l'expérience ; elles sont réalisées dans les faits sous lesquels en quelque sorte elles se cachent, et c'est d'abord par l'observation
des faits qu'il est nécessaire de commencer.

**D.** — Qu'il s'agisse de la déduction ou de l'induction, le
maître doit chercher non seulement à faire raisonner l'enfant,
mais à le faire raisonner avec rectitude. Pour réaliser cette fin,
il est indispensable qu'il lui apprenne à aller lentement, à éviter
la précipitation. — D'une part, dans la déduction, l'enfant
doit enchaîner méthodiquement les vérités les unes aux
autres, ne passer de l'une à l'autre qu'après avoir vu nettement
les rapports de dépendance qui les enchaînent, saisi la série
des intermédiaires qui les relient et font que la pensée
circule aisément depuis le principe tout d'abord posé jusqu'à
la dernière des conséquences. Il y a là tout un travail délicat, parfois difficile, auquel il importe que l'enfant soit rendu
de plus en plus familier. — L'induction exige de même des
précautions nécessaires. Parfois, en effet, elle est téméraire,
illégitime : alors elle érige en lois des coexistences ou des
successions simplement dues au hasard ; c'est surtout ce
qui a lieu quand ces coexistences ou ces successions ont
fortement frappé l'imagination (exemple). La grosse difficulté consiste précisément à éliminer de telles coexistences
ou de telles successions pour ne plus retenir que celles qui
expriment un rapport essentiel dans la nature et, en particulier, une relation causale. C'est ce qui explique les efforts
faits par le savant pour arriver à obtenir la preuve de la

réalité de telles connexions dans les choses et sa prudence en ce qui concerne l'affirmation des lois. Mais précisément l'enfant est au contraire naturellement prompt à induire, car il est facilement dupe des apparences et ne soupçonne pas la complexité du réel. Il est donc nécessaire de discipliner sa pensée, de lui donner des habitudes de méthode, de circonspection, de transformer ainsi ses « inductions spontanées » en « inductions réfléchies ».

**E.** — En même temps qu'on l'habituera à raisonner avec prudence, il sera excellent d'attirer son attention sur la vraie portée du raisonnement. — *a)* Sans doute, quand elle est parfaitement logique, la déduction est rigoureuse ; elle l'est d'autant plus que l'intelligence se meut dans le monde des pures abstractions, s'éloigne davantage de la réalité. Mais aussi, à mesure qu'elle se rapproche des choses, elle n'a plus le même caractère. D'une part, les principes dont elle part n'ont pas la même exactitude absolue ; d'autre part, les conséquences qu'elle tire ne s'appliquent pas avec la même rigidité. De cette façon, il convient de prémunir l'enfant contre les dangers de l'« esprit de géométrie » dont parle Pascal ; la culture exclusive de la déduction serait de nature à fausser son intelligence, à lui donner des habitudes, une tournure incompatibles avec la réalité. Aussi est-il nécessaire de ne pas négliger l'« esprit de finesse » qui, plus souple, permet à la pensée de mieux s'adapter au réel, de le saisir avec toutes ses nuances. Une éducation complète réclame l'union harmonieuse de ces deux disciplines. — *b)* Quant à l'induction qui s'exerce au milieu des choses concrètes, ses résultats ne sont jamais absolument décisifs ; les lois, si bien établies qu'elles paraissent, se réduisent en définitive à des hypothèses toujours provisoires qu'il faudra remplacer par d'autres aussitôt qu'il leur arrivera de ne plus cadrer avec des faits nouveaux ; par rapport aux choses mêmes, elles ne représentent jamais que des approximations. En conséquence, le maître devra éviter un dogmatisme qui ne correspondrait pas à la vérité et qui donnerait à l'enfant une idée fausse de la valeur de la science. Tout en ayant soin de maintenir intacte la foi à la raison, il n'hésitera pas, quand l'occasion se présentera, à indiquer les limites, les obscurités de la connaissance humaine. Et ainsi la culture du raisonnement aura d'heureuses conséquences pour l'éducation morale, car elle disposera l'enfant à la modestie et au respect des opinions d'autrui.

**F.** — C'est encore la même vérité que l'on retrouve en se plaçant à un autre point de vue. Certains philosophes ont admis que l'intelligence discursive n'est pas pour nous la seule faculté de connaître et considéré que, par d'autres moyens, il est permis à l'homme de se mettre plus directement en rapport avec la vérité. Ce qu'il y a de vrai, c'est que toutes nos certitudes ne proviennent pas du raisonnement pur. — Il existe en nous des croyances qui portent sur des objets que ni la déduction ni l'induction ne peuvent atteindre, par exemple la croyance à la liberté et au devoir, la foi à l'existence d'une cause suprême des choses. Il y aurait pour le maître de réels dangers à introduire dans l'enfant un intellectualisme trop étroit qui inclinerait ce dernier à n'admettre que ce qui peut être l'objet d'une preuve ou d'une vérification rigoureuse, obscurcirait ainsi en lui ou lui ferait mettre en doute des croyances d'ordre pratique qui éclairent l'existence, lui donnent un sens, soutiennent la volonté. C'est pourquoi il est nécessaire d'habituer l'enfant à revenir sur lui-même, à puiser dans les intuitions et les aspirations de son cœur, surtout dans les exigences de sa conscience les croyances morales dont l'objet dépasse la portée du raisonnement, mais qui rendent la vie sérieuse et féconde; on a dit avec raison qu'à côté et au-dessus de la « certitude logique », de la « science », il reste une large place pour la « certitude morale », la « foi ». — L'œuvre de l'éducateur resterait incomplète s'il ne rendait l'enfant familier qu'à l'une et faisait tout à fait abstraction de l'autre : ce serait toute une partie de son âme qu'il comprimerait au lieu de lui assurer tout l'épanouissement que sa nature comporte.

*Ouvrages à consulter:* PASCAL : *Pensées* ; *Entretien avec M. de Saci.* — KANT, *Critique de la raison pure* ; *Critique de la raison pratique.* — LÉVY-BRUHL : *Philosophie de Jacobi.* — RENOUVIER : *Principes de psychologie rationnelle.* — DROZ : *Étude sur le scepticisme de Pascal.* — OLLÉ-LAPRUNE : *La Certitude morale.* — BROCHARD : *De l'erreur.* — RADIER : *Leçons de psychologie ; Leçons de logique.* — BERGSON : *Matière et mémoire.* — POINCARÉ : *La Science et l'hypothèse.* — CL. BERNARD : *Introduction à la médecine expérimentale.* — EVELLIN : *Infini et quantité.* — MILHAUD : *Essai sur la certitude logique.* — ROUSTAN : *Psychologie.* — LAPIE : *La logique de la volonté.* — GOBLOT : *Logique.* — THAMIN, *Éducation et Positivisme.*

## 21. Y a-t-il une éducation de la raison ? Dans l'affirmative, en indiquer le sens exact et la portée véritable.

**A.** — Toutes les fois que nous raisonnons, la démarche de notre esprit n'est légitime et ne se justifie que parce que, spontanément, il se conforme à certaines exigences ou s'appuie implicitement sur certaines croyances : par exemple, une déduction n'est correcte qu'à la condition expresse qu'avec elle la pensée ait évité toute contradiction ; de même, s'il nous est permis d'induire, c'est-à-dire d'étendre à tout l'espace et à tout le temps une connexion découverte en un endroit particulier de l'espace et en un moment particulier du temps, c'est seulement parce que nous admettons que l'ordre de la nature est à la fois constant et universel. Ces éléments d'ordre intellectuel, ces « postulats » ainsi indispensables à nos raisonnements constituent la « raison ». On la définit ordinairement « l'ensemble des principes directeurs de la connaissance ». On distingue alors la « raison théorique » qui règle l'activité mentale et la « raison pratique » qui règle l'activité morale, nous donne le « devoir ».

**B.** — Il semble que tous les « principes rationnels » peuvent se ramener à trois fondamentaux savoir : — *a)* le principe d'identité qui se formule « ce qui est, est », exprimant ainsi pour la pensée la nécessité absolue de rester toujours logique avec elle-même, c'est-à-dire d'éviter la contradiction ; — *b)* le principe de causalité ou plus précisément du « déterminisme » qui porte que tout fait de la nature a sa condition nécessaire et suffisante dans un autre fait précis, toujours le même, de sorte qu'il existe entre tous les phénomènes de l'univers des relations constantes et universelles ; — *c)* le principe de finalité, sur la valeur objective et sur l'expression duquel tous les philosophes ne sont pas absolument d'accord, et que l'on peut entendre en ce sens qu'en son fond la nature n'est pas absolument différente de notre conscience et que, comme nous, elle poursuit des fins, obéit à des idées. — Ces trois principes sont, dans l'ordre même où nous les avons présentés, de plus en plus chargés de matière ; aussi bien le caractère de nécessité qu'on est en droit de leur reconnaître diminue à mesure que la part de cette matière est plus importante : seul, le principe d'identité est d'une nécessité absolue, exprime une vérité dont il est complètement impossible d'admettre le contraire.

C. — Quel peut être le rôle de l'éducation à l'égard de la raison ainsi comprise? Une chose est certaine : elle ne la crée pas. Même ceux qui admettent qu'il ne faut pas attribuer à la raison une innéité absolue, qu'elle est le résultat d'une très longue expérience continuée à travers toute l'humanité, même ceux-là reconnaissent qu'actuellement elle est immédiatement présente dans chaque individu et fait partie intégrante de notre organisation intellectuelle. La raison préexiste donc à l'éducation ; cette dernière ne saurait la construire de toutes pièces dans l'esprit de l'enfant qui ne la posséderait pas. Mais Leibnitz remarque avec justesse que si les principes sont dans l'intelligence, si celle-ci les applique spontanément, s'en sert pour penser, à peu près comme nous nous servons des muscles et des tendons pour marcher, elle ne le sait pas tout d'abord ; elle n'en a pas immédiatement la connaissance; elle ne les aperçoit pas clairement à travers les diverses démarches dont ils représentent pourtant la condition et au sein desquelles ils restent en quelque sorte cachés. — La première tâche du maître consistera donc à les faire dégager par l'enfant, à lui en donner une idée nette, à lui en communiquer la conscience précise. — Mais du même coup il devra aussi lui en présenter le sens exact, lui en fournir la formule véritable. C'est que, même quand il s'en sert ou s'en inspire, l'enfant n'en a pas toujours une idée juste; il convient d'y apporter la retouche, la rectification, ou, si l'on préfère, l'adaptation qui donnera à sa raison la forme qu'elle revêt dans une intelligence adulte, civilisée. Et cela sera d'autant plus vrai que l'on aura affaire aux principes moins formels et en quelque sorte plus matériels.

D. — S'agit-il du principe d'identité? L'enfant le possède certainement ; il lui accorde aussi une réelle valeur : en effet, il n'hésite pas à dénoncer une contradiction dans des jugements et à protester contre elle : par exemple, il ne manque pas de se révolter si on lui affirme qu'une chose est blanche et qu'en même temps elle n'est pas blanche ; seul le fou qui ne possède plus la raison, qui déraille intellectuellement est capable d'accepter de telles divagations.— Mais si l'enfant fait un usage spontané de la loi d'identité ou de non-contradiction, il n'en a pas l'idée abstraite ; il ignore qu'elle gouverne sa pensée comme elle gouverne, et cela sans exception, toutes les pensées. Le rôle de l'éducateur est donc de provoquer la réflexion dans l'enfant, de l'amener à comprendre pourquoi il a protesté contre la contradiction dont il a été le témoin, à dégager la loi d'identité du sein des applications particulières qu'il en fait, à la saisir dans toute sa pureté et en quelque sorte en elle-même. Du même coup, il lui apprendra qu'il ne suffit pas de s'en servir spontanément et inconsciemment, mais qu'il convient d'en faire l'objet d'un usage réfléchi et pour ainsi dire d'un respect volontaire. Voilà pourquoi il lui demandera de surveiller attentivement les divers raisonnements déductifs qu'il peut ou doit faire, d'établir en chacun d'eux une logique parfaite. À cet égard la culture de la raison ne fait qu'un avec l'éducation du raisonnement.

**E.** — L'œuvre du maître sera plus complexe pour ce qui concerne la loi de causalité. Par sa curiosité, les questions qu'il pose à chaque instant, l'enfant atteste l'existence dans son esprit de la notion de causalité. Toutefois il se fait de la cause une notion différente de celle qui existe maintenant dans l'intelligence humaine et est familière à une pensée adulte. — Quand nous disons que tout fait a une « cause », nous entendons seulement par là que chaque phénomène de la nature, au lieu d'être quelque chose d'absolument indépendant, de constituer une création absolue, de provenir d'agents mystérieux ou d'une puissance divine, est, dans la nature même, relié à un autre phénomène précis, bien déterminé, de sorte que, celui-ci étant donné, l'autre ne peut manquer d'apparaître ; en d'autres termes, avec la loi de causalité, l'esprit ne sort pas de l'ordre des faits donnés dans l'expérience ; il se contente d'affirmer qu'ils dépendent les uns des autres ; la « cause » d'un phénomène, c'est encore un phénomène dont l'autre est pour ainsi dire fonction. — Tout autre est la conception de l'enfant. Projetant spontanément en dehors de lui quelque chose d'analogue à sa propre activité dont il a le sentiment immédiat, il peuple facilement la nature de forces, d'agents doués d'une certaine spontanéité qu'il place derrière les faits et qui, pour lui, sont censés les produire. Cette conception « dynamiste » de l'univers rappelle celle de l'homme primitif ou du sauvage qui partout imagine des puissances plus réelles que les faits eux-mêmes et cachées par-dessous eux. Une telle représentation des choses, en même temps que, par le décousu introduit par elle dans le cours des événements, elle rendait la science complètement impossible, a définitivement disparu devant les progrès de la science même. Celle-ci est intimement liée à l'idée du « déterminisme universel », c'est-à-dire à la conception que tous les faits se produisent nécessairement et toujours dans les mêmes circonstances ; aussi bien, par ses incessantes conquêtes, elle constitue comme une vérification continuée de l'objectivité de cette hypothèse. — L'œuvre de l'éducation consistera donc à faire connaître à l'enfant la représentation que la science nous a permis d'adopter sur la nature extérieure, à remplacer celle que tout d'abord il s'était faite par celle qui nous vient de la connaissance positive. A ce point de vue, la culture de la raison n'a pas de plus sûr moyen que l'instruction même.

**F.** — Encore faut-il que le maître procède avec précaution, qu'il évite de présenter à l'enfant la loi du déterminisme avec des caractères qu'elle n'a pas. Loin d'être une vérité évidente par elle-même, elle ne représente, ainsi que nous l'avons déjà indiqué, qu'une hypothèse commode qui réussit de plus en plus pour ce qui concerne l'ordre des événements physiques. Le déterminisme universel n'est qu'une idée de la pensée ; en réalité, nous ne possédons encore que des déterminismes partiels. Sans doute on peut étendre cette loi à tout l'univers physique ; mais il serait dangereux de vouloir la transporter au delà de ce monde même, jusque dans la conscience, c'est-à-dire l'étendre du domaine de la pure matière dans celui de l'esprit : ce serait compromettre du même coup la liberté réclamée par la moralité. — Il appartient donc à l'éducateur d'assigner à la loi du déterminisme ses justes limites en précisant sa juste valeur, de bien pénétrer l'enfant de cette vérité, savoir que l'ordre de ses actions n'est pas comparable à celui des faits dans la nature, qu'il reste maître de le fixer lui-même par un choix qui émane de lui, de sorte que sa responsabilité reste entière. Ce qui revient à dire que l'œuvre de l'éducateur consiste à conserver dans l'âme de l'enfant la foi à la science et la foi à la conscience, au devoir, et cela dans toute leur intégrité.

**G.** — Ce n'est pas tout et, à un autre point de vue encore, le maître doit intervenir pour rectifier la conception que l'enfant se fait d'abord du monde. Précisément parce que ce dernier projette spontanément dans l'univers tout un système d'énergies, de forces semblables à celle dont il a, par le sentiment de sa propre activité, l'intuition immédiate, il imagine facilement ces puissances comme capricieuses et fantasques ; en d'autres termes, il croit aisément à l'incohérence, à l'arbitraire dans la nature. Mais précisément la loi du déterminisme, portant que chaque fait apparaît dans des conditions précises, que les mêmes causes produisent toujours les mêmes effets, implique au contraire qu'il existe au sein des choses un ordre rigoureux, universel, constant. Or cette idée d'ordre semble d'abord étrangère à l'esprit de l'enfant ; même l'intelligence de ce dernier paraît primitivement assez réfractaire à cette notion. Il appartiendra justement à l'éducateur de faire disparaître cette première attitude intellectuelle de l'enfant devant les choses, de substituer dans son esprit l'idée de la régularité de la nature. L'importance morale de cette œuvre n'est pas douteuse : grâce à elle, le maître fera sentir et comprendre à l'enfant que l'ordre est une loi universelle, qu'il constitue une règle pour lui comme il constitue une règle pour toutes les choses, qu'en conséquence l'on doit bannir de sa conduite le caprice qui la rendrait déraisonnable, surtout qu'on doit prendre pour centre de la volonté la loi que donne la conscience. A cet égard la discipline intellectuelle qui est le fruit direct de la science peut vraiment sinon créer, du moins préparer une discipline morale.

**H.** — Et maintenant, en ce qui concerne la loi de finalité, l'œuvre de l'éducation n'a pas moins d'importance. — Par ses questions, l'enfant prouve que la notion de fin, de but lui est assez familière. Si, à l'origine, il est assez disposé à peupler l'univers de forces, il conçoit aussi aisément que ces forces agissent avec des intentions, surtout avec des intentions malveillantes, les choses étant d'abord pour lui plus particulièrement le principe ou l'occasion de douleurs. A cet égard encore l'attitude de l'enfant reproduit celle du sauvage et de l'homme primitif. Il convient précisément que l'éducation la fasse disparaître. Elle doit du reste se montrer extrêmement prudente, circonspecte dans le développement de la loi de finalité. On a parfois admis l'existence des « causes finales » dans la nature, en ce sens que toutes les choses auraient été faites pour l'homme et en vue de la satisfaction de ses besoins. C'est là une conception inadmissible; il s'agit d'en préserver l'enfant dont l'égoïsme primitif serait ainsi justifié et renforcé. Mais même quand on se représente la loi de finalité d'une façon plus objective, il convient de ne pas exagérer sa valeur.

I. — C'est qu'en effet on a pu expliquer le monde sans faire intervenir une telle notion : le mécanisme matérialiste, le transformisme nient radicalement les causes finales. Même ceux qui sont plus disposés à les admettre considèrent qu'il serait abusif de les faire intervenir partout ; ils reconnaissent que là où pourtant il nous semble presque à chaque instant être en présence de moyens organisés en vue d'une fin, c'est-à-dire dans le domaine de la vie, la loi des causes finales ne comporte pas une application absolue et qu'elle n'est guère qu'une idée, sans doute utile et féconde pour la découverte scientifique, mais dont il convient de ne se servir qu'avec une extrême discrétion. — Pourtant ces réserves semblent devoir disparaître avec le monde de la conscience où effectivement la notion de finalité a été empruntée et d'où elle a été étendue à la nature extérieure. Toutes les fois que nous agissons, nous poursuivons un but ; notre action n'est qu'un moyen pour réaliser une fin encore idéale, désirée par nous. Surtout entre ces diverses fins nous établissons des différences de valeur. Il y a plus : nous concevons qu'il en est une qui les dépasse toutes et à laquelle notre volonté a pour règle de s'attacher, savoir le bien qui nous apparaît sous la forme du « devoir ». C'est surtout à ce point de vue que le maître doit insister sur la notion de finalité. Il lui appartient de faire comprendre à l'enfant que la vie a un but, un sens, que la fin suprême de toute notre activité consiste dans l'idéal révélé par notre conscience. Ce qui revient à dire qu'ici encore la discipline de notre intelligence se double de la discipline de notre volonté : au fond, les deux choses sont identiques.

**J.** — **Conclusion.** — Ceci même indique quel peut être le sens de l'éducation de la raison. — La distinction parfois établie entre la « raison théorique » et la « raison pratique » est artificielle : l'esprit ne se scinde pas ; la « raison théorique » et la « raison pratique » ne sont et ne peuvent être qu'une seule et même raison, s'appliquant tantôt à la nature extérieure, tantôt à notre vie intérieure. En son fond dernier, la raison reste toujours la même : elle est essentiellement le besoin d'ordre ; tournée vers la nature extérieure, elle demande que l'ordre soit la loi des choses ; tournée vers la vie intérieure, elle demande que l'ordre soit, par la pratique du devoir, la loi de notre volonté. Donner à l'enfant la conscience, la possession de la raison qui est présente en lui, dégager en pleine lumière ce qui n'était qu'intuition confuse, substituer au pur instinct les clartés de la réflexion, c'est du même coup faire jaillir en lui la révélation du devoir, le mettre en présence d'une règle de conduite, créer en lui la conscience morale.

*Ouvrages à consulter :* Descartes : *Méditations.* — Leibnitz : *Nouveaux essais sur l'entendement humain.* — Kant : *Critique de la raison pure ; Critique de la raison pratique ; Critique du jugement.* — St-Mill : *Système de logique inductive et déductive.* — Spencer : *Les premiers principes.* — Liard : *La science positive et la métaphysique.* — Lachelier : *Le Fondement de l'induction.* — Boutroux : *De la contingence des lois de la nature ; De l'idée de loi naturelle.* — P. Janet : *Les Causes finales.* — Fouillée : *Philosophie de Platon.* — Cresson : *La Morale de la raison théorique.* — G. Varet : *L'Ignorance et l'irréflexion.* — Bergson : *Essai sur les données immédiates de la conscience.* — Goblot : *Logique.*

-----

## 22. Après avoir indiqué sommairement la nature et l'importance de la volonté, préciser en quel sens et jusqu'à quel point l'école peut faire l'éducation de cette faculté.

**A.** — L'homme possède une forme d'activité qui ne se rencontre qu'en lui et qui le distingue de tous les autres êtres de la nature, savoir l'activité volontaire. Quelle est sa nature ? L'on dit parfois que la « volonté » est d'abord une « nolonté », un pouvoir d'arrêt, une puissance d'inhibition. Par elle, en effet, l'homme témoigne qu'il est maître de soi, qu'il domine ses impressions, ses inclinations, s'oppose à leur tendance naturelle à produire les mouvements susceptibles de les réaliser. Mais précisément par là même il devient capable d'examiner la valeur de chacune des idées ainsi présentes en lui, d'en amener aussi d'autres dans le champ de la conscience et d'opérer un choix entre elles. Et la volonté se révèle surtout dans la « décision » qui suit la « délibération ». De cette façon, la volonté est le pouvoir de se déterminer, de fixer soi-même sa ligne de conduite, et cela en connaissance de cause. D'ailleurs l'acte volontaire n'est complet que si nous allons jusqu'au bout de la réalisation de l'acte préféré parmi d'autres également possibles et exécutons toute la série des moyens pour atteindre définitivement notre but. Ceci même suppose que nous sommes en possession de l'énergie suffisante pour produire tous les efforts alors nécessaires.

**B.** — On comprend déjà toute l'importance de la volonté. — *a)* C'est surtout elle qui fait l'homme : seul, l'homme est une personne, parce que seul il possède la volonté. — *b)* Sans la volonté, les plus beaux dons de l'intelligence et les plus heureuses dispositions du cœur restent stériles : la volonté est le principe de tout ce qu'il y a de grand, de beau dans le monde. — Mais cette faculté n'est pas quelque chose d'absolu et d'immuable ; elle est très différente avec les divers individus ; elle peut même être différente dans le même individu, aux différents moments de son existence. — En quoi consiste donc l'éducation de la volonté ? *a)* Il s'agit d'abord de faire apparaître, de créer cette faculté là où elle n'est pas ; *b)* il faut ensuite chercher à la doter de toutes les qualités désirables, c'est-à-dire de la qualité de réflexion qui fera que l'on évitera l'impulsivité toujours dangereuse, de la qualité de décision qui empêchera l'homme d'osciller entre des partis divers sans pouvoir prendre ou prendre assez rapidement une détermination nette, de la qualité de fermeté qui fera que l'on ne connaîtra pas cette versatilité par laquelle l'on abandonne facilement une première résolution pour en adopter une autre condamnée au même sort, de la qualité d'initiative qui rendra l'homme entreprenant et hardi, de la qualité de courage qui nous permettra de poursuivre la fin choisie par nous, malgré les obstacles ou les difficultés qui pourraient se présenter, et enfin de la qualité d'énergie, de constance, de persévérance nécessaire pour réaliser jusqu'au bout un idéal encore éloigné et réclamant l'exécution de toute une diversité de moyens. — D'ailleurs ce qui importe pour l'éducation de la volonté, c'est de communiquer à cette faculté sa direction normale, de faire en sorte qu'elle s'attache aux seules fins possédant une valeur morale, c'est-à-dire au devoir. Un criminel peut faire preuve d'une grande énergie de volonté dans l'accomplissement du mal ; mais cette volonté ne peut pas se comparer à celle du héros qui déploie une énergie égale et peut aller jusqu'au sacrifice. C'est pourquoi l'idéal de la volonté, c'est en quelque sorte de réunir la quantité à la qualité, c'est-à-dire d'être forte dans la pratique du devoir. Aussi bien, à mesure de ses progrès, il devient plus facile à la volonté de se mettre d'accord avec la loi morale. Dans ces conditions, cette faculté sera tout ce qu'elle peut et doit être si pour elle la vertu, la pratique du bien est devenue une véritable habitude.

C. — En quelle mesure l'école peut-elle contribuer à une fin aussi élevée? — La formation de la volonté constitue sans contredit pour le maître une œuvre aussi difficile qu'importante. L'enfant ne connait pas d'abord la volonté véritable, attendu qu'il est primitivement sous la domination complète de ses impressions et de ses désirs ; l'enfant dit « volontaire » n'est en somme qu'un enfant capricieux, entêté dans ses caprices mêmes. — Il s'agit par conséquent de faire surgir la volonté même là où auparavant elle n'existait pas, en créant la maîtrise de soi. À cet égard, toute l'éducation donnée à l'école peut n'être considérée que comme une éducation de la volonté : elle n'est en effet qu'un appel incessant à la personnalité de l'enfant. — Descartes n'avait pas absolument tort de considérer le jugement comme une opération volontaire : juger, c'est en effet dominer les idées pour en apprécier la valeur et faire un choix entre elles. Toute l'éducation de l'intelligence consiste à apprendre à l'enfant à se posséder pour examiner les choses avec attention, à ne se prononcer qu'à bon escient, c'est-à-dire à faire acte de volonté. À son tour, toute l'éducation de la sensibilité se ramène à mettre l'enfant en état de garder le contrôle sur ses inclinations ou ses affections, de ne donner ainsi son consentement qu'à celles qui sont véritablement légitimes et saines, en d'autres termes à faire, ici, encore, acte de volonté. — Aussi bien l'école est inséparable de la discipline qui empêche l'enfant de céder à ses caprices ou à ses fantaisies, le sollicite par conséquent à les « arrêter », à les dominer, c'est-à-dire en définitive à faire toujours acte de volonté. On le voit : à quelque point de vue que l'on se place, l'école peut être légitimement considérée comme une « créatrice » de la volonté.

**D.** — Du même coup l'on conçoit qu'elle puisse lui communiquer certaines qualités. — *a)* Toute l'éducation à l'école consiste à réagir contre la légèreté, l'étourderie primitive de l'enfant, à le doter de l'habitude de la réflexion. C'est dire que par là même elle le prépare à n'agir qu'en connaissance de cause. — *b)* Sans doute le maître a parfois affaire à des enfants timides, disposés à reculer devant une décision. Il pourra combattre une telle disposition, inviter d'abord l'élève à accomplir une action de peu d'importance, sans grande conséquence pour sa responsabilité ; par l'action, l'enfant contractera l'habitude de l'action ; en lui faisant éviter l'irrésolution dans les petites choses, l'éducateur l'amènera progressivement à prendre des résolutions plus graves. Il lui appartiendra de disposer de moyens différents, tels que les récompenses, les encouragements, l'appel à l'amour-propre ou à l'émulation. Il pourra d'autre part rendre l'enfant sensible aux joies de l'action, de la foi en soi-même. Aussi bien, en lui demandant certains engagements, en le liant par des promesses précises, il le mettra mieux à même de faire preuve de fermeté dans ses décisions.

Il y a plus : à un autre point de vue encore, toute l'école, avec ce qui la constitue, peut n'être considérée que comme une éducation de la volonté. En effet, elle n'est ou plutôt ne doit être qu'une perpétuelle sollicitation, une constante invitation à l'effort ; or, l'effort est la manifestation la plus nette de la volonté. Aussi bien, elle lui impose un travail régulier, une application soutenue, une attention presque continue : c'est dire qu'à chaque instant elle lui demande de faire preuve d'énergie, de courage, de persévérance, exige qu'il renonce à certains plaisirs ou résiste à certaines tentations ; bref, elle constitue pour lui une série d'occasions de manifester sa personnalité. De cette façon, par un entraînement à la fois judicieux et méthodique, surtout en mettant en relief les joies de l'effort normalement déployé, il sera possible au maître de communiquer plus de force à la volonté de l'enfant.

**E.** — Du reste il ne faut pas oublier les relations de la vie psychologique et de la vie physiologique. Sans doute des volontés courageuses peuvent se rencontrer dans des corps débiles; mais d'une façon générale, les énergies physiques sont la condition indispensable des énergies morales. Un bon état de santé permet à la volonté d'avoir plus d'initiative, de hardiesse, de persévérance. C'est pourquoi l'éducateur doit s'intéresser à ce que l'enfant se porte bien, à ce que son organisme ait toute la vigueur désirable. De là l'importance des exercices physiques pour la formation de la volonté. S'agit-il des jeux ? Ils demandent de la décision, de la patience; à son tour, la gymnastique exerce au courage, au sang-froid, à l'endurance. Les anciens avaient raison quand ils énonçaient leur maxime : « Une âme saine dans un corps sain ». En conséquence, il s'agit de donner à l'organisme les soins qu'il réclame pour que la volonté dispose de la provision d'énergie sans laquelle son effort risquerait d'être trahi, de rester isolé ou caduc. A ce point de vue, toute l'éducation physique peut n'être considérée que comme un moyen pour l'éducation de la volonté qui reste la fin.

**F.** — Mais surtout il importe à une éducation de la volonté d'assurer à cette faculté une direction normale. On le sait : la fin idéale de l'activité humaine est la réalisation du bien, et la volonté n'est tout ce qu'elle peut et doit être que si elle est devenue la « bonne volonté », que si elle possède cette habitude solide et constante qui s'appelle la vertu. En cela consiste l'œuvre capitale que le maître doit chercher à réaliser par son enseignement moral. Il importe que par ses leçons il ait véritablement prise sur l'âme de l'enfant, qu'il parvienne à la transformer et à faire naître en elle l'amour du devoir. D'ailleurs, quand ils sont bien compris, tous les enseignements de l'école sont susceptibles de contribuer à la même fin : à cet égard, toute l'éducation n'est en définitive qu'une éducation de la volonté. Le maître peut arriver à créer dans son école une sorte d'atmosphère morale excellente pour préparer et fortifier l'attachement au bien. Il réussira surtout s'il sait faire éprouver à l'enfant la joie du devoir accompli, s'il arrive à le convaincre que la vertu, outre qu'elle représente pour l'homme la fin la plus digne, constitue du bonheur la source la plus sûre. S'il parvient à ce résultat, il est vraiment en droit de considérer son rôle comme terminé. C'est qu'en effet à l'éducation du dehors se substituera de plus en plus une éducation du dedans; la volonté se fera éducatrice d'elle-même; elle travaillera elle-même à se former elle-même en devenant de plus en plus la « bonne volonté ». Sans doute il restera à parfaire l'œuvre que le maître n'aura pu qu'ébaucher; il n'en demeure pas moins vrai que l'enfant sortira de l'école préparé à se gouverner lui-même et à agir en homme libre.

*Ouvrages à consulter :* ARISTOTE: *Morale à Nicomaque.* — KANT: *Traité de pédagogie* (édit. Thamin). — RIBOT: *Les Maladies de la volonté.* — PAYOT: *L'Éducation de la volonté.* — JANET: *Névroses et idées fixes.* — DUMAS: *L'Instabilité mentale.* — D^r LEGRAIN: *Hérédité et alcoolisme.* — LÉVY: *L'Éducation rationnelle de la volonté.* — BUISSON: *Éducation · : la volonté (Revue pédagogique,* 1899). — BOUTROUX: *Questions de morale et d'éducation.* — LAPIE: *Logique de la volonté.*

---

## 23. L'éducation a pour but de former à la vie de la personnalité libre; mais elle est inséparable d'une discipline s'imposant à la volonté. N'y a-t-il pas une contradiction entre la fin qu'elle poursuit et les moyens qu'elle utilise?

**A.** — Tous les pédagogues sont d'accord sur ce point, savoir que l'éducation a pour but essentiel de préparer dans l'enfant la vie de l'homme, de le mettre en mesure de se conduire plus tard par lui-même, d'en faire ainsi une personne libre; les diverses fins plus particulières qu'elle peut poursuivre (formation du jugement, développement des bons sentiments, etc.) ne sont en définitive que des moyens pour cette fin plus générale qui en même temps les dépasse et les domine. Cette œuvre de l'éducation semble d'ailleurs plus spécialement importante dans les nations démocratiques, composées de « citoyens ». — Mais d'autre part toute éducation implique une discipline imposée à l'enfant. L'école est en effet inséparable d'un système de règlements auxquels l'élève doit se conformer; une telle organisation s'impose pour faire régner l'ordre sans lequel il n'y a pas d'enseignement possible. D'autre part, le maître doit intervenir à chaque instant avec l'autorité qui lui appartient pour prescrire à l'enfant ce que ce dernier n'exécute pas ou ne paraît pas disposé à exécuter, pour lui défendre aussi ce qu'il fait volontiers ou ce qu'il a une tendance à faire. De cette façon, il réagit et doit même parfois réagir énergiquement contre les tendances primitives de l'élève. Des sanctions plus ou moins sévères sont infligées à celui qui ne se conforme pas au règlement et désobéit aux ordres du maître. — Il semble ainsi exister une contradiction entre la fin poursuivie par l'éducation et les moyens qu'elle met en œuvre : d'une part, elle doit développer la nature de l'enfant en créant en lui la personnalité ; d'autre part, elle doit faire intervenir une discipline qui paraît s'opposer à cette nature même et contenir l'expansion de la personnalité. Comment résoudre ce cercle vicieux?

**B.** — On a parfois déclaré que toute discipline à l'école est illégitime. L'école est une petite société, une sorte d'État ; mais le seul État qu'on puisse admettre, c'est l'État sans autorité, sans lois s'imposant du dehors aux citoyens, en d'autres termes l'État « anarchique ». De même, la seule école qui soit acceptable, c'est l'école sans règlements émanant d'une législation extérieure, sans maître dictant sa volonté, imposant des ordres da s un sens ou dans un autre. C'est seulement dans « l'État anarchique » que l'homme est pleinement libre, car il n'obéit qu'à lui-même ; seule aussi l'école anarchique peut faire de l'enfant une personne libre; elle le laisse en effet en dehors de toute contrainte et lui permet de se développer dans une parfaite aisance. Telle est en particulier la conception de Tolstoï. L'école fondée par le romancier russe ne connaît ni programmes ni règlements ; les élèves travaillent quand ils veulent, font ce qu'ils veulent. — Y a-t-il lieu de s'arrêter longtemps à un tel système ? *a)* Sans doute, en un sens, l'école sans discipline extérieure est l'idéal; mais cet idéal n'est pas immédiatement réalisé. Pour qu'il fût d'emblée un fait, il serait nécessaire que les enfants eussent une raison que d'abord ils n'ont pas ; si, dans l'État, pour des citoyens adultes, les lois sont encore indispensables pour assurer l'ordre qui est la condition de la vie sociale, avec des enfants exposés à céder à leurs caprices ou à leurs instincts, la discipline du maître s'impose davantage encore pour garantir l'ordre, condition de toute la vie scolaire. *b)* Du reste toute cette conception repose sur une erreur : elle confond la liberté avec la fantaisie ; la liberté ne consiste pas à faire tout ce que l'on veut, à céder à toutes les tendances de la nature primitive ; au contraire, la personnalité ne se constitue que le jour où l'homme domine ses inclinations et possède la maîtrise de soi.

**C.** — Pourtant dans cette conception tout n'est pas complètement faux. Il est en effet nécessaire de renoncer à un système de discipline qui a parfois été préconisé et qui n'a pas encore entièrement disparu. Avec lui, le maître se contente d'imposer brutalement l'ordre extérieur, réprime durement les écarts de l'enfant, inflige des punitions sans donner aucune explication ni tolérer qu'on en demande; bref, il fait seulement appel à la crainte et vise simplement à « mater » l'élève. — Les inconvénients de cette discipline purement oppressive sont évidents. — *a)* Elle n'amène dans l'enfant aucune amélioration; elle n'amende pas. Sans doute elle réussit encore à empêcher momentanément la manifestation des mauvais instincts ; toutefois ceux-ci ne disparaissent pas; aussi ne manqueront ils pas de se donner libre cours dès que la surveillance étroite dont ils sont l'objet se sera relâchée ou ne s'exercera plus. — *b)* Un tel système n'arrive qu'à susciter ou à entretenir dans l'âme de l'enfant des dispositions de mauvais aloi, comme l'hypocrisie ou la dissimulation. — *c)* Un autre résultat aussi fâcheux, c'est de faire considérer l'autorité du maître comme purement tyrannique, d'arriver à n'inspirer pour elle que le mépris et la haine et à introduire dans l'école une lutte sournoise. Bref, une telle discipline ne forme pas la personnalité; elle aboutit plutôt à l'étouffer.

**D.** — On ne peut le contester : la discipline à l'école est aussi nécessaire que la loi dans la société. La loi ne s'expliquerait pas, elle serait inutile si, dans leurs relations, les hommes étaient en toute circonstance capables de prendre leur conscience, leur raison pour guide. La loi s'impose précisément parce qu'il n'en est pas ainsi ; par là même, elle constitue une sorte de conscience, de raison objective pour ceux dont la conscience et la raison ne suffisent pas à régler la conduite. — La discipline ne se comprendrait pas davantage à l'école, le besoin ne s'en ferait pas sentir si d'emblée l'enfant possédait une raison assez forte pour se mettre et se maintenir naturellement dans l'ordre, éviter ainsi tout ce qui est répréhensible. La discipline est indispensable précisément parce que telle n'est pas d'abord sa constitution primitive, parce qu'il commence par céder à tous ses caprices et par laisser libre cours à ses instincts, qu'ils soient mauvais ou bons. — Toutefois il convient que le maître sache l'appliquer. — Tout d'abord, il doit parler à l'intelligence de l'enfant, lui montrer que la discipline répond à son propre intérêt, puisque seule elle lui permet de s'instruire, lui donne l'occasion de faire plaisir à ses parents heureux de ses progrès et de la transformation de ses dispositions. Surtout l'éducateur insistera sur cette vérité, savoir que la règle donnée par lui n'est pas le résultat de son caprice ou de sa volonté arbitraire, qu'elle s'impose à lui comme aux autres, qu'il est, lui aussi, tenu de la respecter, parce qu'elle représente le convenable, exprime la raison supérieure à tous les individus. Il fera comprendre à l'enfant que l'obéissance à la discipline n'abaisse pas, qu'au contraire elle élève, fait grandir en dignité parce qu'une telle conduite constitue une façon, un moyen d'obéir à la raison, de l'adopter pour principe de sa conduite, bref d'agir véritablement en homme. Mais parler ainsi à l'esprit de l'enfant, c'est en même temps parler à son cœur, faire que la règle, au lieu de rester pour lui un objet de haine, devienne un objet d'affection. Aussi bien, il lui sera facile de faire sentir la joie qu'il y a d'être d'accord avec la discipline et d'inspirer ainsi pour elle un amour plus vif.

**E.** — A ce point de vue, il ne saurait plus exister de contradiction entre la discipline et la formation de la personnalité. C'est qu'en effet cette discipline se sera fait accepter et désormais elle sera voulue. Autrement dit, elle sera passée du dehors au dedans ; elle se sera intériorisée, introduite comme au centre même de la conscience de l'enfant et constituera pour lui une conscience véritable. En lui obéissant, il n'obéira plus en quelque sorte qu'à lui-même ; éclairée, formée par cette raison objective, sa propre raison constituera pour lui une lumière désormais suffisante ; guidé d'abord par un autre, il deviendra capable de se guider lui-même. En définitive, c'est en lui qu'il puisera le principe, la règle de toute son activité. Or cette « autonomie » ainsi acquise et conquise n'est pas autre chose que la vraie vie de la personnalité, l'expression la plus haute de la liberté. La discipline à l'école n'est donc pas une fin, mais un moyen, ou plutôt sa fin c'est de devenir inutile le plus tôt possible et de disparaître, en rendant l'enfant capable de se gouverner, de trouver en lui-même la discipline de sa volonté.

*Ouvrages à consulter :* LOCKE : *Pensées sur l'éducation.* — KANT : *Pédagogie,* édit. Thamin (voir surtout l'Introduction). — FICHTE : *Discours à la nation allemande.* — SPENCER : *Éducation physique, intellectuelle et morale.* — BAIN : *La Science de l'éducation.* — PAYOT : *L'Éducation de la volonté.* — GRÉARD : *Instruction et éducation.* — MARION : *L'Éducation dans l'Université.* — *Instructions ministérielles de 1890.* — MORLET : *L'Éducation morale au collège.* — BOUTROUX : *Questions de morale et d'éducation.*

---

## 24. On dit que tout homme a un caractère, mais que tout homme n'est pas un caractère. Que faut-il entendre par là ? Quelles applications pédagogiques cette vérité comporte-t-elle ?

**A.** — Invoquant le « principe des indiscernables », Leibnitz déclarait que dans le monde extérieur il n'existe pas deux choses parfaitement semblables. Cette vérité s'applique surtout à l'univers psychologique. Chacun de nous possède un ensemble de dispositions intellectuelles et morales qui lui sont propres, une certaine façon de sentir, de penser ou de vouloir qui ne se retrouve pas chez les autres. Sans doute les éléments fondamentaux de la conscience existent dans chaque individu ; mais ils s'y rencontrent en proportions différentes ; il y a toujours prédominance de l'un d'eux ; même cette prédominance affecte des modalités diverses. C'est là ce qui nous distingue au point de vue moral, nous donne une physionomie originale, une « marque » personnelle, en d'autres termes ce qui constitue notre « caractère ». — A ce point de vue, il est exact de dire que tout homme a un caractère, lequel d'ailleurs est en partie inné, venu de l'hérédité, en partie acquis et résultant de l'éducation donnée par la famille ou l'école, comme aussi de notre réaction personnelle sur notre nature primitive. — Mais si tout homme a un caractère, tout homme n'est pas un caractère, tout homme n'a pas du caractère. On regrette parfois le manque de « caractères » ; c'est pour l'un de nos semblables un éloge de dire de lui qu'il est un caractère ou qu'il a du caractère. Ainsi compris, le caractère constitue bien encore une « marque » pour la personne qui le possède et qu'il met en relief ; mais précisément cette marque ne se trouve pas chez tout le monde. — Il est donc intéressant de dégager les éléments dont elle se compose.

**B.** — Ce qui frappe tout d'abord dans l'homme de caractère, c'est la logique dans la volonté, l'unité dans la conduite, l'harmonie dans la vie. Un tel homme suit une ligne inflexible dont il ne dévie pas ; il ne va pas tantôt dans une direction, tantôt dans une autre, mais dans une direction identique, toujours la même ; on peut compter sur lui, car on sait d'avance ce qu'il fera dans telle ou telle circonstance ; il réalise l'idéal dont les Stoïciens faisaient la vertu suprême, savoir la « constance avec soi-même ». — Mais ceci même implique en lui la présence de principes nettement arrêtés, de maximes et de croyances fortement constituées et bien assises : ce sont ces éléments qui forment comme les idées directrices de sa conduite, inspirent et déterminent toutes ses décisions. La volonté agit toujours d'après des idées ; pour qu'elle reste une au sein de ses diverses manifestations, pour que sa direction demeure constante, il faut donc que les idées auxquelles elle se réfère aient la même fixité et qu'à chaque instant elles ne cèdent pas la place à d'autres toutes contraires. — Du même coup, il est facile de voir que dans l'homme de caractère il y a encore autre chose. Avec lui, en effet, les principes sont vécus, appliqués et cela malgré tout, en dépit de tout, quelles que soient les difficultés auxquelles il se heurte ou les résistances qu'il rencontre. L'homme de caractère ne transige jamais ; il place ses principes au-dessus de tout, leur sacrifie tout, même jusqu'à sa vie, s'il le faut ; lui-même ne les sacrifie à rien. En d'autres termes, l'homme de caractère se distingue par une volonté forte, énergique, courageuse, ferme : ce sont ces qualités morales qui lui permettent de demeurer fidèle à ses convictions, de les appliquer partout et jusqu'au bout, sans admettre de compromis, sans fléchir ni s'arrêter devant aucune considération, méprisant d'avance les dangers ou les douleurs auxquels il sait qu'il s'expose.

**C.** — On voit ainsi les deux éléments essentiels qui sont nécessaires à l'homme de caractère, savoir d'une part des principes nettement arrêtés, et d'autre part une volonté énergique pour les appliquer. D'ailleurs, ces deux éléments sont en droit inséparables. — *a)* La volonté aurait beau posséder toute la force nécessaire ; si des principes n'existaient pas pour lui imprimer une direction constante, elle pourrait se porter avec la même intensité aux fins les plus diverses, accomplir aujourd'hui le contraire de ce qu'elle a fait hier et réaliser demain le contraire de ce qu'elle a fait aujourd'hui ; elle introduirait en elle la contradiction, la versatilité ; elle perdrait toute constance ; la vie de la personne n'aurait plus cette belle et solide harmonie qui doit au plus haut point apparaître dans l'homme de caractère. — *b)* L'individu aurait beau posséder tous les principes nécessaires, s'être fait des convictions nettement arrêtées ; si sa volonté n'avait pas assez d'énergie et de courage pour les appliquer, si à la moindre difficulté, pour peu que son plaisir, son intérêt ou sa situation soient en jeu, il s'empressait de les trahir, n'hésitait pas à les renier ou à les abandonner, si, de cette façon, il se montrait timoré, pusillanime, l'on ne pourrait pas dire de lui qu'il est un homme de caractère. Ainsi la volonté demande les principes et les principes demandent la volonté ; ces deux éléments s'enveloppent ; isolés, ils restent insuffisants.

Du reste, inséparables en droit, ils ne peuvent se séparer en fait. — D'une part, quand on possède des principes fermes, ceux-ci tendent naturellement à se manifester par des actes : les idées ne sont pas des choses mortes, inertes, mais bien des forces qui poussent à l'action en tendant à leur réalisation. La foi suscite et soutient la volonté ; celle qui n'agit pas n'est pas une foi sincère. L'action est le prolongement de l'idée, la croyance extériorisée. — Mais, d'autre part, l'action réagit sur la croyance : elle l'entretient, la réchauffe, l'empêche de s'affaiblir ou de se dissoudre. Parfois même elle la produit et la crée de toutes pièces : on agit parce que l'on croit et l'on croit parce que l'on agit. On comprend ainsi l'union indissoluble et vivante qui lie les deux éléments fondamentaux sans lesquels l'homme n'est pas un caractère.

**D.** — L'on voit les conséquences pédagogiques qui se dégagent de ces courtes considérations théoriques. L'éducation consiste à agir sur la nature primitive, le caractère de l'enfant ; elle doit surtout chercher à faire que le caractère de ce dernier soit d'avoir du caractère. — Pour réaliser une telle œuvre, il conviendra qu'elle commence par doter son âme de principes solides, de vérités universelles, empruntées à la conscience de toute l'humanité. A cet égard, l'importance de l'enseignement de la morale est évidente ; il appartiendra au maître de parler avec conviction afin d'engendrer la conviction dans l'enfant. Aussi bien il lui sera utile de donner à la fin de chacune de ces leçons une maxime précise qu'il fera apprendre, qu'il rafraîchira de temps en temps, dont il montrera autant que possible des exemples vécus. Surtout il constituera le culte des héros. De même, il ne perdra aucune occasion pour créer dans l'enfant l'énergie morale, la développer et la fortifier. Il procédera par entraînement, assurant d'abord la pratique de devoirs plus aisés pour amener ainsi la pratique d'obligations plus difficiles, donnant judicieusement les encouragements nécessaires, attirant l'attention sur les joies du devoir accompli. Son rôle sera véritablement terminé quand il aura réussi à créer dans l'enfant le désir, la volonté de devenir un caractère ; du même coup, en effet, il l'aura préparé à se gouverner lui-même et à prendre constamment la raison, la conscience morale pour règle de toute sa conduite. L'idéal du maître, c'est que le plus tôt possible son action devienne inutile.

*Ouvrages à consulter :* PASCAL : *Pensées.* — BOUTROUX : *Pascal.* — SOURIAU : *Pascal.* — MARION : article : Caractère *(Grande Encyclopédie).* — FOUILLÉE : *Psychologie des idées forces.* — PAYOT : *De la croyance.* — RIBOT : *Classification des caractères.* — MALAPERT : *Classification des caractères.* — PAULHAN : *Les Éléments de la vie de l'esprit ; Tempéraments et caractères.* — LAPIE : *La Logique de la volonté.* — MARTIN : *L'Éducation du caractère.*

**25. Certains pédagogues estiment qu'il faut bannir l'habitude de l'éducation; d'autres prétendent que l'éducation ne peut consister qu'à donner des habitudes. Que faut-il penser de ces deux théories extrêmes?**

**A.** — Tous nos actes ne sont pas le résultat d'une décision réfléchie ; la plus grande partie de ceux qui constituent la trame ordinaire de notre vie se déroulent en nous sans que nous les ayons voulus, sans que nous nous les représentions clairement ; parfois même leur spontanéité est telle que nous nous demandons après coup si nous les avons vraiment accomplis. De tels actes sont le résultat de l'« habitude ». — On peut définir l'habitude, « la tendance à répéter ce que nous avons déjà fait, à repasser par le même chemin que nous avons déjà parcouru, à nous imiter ainsi nous-mêmes. » Par l'habitude, le présent est la copie du passé et annonce déjà l'avenir (exemples). — Ses effets sont bien connus. Grâce à elle, l'acte devient plus facile, demande moins d'effort ; il s'exécute aussi avec plus de rapidité ; en même temps, il gagne en perfection, s'accomplit avec une sûreté de plus en plus grande. Du même coup, l'attention n'a pas besoin d'en surveiller tous les détails ; il se déroule pour ainsi dire de lui-même, en vertu d'une sorte d'automatisme qui s'est peu à peu établi. Il faut ajouter qu'il sort du domaine de la conscience et finit par lui échapper ; il se transforme enfin en un besoin de moins en moins senti, mais qui demande parfois impérieusement à être satisfait. Suivant la définition célèbre d'Aristote, l'habitude est une « seconde nature », une nature nouvelle qui s'ajoute à la première et est susceptible de la transformer d'une façon à peu près complète. — L'importance de l'habitude dans la vie psychologique étant ainsi considérable, l'on peut prévoir qu'elle est aussi appelée à jouer un rôle dans l'éducation. Toutefois les pédagogues n'ont pas toujours été d'accord sur cette question. — Les uns s'en défient volontiers; ils la condamnent et déclarent qu'il convient de la proscrire rigoureusement (Rousseau, Kant, Vinet). Les autres affirment que l'éducation ne peut consister qu'à donner des habitudes à l'enfant, à créer en lui des dispositions qui primitivement lui faisaient défaut. — Que faut-il penser de ces deux théories nettement opposées?

**B.** — Sans doute, à certains égards, on comprend la suspicion dont l'habitude a parfois été l'objet. — *a)* L'homme arrive à donner des habitudes à l'animal; c'est en cela que consistent la domestication et l'élevage; par là, il lui fait accomplir certains actes qui n'étaient pas d'abord dans la constitution primitive de la bête ; il est même capable de transformer complètement cette dernière, de faire apparaître et de fixer des dispositions d'une nature toute contraire. Pourtant, il n'y a là que du « dressage », non de l'« éducation » véritable. C'est que dans cette organisation nouvelle, superposée à la première qu'elle remplace ou modifie, l'animal lui-même n'est pour rien ; il la subit et ne la crée pas : il n'en est pas l'auteur; surtout il en reste l'esclave, tout autant qu'il l'était déjà de ses instincts primitifs. Or il ne saurait évidemment être question de concevoir une éducation pétrissant en quelque sorte l'enfant du dehors, l'enveloppant comme dans un tissu serré d'habitudes passives, si saines soient-elles, faisant de lui une machine parfaitement montée : ce serait aller contre l'esprit même de l'éducation dont la fin essentielle est de constituer des personnes, des volontés réfléchies et libres, non des automates sans conscience. — *b)* Même quand il s'agit d'habitudes venues non plus du dehors, mais du dedans, c'est-à-dire de dispositions qui ont exigé un premier effort de la volonté, on comprend qu'on ait eu le droit de se demander si elles ne constituaient pas un danger au point de vue de l'éducation. Kant considère que plus un homme a d'habitudes, moins il a de liberté ; Vinet estime que, nous enchaînant au passé, l'habitude constitue pour nous un esclavage. Ce qu'il y a de vrai, c'est que l'habitude substitue le mécanisme à la volonté, la routine à la libre initiative, l'inconscience à la réflexion : elle tend à faire de l'être un automate. A cet égard, elle compromet la vie de la personnalité et, du même coup, semble être en opposition directe avec la fin idéale de l'éducation.

**C.** — Pourtant ce n'est là qu'une partie de la vérité. — Ceux qui bannissent ainsi absolument l'habitude de l'éducation ne sont frappés que de certains de ses effets. Mais les résultats signalés ne sont pas les seuls. — Considérée à un autre point de vue, l'habitude reprend ses droits. Kant déclare que seule la liberté doit intervenir dans la vie et se manifester à chaque instant : un tel idéal est impossible. D'abord bien souvent le temps dont il nous faudrait alors disposer nous fait défaut : les nécessités de la vie pressent et n'attendent pas. C'est à l'habitude de remplacer la réflexion. Non seulement le plus souvent elle suffit, mais encore elle possède cet avantage d'enlever à notre activité toute hésitation dangereuse ou inopportune. Aussi bien, dans la plupart des cas, nous n'avons nul besoin de recourir à notre volonté : c'est que notre vie est en effet assez régulière, assez monotone pour nous permettre d'abandonner à l'habitude les diverses séries de nos actions, certains qu'elle les conduira à bonne fin. En chacun de nous, il existe ainsi des mécanismes qui se sont montés peu à peu, qui, aux différentes heures de la journée, se déclenchent, se déroulent d'eux-mêmes, qui docilement se chargent de la besogne banale dont l'existence est pour ainsi dire tissée. Mais précisément cet automatisme ne saurait être considéré comme la mort définitive de la réflexion, la ruine complète de la liberté : à un certain point de vue, il est extrêmement précieux; c'est qu'au lieu de détruire la personnalité, il l'affranchit et, en l'affranchissant, la développe.

**D.** — Un tel résultat est facile à comprendre. En effet, désormais assurés que l'habitude suffira pour réaliser certains actes, les conduire là où il faut et comme il le faut, nous pouvons utiliser la réflexion, ainsi libérée et du même coup devenue disponible, pour la conception de fins nouvelles et originales, appliquer aussi à leur réalisation une volonté qui n'est plus accaparée par d'autres objets. Autrement dit, l'habitude donne à notre personnalité des occasions perpétuellement répétées de s'accuser en s'exerçant. — Elle lui permet aussi de toujours se fortifier davantage. Nous sommes d'autant plus une personne que les fins auxquelles nous nous attachons sont d'un ordre plus élevé. Mais leur réalisation réclame toute l'énergie de notre volonté ; il importe donc que nos efforts ne soient pas perdus, que nous ne soyons pas dans la nécessité de les recommencer sans cesse, sans jamais plus de profit, que notre volonté ne s'épuise pas en un travail inutile. Or l'habitude nous permet seule de réaliser ce résultat désirable, car seule elle rend le progrès possible parce qu'elle retient le passé dans le présent et dans le présent prépare déjà l'avenir : on a pu dire avec raison que sans elle la vertu, la pratique du devoir — qui est de la volonté l'idéal le plus haut — serait irréalisable : l'homme devrait en effet toujours soutenir les mêmes luttes et vaincre les mêmes résistances.

**E.** — Il faut aller plus loin, reconnaître qu'à un certain point de vue l'habitude, au lieu de compromettre la personnalité, la fonde et la constitue. — La personnalité apparaît avec la réflexion par laquelle le sujet, d'abord éparpillé et comme perdu au milieu de la diversité de ses états, se sépare de ses modifications, revient sur lui-même, se pose et s'affirme en face des objets. L'animal n'arrive pas à se distinguer du mouvement incessant et du flux continu des impressions qui à chaque instant l'assiègent, à se retrouver au milieu d'elles et à se sentir comme une réalité distincte d'elles : aussi n'est-il pas une personne. — Aussi bien la personnalité se manifeste surtout par la volonté qui permet au sujet d'exercer un contrôle sur ses représentations, ses désirs, ses tendances, d'arrêter les impulsions naturelles qui le poussent à agir, de prendre en toute connaissance de cause une décision libre dont il a alors toute la responsabilité. — Or ni la réflexion, ni la volonté n'existent d'abord chez l'enfant, primitivement incapable de dominer ses sensations et de résister à ses désirs. — Il appartient donc à l'éducation de les faire naître en lui. D'ailleurs ces facultés ne peuvent se constituer, surtout se consolider et se fortifier que progressivement : autrement dit, elles doivent elles-mêmes devenir des « habitudes ». Ainsi envisagée, l'habitude ne saurait engendrer l'inconscience, puisqu'elle augmente au contraire notre puissance de réflexion. Elle ne peut davantage amener l'automatisme, puisqu'elle accroît au contraire notre puissance de volonté. Et si maintenant l'on considère que nous sommes d'autant plus une « personne » que nous nous attachons plus au bien — car alors nous nous gouvernons vraiment par nous-mêmes — on comprendra qu'à ce point de vue encore il ne saurait y avoir opposition entre l'habitude et la personnalité, que celle-ci ne peut recevoir que de l'autre sa plus haute expression, sa forme la plus complète : on connaît le mot d'Aristote, « la vertu est une habitude. »

**F.** — Con lusion. — Sans doute on a eu raison de se défier de l'habitude pour ce qui regarde l'éducation. Pourtant la vérité exige qu'on la réhabilite : tout dépend du point de vue sous lequel on la considère ; les effets qu'elle produit peuvent être contraires, opposés. — D'une part, il est certain qu'elle est capable d'engendrer le mécanisme, la routine et qu'elle est alors la mort de toute activité vraiment personnelle. Il est non moins certain qu'il ne saurait être question d'enfermer l'enfant dans un réseau d'habitudes, si utiles soient-elles, qui le rendraient esclave de celui qui l'a formé et l'empêcheraient de faire preuve d'autonomie. — Il n'en reste pas moins vrai que d'abord l'enfant ne s'appartient pas et qu'il ne connaît pas immédiatement la vie de la personnalité. Il est précisément nécessaire qu'il s'élève jusqu'à elle, qu'il l'entretienne, la consolide une fois qu'elle a été ainsi créée en lui. Mais pour cette fin même, l'habitude est nécessaire : c'est l'habitude et l'habitude seule qui assurera une faculté de réflexion toujours plus forte, une puissance de volonté toujours plus solide, une autonomie toujours plus réelle. Ainsi considérée, l'habitude n'est pas l'ennemie de l'éducation ; elle est au contraire l'éducation même, car elle permet à la personnalité de se constituer, de s'affirmer toujours meilleure et plus belle.

*Ouvrages à consulter :* ARISTOTE : *Morale à Nicomaque.* — MONTAIGNE : *Essais* — KANT : *Traité de pédagogie* (édit. Thamin). — J.-J. ROUSSEAU : *Emile.* — VINET : *L'Éducation, la famille et la société.* — MAINE DE BIRAN : *Influence de l'habitude sur la faculté de penser.* — RAVAISSON : *De l'habitude.* — SPENCER : *Principes de psychologie.* — LEMOINE : *L'Habitude et l'instinct.* — DUMONT : *De l'habitude.* — RABIER : *Leçons de psychologie.* — W. JAMES : *Causeries pédagogiques.* — BERGSON : *Les Données immédiates de la conscience ; Matière et mémoire.* — ROUSTAN : *Psychologie.* — BLACKIE : *De l'éducation de soi-même par soi-même.* — CHANNING : *L'Éducation personnelle.* — BOUTROUX : *Questions de mora · et d'éducation.*

# PARTIE SPÉCIALE ET PRATIQUE

**1. On vous recommande de pratiquer dans votre enseignement la « méthode intuitive ». En quoi consiste cette méthode ? Quelle en est l'utilité ? Peut-on la considérer comme suffisante ?**

**A.** — L'enfant n'a pas d'abord et d'emblée la connaissance du monde extérieur. Pour l'obtenir, il doit se mettre en relation avec lui par l'intermédiaire de ses sens. Appliquée à l'enseignement, cette vérité psychologique entraîne la nécessité de la « méthode intuitive ». Elle consiste à placer l'enfant en présence des réalités concrètes dont il s'agit de lui donner l'idée, de façon qu'il en obtienne des « perceptions ». Celles-ci sont, au moins actuellement, si faciles et si rapides qu'elles paraissent se faire sans effort ; par elles, nous croyons entrer directement dans les choses, en prendre une connaissance directe, immédiate. C'est pourquoi ces « perceptions » sont volontiers considérées comme des « intuitions ». De cette façon, la nature de la méthode intuitive se dégage plus nettement : elle considère que l' « intuition sensible » est la condition nécessaire de toute notion sur les choses extérieures, et c'est aux « intuitions » qu'elle fait d'abord appel. Sans doute le terme « intuition » semble surtout s'appliquer aux perceptions de la vue (1) qui effectivement sont les plus importantes ; en réalité, il désigne également les données des autres sens (toucher, ouïe, etc.). C'est qu'en effet pour connaître les choses nous devons les présenter à nos différents sens ; cha-

(1) Du latin *intueri*, voir.

cun d'eux est en quelque sorte chargé de nous fournir sur elles les renseignements qui sont de sa compétence ; si nous avions des sens plus nombreux, les objets se présenteraient à nous avec des qualités que nous ne soupçonnons pas. — Sans doute, assez souvent, il n'est pas possible au maître de présenter à l'enfant la chose même ; à défaut de la chose, il doit alors avoir recours à l'image qui en est la reproduction aussi exacte que possible. Aussi bien, à défaut d'images, il lui appartient de recourir au dessin, susceptible de donner de l'objet une copie vivante et fidèle. Mais, quelle que soit la diversité de ces moyens, la méthode intuitive reste toujours la même : elle fait appel aux sens, met l'enfant en face de la réalité ou du substitut de cette réalité.

**B.** — Cette méthode a une histoire. Elle a été préconisée par des pédagogues célèbres, principalement par Coménius, Rousseau, Pestalozzi, Herbart ; toujours d'ailleurs elle se présente comme une réaction contre l'enseignement livresque et abstrait. « Pourquoi à la place des livres morts, n'ouvririons-nous pas le livre vivant de la nature ? » (Coménius). « Les choses ! Les choses ! Ne substituons jamais le signe à la chose que quand il est impossible de la montrer » (Rousseau). « Ne jetez jamais l'esprit de l'enfant dans le labyrinthe des mots avant d'avoir formé son esprit par la connaissance des réalités » (Pestalozzi). « La clarté dans l'enseignement consiste à montrer les choses » (Herbart). — Même aujourd'hui il n'est jamais inutile de recommander une telle méthode. Parfois en effet le maître se contente de faire apprendre ce qu'il y a dans le livre ; il ne donne pas d'explications : l'élève retient des mots, mais ces mots ne lui représentent rien de précis. D'ailleurs des explications ne sauraient remplacer la vision même des choses : l'enfant ne peut imaginer ce qu'il n'a point perçu. — Si à l'enseignement par le livre le maître substitue son propre enseignement, il est exposé à vouloir communiquer d'emblée à l'élève les connaissances que lui-même possède, oubliant la distance intellectuelle qui existe entre lui et l'enfant, c'est-à-dire à commencer par lui donner des idées abstraites et générales ; or si lui-même manie facilement de tels éléments, s'il voit clair en eux, si par eux il possède la représentation nette de choses précises, il n'en est pas de même de l'élève qui n'a pas la même expérience : pour ce dernier, un tel enseignement se réduit facilement à des mots dénués de signification, dépourvus de toute valeur intellectuelle. Ceci revient à dire qu'un tel enseignement ne ressemble en rien à un enseignement, car il ne communique aucune connaissance.

**C.** — Il est donc nécessaire de renoncer à une telle méthode pour en adopter une autre toute différente qui aura pour but de mettre d'abord l'enfant en présence des réalités particulières et concrètes. C'est précisément la méthode intuitive. L'on ne saurait contester les avantages d'une telle méthode. — *a)* Elle présente d'abord tout l'intérêt désirable ; elle est attrayante. L'enfant est naturellement curieux ; il aime à examiner les choses, attendu qu'elles sont nouvelles pour lui. Aussi retient-il aisément ce qu'il a ainsi considéré avec attention. — *b)* Elle est seule instructive. Nos sens sont les instruments naturels de notre connaissance des choses ; pour savoir en quoi celles-ci consistent, pour avoir l'idée de leurs qualités, il est indispensable que chacun d'eux nous donne sur elles les renseignements qui sont de sa compétence. La science n'est pas innée dans l'homme ; elle est sortie progressivement de l'observation patiente de la nature ; elle a eu son point de départ nécessaire dans l'expérience : toutes nos idées sur le monde reposent sur la sensation et ont en elle leur condition indispensable. Mais ce qui est vrai de l'homme l'est aussi de l'enfant : il n'est qu'un seul moyen de lui faire connaître les choses, savoir de les lui montrer ; il est contradictoire de chercher à lui donner des idées sur elles si d'abord et au préalable l'on n'a pas eu soin de lui en communiquer la perception. Il y a là un principe d'une évidence telle que l'on a de la peine à comprendre pourquoi l'on a été obligé de le proclamer et pourquoi il est encore si souvent nécessaire de le rappeler.

**D.** — L'on pressent les diverses applications que cette méthode comporte dans les différents enseignements. — En mathématiques, le maître évitera de commencer par des définitions générales : il montrera autant que possible des figures réalisées dans la nature (angle, carré, etc.), se servira d'objets pour donner l'idée des différents nombres et des opérations qu'ils comportent ; il présentera les divers éléments du système métrique (litre, hectogramme, etc.). — Les sciences physiques et naturelles constituent le domaine par excellence de la méthode intuitive : le maître fera observer les faits, constituera des expériences avec des instruments très simples, apportera les échantillons avec lesquels il fera ses leçons, organisera un musée scolaire ; à défaut des objets eux-mêmes, il utilisera des images, des gravures, des tableaux, des croquis. — En géographie et en histoire, il se servira avec profit de tout ce qui peut tomber sous les yeux des enfants (rivière, chemin de fer, colline, etc. ; château, ruines, armes). — En instruction civique, où les leçons restent si souvent abstraites, il se procurera un bulletin de vote, une feuille d'impôt, fera visiter la mairie, etc. — En morale, il empruntera le plus souvent possible ses sujets de leçons à la vie de l'école, de la famille, du village, mettra devant l'enfant un exemple historique (Régulus et le respect de la parole donnée ; Pasteur et le dévouement à la science, etc.). — On le voit : avec un peu d'ingéniosité, l'éducateur pourra facilement transporter la « méthode intuitive » dans toutes les matières du programme. « En tout enseignement, le maître, pour commencer, se sert d'objets sensibles, fait voir et toucher les choses, met les enfants en présence des réalités concrètes » (1).

**E.** — Toutefois les instructions officielles elles-mêmes le reconnaissent : une telle méthode n'est qu'un procédé d'initiation ; elle est indispensable au début ; elle rend surtout des services avec les jeunes enfants ; mais il importe de la dépasser. — Si en effet la sensation est la condition de la connaissance, elle n'est pas la connaissance même. Connaître, c'est comparer les données de l'expérience pour saisir les ressemblances, observer les faits pour dégager les lois ; autrement dit, c'est percevoir les rapports permanents des choses. Appliquée d'une façon exclusive, la méthode intuitive laisserait l'esprit comme perdu au milieu de la diversité des objets individuels, tous différents les uns des autres : ce serait la confusion dans la pensée. C'est pourquoi il est indispensable d'apprendre à l'enfant à rapprocher les objets les uns des autres, à faire abstraction des différences moins importantes qui les séparent, à ne plus retenir que les caractères communs, plus essentiels qui les relient, permettent de les ranger dans une même classe.

(1) Instructions officielles de 1887.

Il importe de même d'attirer son attention sur la façon constante, régulière dont les faits se passent, sur l'uniformité de leur succession, autrement dit de l'inviter à dégager la loi. Mais, à proprement parler, les ressemblances des objets, les lois des faits ne sont pas perçues par les sens ; elles sont conçues par l'entendement : ce ne sont plus des sensations, mais des idées. Sans doute ce n'est pas par les idées que l'enseignement doit commencer ; en tout cas, c'est par les idées qu'il doit finir ; la sensation, le concret est le début et le moyen ; l'idée, l'abstrait est le terme, la fin. Bref, il existe une autre « intuition » différente de « l'intuition sensible », de la perception du particulier, savoir « l'intuition intellectuelle », la conception du général : elle est le signe de la puissance de la pensée ou plutôt elle constitue la pensée même ; plus tôt le maître en rendra l'enfant capable, mieux cela vaudra.

F. — D'ailleurs, à un autre point de vue, la « méthode intuitive » ne serait pas moins dangereuse. Mettant constamment l'enfant en présence des objets ou des faits, c'est-à-dire de choses tangibles ou visibles, elle risquerait de provoquer en lui cette croyance, savoir que les seules réalités sont constituées par les données de l'expérience et que tout ce qui ne tombe pas sous les sens n'existe pas. Du même coup, elle introduirait en lui un positivisme étroit, susceptible de dessécher son cœur, de compromettre les sentiments désintéressés, l'aspiration vers l'idéal. — Mais précisément c'est une erreur d'affirmer que seules les données de l'expérience représentent le réel ; bien au contraire il importe de ne voir en elles que des « apparences » : dans ces conditions, il est nécessaire d'apprendre à l'enfant à s'en défier, surtout à ne les prendre que pour ce qu'elles sont. D'un autre côté, il serait aussi inexact de penser que tout ce qui ne tombe pas sous les sens n'est pas réel : la vie psychologique échappe à la perception extérieure et pourtant l'esprit constitue pour nous la seule réalité incontestable. C'est pourquoi il est indispensable de faire rentrer l'enfant en lui-même et de le mettre en possession d'une autre intuition, l' « intuition morale », par laquelle la conscience, avec toute sa richesse, nous est immédiatement donnée. Il en est de même du devoir : lui non plus ne constitue pas une donnée de l'expérience sensible ; même, au lieu d'en dériver, il s'oppose le plus souvent à elle parce qu'il la juge et souvent la condamne. C'est pourtant une réalité fondamentale dont il nous est impossible de douter, car il nous est immédiatement donné par la raison. Ici encore le rôle de l'éducateur est d'initier l'enfant à une autre « intuition », savoir l' « intuition morale » qui nous met directement en présence des principes obligatoires de la conduite.

**G.** — Conclusion. — On a raison de recommander la méthode intuitive ; même à un certain point de vue, elle est la seule méthode possible : c'est qu'en définitive, l'intuition est pour l'homme la source de toute connaissance ; le raisonnement lui-même ne se compose que d'une série d' « intuitions ». Toutefois il importe de distinguer différentes sortes d' « intuitions ». — L' « intuition sensible », qui d'ailleurs, pour tout ce qui regarde les choses extérieures, représente la condition indispensable et comme le premier moment nécessaire de la connaissance, ne constitue pas toute l'intuition. Même elle n'est qu'une préparation à des intuitions d'une autre nature et d'un ordre plus élevé, savoir, d'une part « l'intuition intellectuelle » qui est l'acte propre de la pensée saisissant le général. dégageant la loi, d'autre part « l'intuition morale » qui est l'acte propre de la conscience posant le devoir. L'éducation serait incomplète, elle n'aurait pas toute la portée désirable, ne formerait pas l'âme tout entière si elle ne savait pas faire à ces trois sortes d'intuitions la place qui doit revenir à chacune d'elles.

*Ouvrages à consulter* : PLATON : *La République*. — DESCARTES : *Discours de la méthode* ; *Règles pour la direction de l'esprit*. — J.-J. ROUSSEAU : *Emile*. — BAIN : *La Science de l'éducation*. — BUISSON : *Rapport sur l'exposition universelle de Vienne, 1873* ; *La méthode intuitive*. — FOUILLÉE : *Philosophie de Platon*. — GRÉARD : *Éducation et instruction*. — *Instructions officielles de 1887*. — COMPAYRÉ : *Pestalozzi, Herbart* (collection des Grands Éducateurs). — PINLOCHE : Traduction des principales œuvres de Herbart. — THAMIN : *Éducation et positivisme*. — ALENGRY : *Psychologie et éducation : applications*.

**2. On fait parfois remarquer au maître que ses élèves sont trop passifs et on lui recommande d'appliquer la « méthode active ». Indiquer la nature de cette méthode et développer ses avantages pédagogiques.**

**A.** — Suivant Rousseau, le maître ne doit pas intervenir dans l'œuvre de l'éducation ; il faut que l'enfant soit lui-même son propre maître ; en particulier, c'est à lui et à lui seul qu'il appartient de constituer toute sa connaissance, d'être l'artisan de sa propre instruction, de retrouver ainsi tout ce qui a été fait avant lui. — Prise à la lettre, une telle conception est évidemment chimérique : l'enfant n'a ni le temps, ni les moyens intellectuels nécessaires pour refaire, avec ses seules ressources, toute la science conquise à travers les siècles par les efforts successifs de l'humanité. — Il convient pourtant d'en retenir une vérité précieuse, savoir que le maître ne doit pas enseigner la vérité pour ainsi dire du dehors, sans que l'élève lui-même intervienne, qu'il lui est au contraire nécessaire de laisser une place importante à la spontanéité de l'enfant et, autant que possible, d'arriver à faire trouver la vérité à l'élève lui-même, par l'effort propre de sa pensée. C'est en cela que consiste la « méthode active ». Ainsi que le nom l'indique, non seulement elle permet, mais encore elle demande, sollicite l'activité intellectuelle de l'enfant, y fait de perpétuels appels.

**B.** — Déjà Montaigne se plaignait de voir trop souvent l'éducation se borner à remplir de connaissances l'esprit de l'élève comme « avec un entonnoir », sans se soucier assez de cultiver la faculté du jugement ; il déclarait préférer « une tête bien faite » à une « tête bien pleine ». Ce défaut signalé et dénoncé par le célèbre pédagogue n'a pas encore complètement disparu. Parfois le maître se contente d'être dans la classe le seul acteur. Il parle, expose d'une façon continue ; les enfants n'interviennent pas ; ils se bornent à écouter et restent silencieux ; ils reçoivent passivement l'enseignement qui leur est ainsi donné sous une forme didactique ; eux-mêmes ne collaborent en rien à la leçon. Il peut même arriver à l'instituteur de ne pas se préoccuper de savoir s'ils ont compris et de ne pas s'assurer qu'ils ont retenu, ou bien encore de leur interdire d'intervenir pour poser des questions sous prétexte que la discipline et le bon ordre s'en trouveraient compromis. Bref, les élèves demeurent muets, inertes ; ils sont, pour ainsi dire, réduits au rôle de simples appareils enregistreurs. On comprend que l'on conseille alors au maître de renoncer le plus tôt possible à une telle méthode.

**C.** — C'est qu'en effet ses inconvénients sont nombreux. — *a)* Par sa parole continue, le maître ne tarde pas à amener la fatigue et l'ennui ; désormais les élèves ne font plus attention, ne prennent plus aucun intérêt à la leçon ; leur curiosité s'éteint ; ils cherchent des distractions ailleurs. Dans ces conditions, l'éducateur se dépense en pure perte ; aussi lui sera-t-il facile de constater que son enseignement n'a laissé aucune trace, qu'il n'a réussi qu'à endormir les intelligences et à introduire en elles la torpeur. — *b)* La classe reste terne, morte, sans relief ; il n'y a en elle aucune vie ; tout ce qui serait susceptible d'y communiquer de l'animation, de la chaleur, tout cela est supprimé. — *c)* Mais surtout une telle méthode est dépourvue de toute valeur éducative. C'est qu'en effet elle n'a nul souci de l'éducation proprement dite ; si elle réussit encore à accumuler des connaissances dans l'esprit de l'enfant, elle ne le forme pas et elle ne songe pas à le former. Pour cultiver l'intelligence, il faut nécessairement la faire intervenir, provoquer son activité, chercher à lui communiquer le plus de rectitude et de sûreté possible. Or de quelle façon arriver à un tel résultat si elle est condamnée à un état de passivité absolue ? Et pourtant c'est ce résultat seul qui importe et cela pour plusieurs raisons. D'une part, les connaissances qu'on introduit ainsi du dehors, que la mémoire se contente d'emmagasiner, restent sans utilité si l'on manque du jugement nécessaire pour les mettre à profit au moment où il le faut ; sans le jugement, les souvenirs ne sont que des matériaux indigestes qui alourdissent la pensée et la paralysent. D'autre part, les connaissances élémentaires dont l'école peut doter l'enfant ne représentent qu'un léger bagage en comparaison de toutes celles qui lui restent à acquérir ; dès lors on comprend que ce qui est surtout important, c'est la faculté de se faire à soi-même des connaissances nouvelles ; le but principal de l'éducation est de « créer l'instrument du travail intellectuel ». Enfin les connaissances passent et disparaissent facilement, étant plus ou moins superficielles, tandis que les habitudes communiquées à l'esprit demeurent et subsistent, car elles en modifient la substance même.

**D.** — Il est donc nécessaire de substituer à cette méthode une méthode différente. « Dans une classe bien faite, a-t-on dit, il ne faut que des acteurs et pas de public ; chacun doit y jouer son rôle. » Il importe que le maître laisse une place à l'intervention de l'enfant, qu'il permette à l'élève de parler parce que c'est pour ce dernier une occasion de penser. Aussi l'éducateur conscient de sa tâche se gardera d'interdire que l'on pose des questions ; bien plus, il sera heureux d'entendre poser ces questions mêmes. N'est-ce pas en effet la preuve que l'enfant est curieux, que son intelligence est ouverte, avide de connaître, prête à recevoir avec joie l'instruction, à se l'assimiler avec appétit au lieu de la subir passivement et sans intérêt ? Et non seulement il convient de laisser l'élève poser des questions, mais encore il faut lui en poser ; autrement dit, il est nécessaire de l'interroger, de l'habituer ainsi à chercher, à faire effort, à réfléchir pour découvrir la vérité. Au lieu de lui donner immédiatement connaissance de la loi, de le mettre d'emblée en face de la définition, de la formule générale, il est bien préférable de le placer d'abord en présence des faits, des exemples particuliers, des objets individuels, de l'inviter à les observer avec attention, à dégager avec soin leurs caractères communs, leur mode constant de succession, de manière que, par l'application de sa pensée, il s'élève lui-même à la découverte de la loi, dégage la définition, la formule applicable à tous les cas. A cet égard la parole de Spencer est exacte : « Il faut enseigner le moins possible, mais faire trouver le plus possible. » C'est surtout dans cette recherche personnelle de la vérité par l'enfant que consiste la « méthode active ». Déjà, dans l'antiquité, Socrate déclarait que lui-même n'enseignait pas la vérité, que tout son rôle se bornait à la faire découvrir grâce aux interrogations qu'il posait, l'âme humaine étant, à son avis, grosse de la vérité (la maïeutique). Ce qu'il faut retenir, c'est qu'au lieu d'introduire la connaissance du dehors, la vraie méthode consiste à mettre l'enfant à même de la dégager du dedans. A ce point de vue, il est exact de dire avec Rousseau que l'élève doit être son propre maître : il suffit qu'il soit intelligemment guidé et judicieusement entraîné.

**E.** — Les avantages d'une telle méthode sont évidents. — *a)* Grâce à elle, la classe est essentiellement vivante ; elle consiste en un entretien animé, en un échange d'idées entre le maître et l'élève : l'élève fait penser le maître, le maître fait penser l'élève, et l'idéal c'est que dans la classe tout le monde pense. La leçon est à la fois intéressante pour le maître qui répond avec joie aux questions de l'enfant, pour l'enfant qui cherche à répondre aux questions du maître ; une saine émulation peut se produire entre les élèves qui, de cette façon, sont tenus en haleine. — *b)* Au lieu d'être une source d'ennui pour l'enfant, la classe reste attrayante, car elle constitue pour lui une occasion de joies sans cesse renouvelées. C'est que, toutes proportions gardées, il en est de l'élève comme du savant : à chaque découverte d'une vérité nouvelle, il éprouve un plaisir nouveau. Il y a là une émotion délicate, noble à laquelle il convient de rendre l'enfant de plus en plus sensible, car cette émotion a pour résultat naturel de provoquer en lui le désir toujours plus vif de s'instruire, d'enrichir son intelligence. — *c)* Ceci même fait comprendre que seule une telle méthode répond à la véritable fin de l'éducation : c'est que seule elle constitue une éducation, une culture de l'esprit. Elle s'intéresse à la pensée, la forme par l'effort qu'elle lui demande et qu'elle arrive à lui faire aimer ; au lieu de l'étouffer sous un amas indigeste de connaissances qui lui enlève toute souplesse et toute personnalité, elle lui communique des forces suffisantes pour lui permettre d'agir seule, de trouver par elle-même la vérité si indispensable à la pratique de la vie et d'ailleurs si précieuse en elle-même. Du reste une telle discipline n'a pas seulement des avantages intellectuels importants ; à vrai dire, elle intéresse l'âme tout entière : penser par soi-même, c'est la condition indispensable pour être capable de se conduire aussi par soi-même, de faire œuvre de personne libre.

**F.** — Conclusion. — Le meilleur maître n'est pas celui qui apprend beaucoup, mais celui qui apprend à apprendre et qui, formant vraiment la pensée de ses élèves, rend ceux-ci capables de se passer bientôt de lui.

*Ouvrages à consulter* : MONTAIGNE : *Essais.* — ROUSSEAU : *Emile.* — SPENCER : *De l'éducation physique, intellectuelle et morale.* — BOUTROUX : *Etude sur Socrate ; Questions de morale et d'éducation.* — MARION : *L'Éducation dans l'Université ; La Méthode active (Revue pédagogique, 1888).* — GRÉARD ; *Instruction et éducation.* — COMPAYRÉ : *L'Education intellectuelle et morale.* — VESSIOT : *L'Édu-*

*cation à l'école.* — BLANGUERNON : *Pour l'école vivante.* — CHARRIER : *Pédagogie vécue.*

---

## 3. On a dit : « Enseigner, c'est choisir ». Quelles sont les principales raisons qui justifient ce principe pédagogique?

**A.** — A l'école primaire, l'œuvre du maître est guidée par es programmes officiels : ces derniers indiquent en effet la diversité des enseignements qu'il doit donner (grammaire, histoire, arithmétique, etc.) et constituent ainsi le plan général des études. — La difficulté commence quand il s'agit de passer à leur application : celle-ci doit être faite avec discernement et d'une façon judicieuse. On pose volontiers comme principe pédagogique ce précepte : « Enseigner, c'est choisir ». Comment faut-il l'entendre et quelles sont les raisons qui peuvent le justifier?

**B.** — S'il en faut croire M. Gréard, l'objet de l'enseignement primaire ne « consiste pas à embrasser, dans les diverses matières auxquelles il touche, tout ce qu'il est possible de savoir, mais de bien apprendre dans chacune d'elles ce qu'il n'est pas permis d'ignorer ». Chaque matière du programme représente un tout complexe, vraiment inépuisable et d'ailleurs inépuisé par l'intelligence de l'homme. En effet, dans chaque matière, chaque objet, même le plus simple, est susceptible de se prêter à des développements très étendus, d'autant plus étendus que le savoir du maître lui-même est plus large. Mais il ne convient pas que l'instituteur fasse étalage de toute sa science devant l'enfant, qu'il cherche à lui communiquer tout ce que lui-même connaît. Dans chaque matière, l'école ne peut donner qu'un petit nombre de connaissances élémentaires, celles qui sont essentielles, qu'il n'est pas permis à un homme de ne pas posséder, soit parce qu'elles ont une utilité immédiate et que sans elles l'enfant serait plus tard incapable de se débrouiller dans la vie, soit parce qu'elles ont une importance morale particulière et qu'elles représentent les principes fondamentaux de la conduite. Il importe donc que le maître opère un choix. Son œuvre ne consiste pas à tout dire, mais à se limiter, à s'attacher dans chacune de ses leçons à quelques idées nettes, précises, qui dominent toutes les autres, à quelques faits saillants, bien en relief, qui résument et expliquent tout le reste. Si le maître agissait autrement, s'il se livrait à des développements trop étendus, il fatiguerait l'enfant, émousserait son attention et ne laisserait en lui que des impressions confuses. Il convient qu'il évite les digressions, qu'il sacrifie résolument les détails insignifiants, les subtilités sans valeur (exemples tirés de la grammaire, de l'histoire, etc.). On connaît le précepte de Boileau : « Qui ne sut se borner ne sut jamais écrire »; l'on pourrait dire avec autant de raison : « Qui ne sait se borner ne sait pas enseigner ». Bref, il est nécessaire de faire des leçons courtes, concises et lumineuses.

**C.** — Du reste; l'enseignement ne saurait être identique pour tous les enfants ; il doit au contraire varier avec le degré différent d'avancement intellectuel des élèves. C'est pourquoi, d'une part, il ne saurait être question d'introduire à l'école primaire certaines matières au-dessus de la portée de ceux qui la fréquentent. D'autre part, la même matière ne doit pas être enseignée de la même manière suivant que l'on s'adresse à des élèves de tel ou tel cours. Il y a des leçons que l'on peut faire à ceux-ci parce qu'ils sont réellement capables de les comprendre et de les suivre ; il serait au contraire maladroit de vouloir également les faire à d'autres qui sont plus jeunes et dont l'intelligence n'est pas aussi avancée. Aussi est-il indispensable pour le maître de bien connaître les enfants qu'il a devant lui, de « choisir » ce qui répond à leurs forces et est en harmonie avec l'état de leur esprit, autrement dit de faire dans son enseignement preuve d'adaptation. L'intelligence est comme l'estomac : elle refuse une nourriture trop forte. — Du reste ce choix indispensable dans les leçons s'impose aussi pour les devoirs ; il y a là un travail plus difficile qu'on ne croit parce qu'il comporte un dosage délicat. D'une part, il s'agit de ne pas aller au delà du niveau intellectuel des élèves, et cela pour qu'ils profitent des leçons et ne soient pas rebutés par la difficulté des devoirs. D'autre part, il convient de ne pas demeurer par trop en deçà de ce niveau même, de façon à pouvoir éveiller, soutenir l'attention par l'intérêt de choses nouvelles, surtout provoquer l'effort sans lequel il n'y a pas de travail scolaire intellectuellement utile. Aussi bien la difficulté augmente du fait que dans un même cours tous les élèves ne sont pas d'égale force. C'est pourquoi, en même temps qu'on évitera un enseignement purement individuel, l'on devra chercher avec soin ce qui convient aux uns et aux autres. Ce sont surtout les débutants qui sont plus volontiers exposés à manquer de mise au point dans l'enseignement : ils n'ont pas encore l'expérience suffisante des enfants ; ils ne soupçonnent pas les difficultés que ceux-ci éprouvent à comprendre des choses qui, pour leur intelligence adulte et plus instruite, paraissent simples, se présentent avec une clarté parfaite. Il est indispensable à l'instituteur de se refaire en quelque sorte une intelligence d'enfant pour bien s'assurer de ce qui peut être assimilé par une intelligence d'enfant.

**D.** — On le voit : la nécessité de « choisir » qui s'impose dans tout enseignement serait déjà suffisamment motivée par les considérations qui précèdent. Mais elle se justifie encore par les conditions plus spéciales qui souvent sont faites à l'instituteur. — On sait combien la loi sur l'obligation scolaire est peu observée, surtout dans les campagnes. Sans doute, dans une certaine mesure, le maître peut réussir à maintenir une bonne fréquentation en rendant son enseignement intéressant, en se faisant aimer, en amenant les familles à comprendre l'utilité et la valeur de l'instruction. Néanmoins il risque toujours de se heurter soit à certaines habitudes prises, soit à certaines conditions économiques. En particulier, dans les régions pauvres, les parents sont dans la nécessité d'utiliser les enfants pour les travaux des champs durant une certaine époque de l'année et de ne les laisser à l'école que durant quelques mois. On voit les conséquences d'un tel état de choses : le maître dispose d'un temps très limité pour faire parcourir aux élèves tout le cycle des connaissances élémentaires qu'il doit leur donner ; par suite, il est tenu de passer plus rapidement sur telle ou telle partie du programme d'une utilité moins immédiate pour ne retenir et ne développer d'une façon plus complète que celles qui ont plus d'importance et d'intérêt pratique. On comprend que, dans ces conditions, un choix s'impose à lui. D'ailleurs, à cet égard, il n'est pas possible de fixer des règles générales, la fréquentation comportant d'une école à l'autre de grandes variations. Le maître, au courant des coutumes et des nécessités des populations, peut seul déterminer avec compétence ce qu'il doit se contenter d'effleurer et ce qu'il doit traiter avec plus d'ampleur.

**E.** — Aussi bien, alors même que la fréquentation serait partout régulière, la nécessité d'un choix pour l'enseignement continuerait à se justifier. Sans doute l'école doit avant tout donner une éducation générale; seule, en effet, une telle éducation est capable de faire des hommes; d'ailleurs rien ne peut la remplacer, et elle est même indispensable à une éducation plus spécialement professionnelle, technique. Il n'en reste pas moins vrai que le maître doit se soucier des conditions qui plus tard seront faites à l'enfant, du métier qu'il exercera, de la situation qu'il aura dans la société et qui dépend en grande partie de la nature, des ressources du milieu dans lequel il est placé. Tout en évitant de sacrifier ce qui se rapporte à l'éducation générale, l'instituteur peut et doit particulièrement insister sur les enseignements plus en rapport avec les diverses régions, choisir plus spécialement ceux qui sont en harmonie plus directe avec elles et ont ainsi pour l'avenir de l'enfant un intérêt plus immédiat. C'est surtout en ce sens que l'on a demandé à l'école de préparer à la vie, de s'orienter du côté de la pratique. — A ce point de vue, il existe deux grandes catégories d'écoles, d'une part les écoles rurales, d'autre part les écoles urbaines. Il est naturel que dans les premières le maître insiste sur l'enseignement agricole; on comprend que dans les secondes il donne plus de place à tout ce qui touche au commerce ou à l'industrie. D'ailleurs, à cet égard, la spécialisation des études peut être poussée assez loin, les régions agricoles étant susceptibles de comporter une grande variété, le commerce et l'industrie pouvant de leur côté revêtir des formes très différentes (exemples). — Il ne s'agit pas non plus d'oublier la distinction entre les écoles de garçons et les écoles de filles. Avec les unes, on devra donner une place plus large à certains enseignements répondant davantage à la vie du futur ouvrier ou du futur citoyen (travail manuel, comptabilité, instruction civique, préparation militaire, etc.). Dans les autres, il est légitime de consacrer plus de temps à certaines connaissances très utiles au rôle de la femme (enseignement ménager, puériculture, etc.). — On le voit : le maître doit appliquer les programmes avec assez de souplesse pour les mettre en harmonie avec les enfants qu'il a devant lui et les faire servir à leurs divers besoins. Les élèves ne sont pas faits pour les programmes ; ce sont les programmes qui sont faits pour les élèves. La grande loi de la nature, c'est l' « adaptation au milieu » : cette loi doit se retrouver jusque dans l'école à laquelle elle donnera toute la vie désirable et communiquera une physionomie originale.

**F.** — Conclusion. — Bien que les programmes soient partout uniformes, il importe d'éviter toute raideur dans leur application, de savoir y introduire un esprit, une orientation spéciale. Tout en les conservant dans leur intégrité, il convient d'apporter en eux une sélection intelligente et judicieuse, de choisir ce qui est à la fois d'une portée éducative plus haute et d'une valeur pratique plus sûre. Sans doute il y a là un travail délicat, qui demande de l'attention, du discernement en même temps qu'une expérience sérieuse. Mais il est seul capable de permettre au maître d'exercer toute l'action précieuse et féconde qui lui revient. Aussi bien il témoigne non seulement de l'intelligence que l'éducateur déploie dans son œuvre, mais encore de l'intérêt, de la conscience avec laquelle ce dernier accomplit sa tâche. En même temps, il communique à tout l'enseignement dans l'école un caractère de personnalité qui plaît, retient l'attention, suscite à la fois l'estime et l'affection.

*Ouvrages à consulter :* GRÉARD : *Éducation et instruction.* — COMPAYRÉ : *Éducation intellectuelle et morale.* — BERTHELOT : *Science et éducation.* — VIAL : *La Culture générale et la préparation professionnelle ; Condorcet* (collection des «Grands Pédagogues »).— FORFER : *Causeries* (recueillies par M. Lechantre). — DESSAINT : *La Préparation professionnelle des instituteurs (Revue pédagogique,* 1903). — CHARRIER : *Pédagogie vécue.* — CARRÉ et LIQUIER: *Traité de pédagogie scolaire.* — LAPIE : *Pour l'école d'après-guerre (Revue pédagogique,* 1918).

**4. Certains instituteurs sont parfois disposés à croire qu'ils possèdent assez de connaissances pour n'avoir point besoin de préparer leur classe; d'autres disent assez volontiers que leur expérience est suffisante pour s'en dispenser également. Que faut-il penser de telles dispositions?**

**A.** — On a parfois déclaré que le travail du maître commence au moment où la classe est finie : on entend par là que le maître, une fois qu'il a terminé sa tâche scolaire de la journée, doit se remettre à l'étude pour réfléchir sur ce qu'il fera le lendemain, c'est-à-dire se consacrer à la « préparation de la classe ». Ainsi qu'on l'a dit, cette préparation consiste en définitive à faire la classe mentalement, par la pensée, avant de la faire effectivement, par la parole. — D'une part, en ce qui concerne les leçons (morale, histoire, sciences, etc.), il s'agit de se livrer à la recherche des idées ou d'assurer les connaissances que l'on a déjà, de choisir ce qui est essentiel, de bien préciser ce que l'on dira et ce que l'on ne dira pas, de déterminer aussi l'ordre dans lequel l'exposé devra se développer, de prévoir de même les questions susceptibles d'être posées par l'enfant et de réfléchir aux réponses qu'il faudra faire. — Pour ce qui regarde les devoirs (problèmes, exercices de français, etc.), il s'agit de les composer soi-même par un travail personnel, ou du moins, si l'on s'inspire du livre ou du journal pédagogique, de les modifier à propos, en ayant soin de s'assurer qu'ils correspondent à des idées nettes dans l'esprit des élèves, qu'ils les intéresseront, qu'ils sont bien en harmonie avec leur avancement intellectuel. Il va de soi que ce travail, déjà indispensable dans une classe à un seul cours, l'est encore davantage dans une école à plusieurs cours. — Pourtant cette nécessité a été contestée ou du moins n'a pas toujours été admise comme également évidente. Parfois certains maîtres estiment que leurs connaissances les dispensent de cette préparation ; d'autres, exerçant depuis longtemps, considèrent qu'ils peuvent se fier à leur expérience : les uns et les autres n'hésitent pas à improviser. — De telles dispositions sont fâcheuses et ne peuvent se justifier.

**B.** — Sans doute l'instituteur possède des connaissances; même il doit en posséder beaucoup pour être capable de bien enseigner. Mais, surtout à ses débuts, il ne saurait émettre la prétention d'avoir sur toute l'extrême diversité des sujets à traiter tout le savoir suffisant. Il a encore besoin d'étudier, de se livrer à des recherches, à des consultations, d'amasser les matériaux pour ses leçons, de trouver des idées. Aussi bien certains enseignements exigent qu'il se procure au préalable des objets, qu'il installe d'avance certains dispositifs indispensables (préparation matérielle). D'ailleurs, à supposer que, dans certaines matières, ses connaissances soient assez étendues, assez complètes pour qu'il puisse se dispenser d'en chercher d'autres, il est toujours nécessaire, au moins prudent, qu'avant la classe il prenne la précaution de les rafraîchir, de s'assurer qu'elles sont conservées fidèlement dans sa mémoire, qu'il n'y a nulle part aucune lacune. Sans cette précaution, il s'exposerait à des défaillances, à des hésitations, à des erreurs. — Mais surtout plus il a de connaissances — qu'il les doive à ses études antérieures ou à ses investigations plus récentes — plus il lui importe de les dominer, d'opérer entre elles une sélection judicieuse, de façon à ne retenir que celles qui d'une part sont vraiment importantes, et répondent d'autre part au niveau intellectuel de son auditoire. Dans ces conditions, c'est un double travail de choix et d'adaptation qui s'impose à lui. Et ce n'est pas tout : ce travail doit encore se compléter par un autre non moins important qui consiste à classer les idées ainsi retenues, à les mettre en ordre, à constituer avec elles un plan méthodique et précis. Alors seulement l'instituteur les tiendra en quelque sorte sous le regard de sa pensée, évitera à la fois la sécheresse qui provient de ce que les idées ne se présentent pas toujours au moment opportun et la prolixité qui est le principe de digressions touffues d'où l'enfant, bientôt fatigué, ne recueille aucune impression nette. — D'ailleurs cette préparation mentale, qui est la vraie, peut s'accompagner avantageusement d'une préparation écrite qui la fixe et l'établit d'une façon définitive soit sur un carnet unique, soit sur des carnets spéciaux.

**C.** — Mais nous le savons : la classe ne consiste pas seulement en leçons faites par l'instituteur, elle comprend encore des devoirs, des exercices écrits donnés aux élèves. Eux aussi doivent être l'objet d'une préparation sérieuse. D'une part, il convient que, le plus possible, le maître les constitue et les compose lui-même ; s'il fait appel à des secours étrangers (manuels, journaux pédagogiques), il est indispensable qu'il ne les prenne pas au hasard, qu'il leur fasse subir les transformations propres à bien les mettre en rapport avec le milieu dans lequel vivent les enfants, avec les réalités qu'ils ont sous les yeux, en harmonie avec leur expérience, leurs impressions, leurs souvenirs personnels. Grâce à cette précaution, il évitera mieux de leur donner des exercices factices, artificiels, incapables d'évoquer dans leur esprit la moindre idée, de faire naître un sentiment sincère ; surtout il parviendra à les adapter avec plus de sûreté au niveau intellectuel de la classe, à faire qu'ils répondent à cette double condition, d'une part de ne pas renfermer des difficultés telles que l'enfant n'en puisse jamais venir à bout (ce qui le découragerait), d'autre part de solliciter l'effort indispensable pour qu'ils soient intellectuellement profitables. C'est pourquoi, pour les devoirs encore plus que pour les leçons, il sera bon que le maître ne se fie pas entièrement à sa mémoire, qu'il fixe par écrit soit sur un cahier unique de préparation, soit sur des cahiers spéciaux, la série des exercices auxquels les élèves devront s'appliquer. — On le voit : en définitive, la préparation de la classe consiste surtout dans un travail d'adaptation. Il importe que le maître se fasse vraiment juge de ce qu'il va dire ou donner à faire, qu'il arrive en quelque sorte à se dépouiller de sa propre mentalité pour y substituer la mentalité de l'enfant, qu'il s'abaisse jusqu'à lui pour l'élever ensuite jusqu'à soi, et cela grâce à un enseignement qui ne sera ni trop fort, ni trop faible.

**D.** — Certes, dans l'exercice de sa profession, le maître peut acquérir une expérience de plus en plus grande ; il en est de sa tâche comme de tout autre mode d'activité : elle est susceptible de se perfectionner grâce aux effets naturels de l'habitude. Néanmoins le travail de la préparation de la classe reste toujours indispensable : c'est qu'il constitue pour le maître le seul moyen d'éviter la routine. Il est facile de voir toutes les conséquences qui résulteraient pour lui s'il se laissait engourdir par elle. Il se répéterait indéfiniment et s'ennuierait d'une telle monotonie ; il ne s'intéresserait plus à son enseignement et, par suite, ne pourrait plus y intéresser les élèves : dans une classe aussi froide et aussi morte, ceux-ci seraient désormais incapables de faire aucun progrès et leur seul désir serait de fuir l'école. On connaît le mot de Michelet : « On ne travaille bien que dans la joie ». — D'ailleurs, chaque année, le maître a affaire à des élèves différents, et ceux-ci sont loin d'avoir les mêmes ressources intellectuelles. C'est pourquoi la nécessité s'impose à lui de ne pas enfermer son enseignement dans des formes rigides, uniformes, mais de le remanier, de le retoucher de façon à lui donner toute l'adaptation, par là même toute la portée désirable : aussi doit-il chaque année le défaire pour le refaire. Aussi bien il n'est point de leçons qu'il ait le droit de considérer comme définitives, d'une perfection idéale ; après les avoir données, il faut qu'il les juge. Alors il reconnaîtra aisément qu'il a trop insisté sur tel détail pourtant secondaire, qu'il a glissé trop rapidement sur tel autre vraiment important, que sur certains points il n'a pas été aussi clair, aussi simple qu'il aurait pu l'être, ou bien encore que le plan suivi par lui ne ressort pas nettement ou qu'il manque de rigueur. Autrement dit, chacune de ses leçons doit, soit pour le fond, soit pour la forme, être de sa part l'objet d'incessantes modifications destinées à y introduire tous les perfectionnements désirables. A cet égard, le meilleur maître est celui qui se montre le plus difficile à l'égard de soi-même. — On comprend donc tout le travail auquel il convient qu'il se livre : tantôt il simplifiera son enseignement, l'allégera de certains détails inutiles ou superflus ; tantôt il le complétera, l'enrichira de connaissances nouvelles, car il doit se tenir au courant des progrès de la science humaine : il faut qu'il se mette à jour ; c'est la condition pour qu'il reste toujours intellectuellement jeune ; en agissant autrement, il serait vieux quel que soit son âge. — C'est pourquoi, s'il a constitué des « carnets de préparation », il importe qu'il ne les considère pas comme quelque chose d'immuable, qu'il ne les établisse pas une fois pour toutes, mais qu'il les revise et les modifie incessamment. Il sera bon que des pages soient laissées en blanc pour qu'il y consigne toutes les observations qu'il a faites ou le résultat de ses recherches personnelles. Grâce à une telle méthode, son enseignement sera vraiment vivant, car il imitera la vie elle-même, qui est un perpétuel devenir et un progrès continu.

**E.** — On le voit : pour tout instituteur, qu'il soit jeune ou vieux, malgré toutes ses connaissances, toute son expérience, la préparation de la classe reste indispensable. L'improvisation est toujours dangereuse ; elle ne lui permet pas d'avoir dans son enseignement toute l'assurance, toute la concision, toute l'autorité nécessaires ; il importe qu'il s'en défie : on la reconnaît vite. — Il y a plus : cette préparation est moralement obligatoire. Elle répond d'abord aux devoirs de l'éducateur envers ses élèves. C'est de l'action exercée sur eux par lui que dépend en grande partie leur avenir : ils seront plus tard ce qu'il leur aura appris à être. Il importe donc que son action aille sûrement à son but ; or, elle ne pourra le faire que grâce à une préparation aussi sérieuse que constante. Elle répond surtout aux devoirs de l'instituteur envers lui-même. En effet, quelle que soit la profession que l'on exerce dans la société, l'on est tenu de l'accomplir avec toute sa conscience, de s'y donner avec toute son intelligence et tout son cœur. Or l'éducation est plus qu'une profession ; c'est une véritable mission. Aussi le maître se doit-il à lui-même de la remplir avec tout le dévouement dont il est capable, de lui consacrer tout ce qu'il possède de forces physiques, intellectuelles et morales : c'est la seule façon pour lui d'accomplir convenablement son métier d'homme ; agir autrement, ce serait se rendre responsable d'une véritable faute morale. Il faut l'ajouter : ce serait du même coup se priver des jouissances les plus nobles et des joies les plus délicates. Si l'artiste est heureux des œuvres qu'il produit, combien le maître ne le sera-t-il pas davantage de ses créations, puisqu'elles dépassent celles du premier de toute la distance qui sépare la matière de l'esprit.

*Ouvrages à consulter :* GRÉARD : *Éducation et instruction.* — A. CROISET : *Devoir professionnel et devoir civique.* — COMPAYRÉ : *Éducation intellectuelle et morale.* — VESSIOT : *L'Éducation à l'école.* — PAYOT : *Aux instituteurs et aux institutrices.* — FORFER : *Causeries* (recueillies par Lechantre). — CHARRIER : *Pédagogie vécue.* — ANTHOINE : *Notes d'inspection.* — *L'inspection académique* (Recueil de documents à l'occasion de l'exposition universelle de 1889).

## 5. Il est recommandé au maître d'établir un « emploi du temps ». Montrer tout l'intérêt de cette recommandation.

**A.** — Si les programmes qu'il importe de parcourir à l'école sont étendus, la durée de la scolarité est au contraire relativement courte. En conséquence il est nécessaire au maître de ne pas perdre de temps. Pour arriver à tout voir, il est d'abord indispensable qu'il procède à une « répartition mensuelle », c'est-à-dire que, dès le commencement de l'année, aussitôt les élèves rentrés, il établisse l'ensemble et, pour ainsi dire, la tranche de matières qu'il devra parcourir chaque mois. C'est là une sorte de jalonnement de sa route, la fixation de certaines étapes déterminées. D'autre part, pour être plus sûr de réaliser l'œuvre contenue dans cette répartition mensuelle, il convient qu'il apporte à sa tâche un complément de précision, qu'il fixe le travail de chaque jour : tel est précisément le rôle de l' « emploi du temps ». Dans ces conditions, il est facile de comprendre tout son intérêt et toute son utilité.

**B.** — Il y a d'ailleurs entre la « préparation de la classe » et « l'emploi du temps » une relation étroite. La première consiste pour le maître à venir en classe avec l'idée bien nette de tout son travail, après s'être recueilli, avoir pensé à ce qui constituera la matière, le fonds, l'étoffe de chaque leçon, rafraîchi, renouvelé ou approfondi les connaissances nécessaires, opéré un choix entre elles, établi un plan bien déterminé, constitué aussi les sujets des différents exercices, réfléchi aux principales explications auxquelles il devra se livrer. Or pour cela même l'emploi du temps est indispensable : il fixe le programme de chaque jour dans les diverses matières, indique la nature des leçons à faire et des exercices à donner, l'ordre de leur succession, la durée exacte qu'ils doivent avoir, c'est-à-dire leur étendue et leurs limites. Même avec une bonne préparation le maître ne serait pas sûr de se tirer convenablement d'affaire ; soit dans telle leçon, soit dans telle autre, il serait exposé à oublier l'heure, à s'abandonner à certains développements excessifs qui le forceraient à en écourter certains autres.

7.

**C.** — Du même coup, l'importance de l'emploi du temps ressort avec netteté. Il constitue pour le maître une excellente discipline qui l'oblige à accorder à chaque matière du programme la place qui lui revient, à n'en oublier et à n'en sacrifier aucune. Aussi bien les différentes leçons et les divers exercices de chaque jour reçoivent le développement normal auquel ils ont droit : l'emploi du temps établit entre tous une juste répartition, introduit un heureux équilibre. Grâce à lui, chacun d'eux commence et finit au moment nécessaire ; aucun n'empiète sur les autres. L'importance d'une telle organisation est évidente. C'est que la durée de chaque leçon ou de chaque exercice ne doit pas être quelque chose d'absolu, mais d'extrêmement variable ; il importe en effet qu'elle diffère non seulement avec la nature plus ou moins abstraite, plus ou moins difficile des matières étudiées, mais encore avec les enfants auxquels le maître a affaire, pour la bonne raison que tous ne possèdent pas la même puissance d'attention, la même capacité d'effort intellectuel. Il faut éviter que l'enfant éprouve trop vite la fatigue mentale : aussi est-il nécessaire d'adapter l'emploi du temps à l'âge et au développement des élèves, de ne prévoir pour chaque exercice, pour chaque leçon, qu'une durée rationnelle, compatible avec les forces de l'esprit, d'avoir soin de laisser une place aux récréations dont le but est précisément de reposer la pensée, de la laisser pour ainsi dire respirer, de lui permettre de rafraîchir et de renouveler ses énergies. C'est pourquoi les leçons et les exercices seront d'autant plus courts que l'on aura affaire à des enfants plus jeunes.

**D.** — Ceci même établit clairement l'intérêt de l'emploi du temps destiné à régler la succession des divers enseignements. Non seulement l'ordre qu'il indique évite des pertes de temps toujours regrettables, montre nettement, sans aucun flottement, ce qu'il convient d'aborder et d'attaquer après que l'on a terminé autre chose, mais encore il doit être organisé d'une manière rationnelle et, si l'on peut dire, scientifique, suivant des lois psychologiques déterminées. C'est une vérité indiscutable que l'attention de l'enfant n'est pas toujours la même, qu'elle est plus forte, plus facile au début même de la journée scolaire, qu'elle est favorisée, entretenue par la variété, le changement des objets auxquels elle s'applique. Aussi est-il facile de prévoir les conséquences qui en résultent pour la constitution de l'emploi du temps. Les enseignements les plus difficiles devront être réservés pour la matinée, les débuts de la classe. Il en sera de même pour ceux qui sont regardés comme ayant plus d'importance éducative (morale). Pour la même raison, à une leçon d'un caractère plus abstrait devra succéder une leçon d'une nature plus concrète. Il ne sera pas moins sage de faire suivre un exercice oral d'un exercice écrit, celui pour lequel l'élève est debout d'un autre pour lequel il est assis, de réserver aussi pour la fin de la classe les exercices ou les leçons exigeant moins de tension d'esprit (écriture, dessin, etc.). Bref, l'idée directrice de l'emploi du temps doit être de ménager judicieusement les forces de l'intelligence, de leur permettre d'être toujours aussi neuves, en tout cas de prendre une nouvelle vigueur, par là même de faire que le maître soit sans cesse écouté, suivi, compris et produise sur l'âme tout entière de l'enfant l'action la plus efficace et la plus salutaire.

**E.** — Même dans une « école à plusieurs maîtres », disposant d'un personnel spécial pour chaque cours, l'établissement d'un emploi du temps est indispensable, encore que la tâche soit relativement facile. Mais cette nécessité s'accuse avec plus de netteté dans l' « école à un seul maître », dans laquelle l'instituteur est chargé de tous les cours à la fois : la tâche est alors singulièrement plus compliquée et plus ardue. Alors, en effet, il s'agit de faire travailler utilement tous les élèves, de n'en négliger, de n'en oublier aucun, de provoquer et d'assurer un entraînement général, de faire marcher pour ainsi dire de front les plus petits et les plus grands, de savoir quels exercices l'on donnera à ceux-là alors que l'on sera plus spécialement occupé avec ceux-ci, de prévoir pour quels cours il sera possible, utile ou nécessaire de constituer des leçons communes, comment on arrivera à se passer du « moniteur », souvent plus dangereux qu'utile. Il y a là un problème très complexe, auquel il faut savoir apporter la solution désirable. Une telle organisation ne peut être solidement établie que si elle est de la part du maître l'objet d'un travail attentif, d'une réflexion sérieuse, inspirée par le désir d'accomplir consciencieusement sa tâche. L'emploi du temps n'est pas autre chose que cette organisation même.

**F.** — Il faut d'ailleurs le remarquer : il ne s'agit pas de le constituer une fois pour toutes, de l'abandonner ensuite et de le reléguer à l'instar d'un tableau inutile que le temps jaunit, et cela parce que l'ordre de la classe est devenu une sorte de routine, de mécanisme uniforme et invariable. Tout au contraire il doit être l'objet de remaniements, de retouches incessantes, opérées à la suite des expériences que le maître a faites, des perfectionnements qu'il a réalisés dans l'art si difficile et si délicat de l'éducation : ce n'est pas une « chose », mais un « progrès ». Ces modifications doivent donc être des améliorations destinées à établir une adaptation plus heureuse de l'enseignement aux élèves et du même coup à permettre une action plus efficace de la part de l'éducateur. Par là même elles témoignent de l'intérêt que ce dernier apporte à sa tâche, de l'esprit de vie dont il la pénètre, de la conscience avec laquelle il cherche à la réaliser, de son désir de toujours mieux faire, du sentiment qu'il a de ses responsabilités. C'est pourquoi l'établissement de l'emploi du temps n'est pas seulement une marque d'intelligence, mais surtout une preuve de bonne volonté : il a par lui-même une véritable valeur morale. D'ailleurs il est l'expression de l'ordre : or, par lui-même l'ordre possède déjà une sorte de dignité intrinsèque, un prix incontestable : c'est qu'il représente la faculté la plus haute de l'homme, celle qui constitue la caractéristique de sa nature même et fonde sa supériorité, savoir la raison.

*Ouvrages à consulter :* RIBOT : *Psychologie de l'attention.* — W. JAMES : *Causeries pédagogiques* — D' TOULOUSE : *Comment se forme un esprit.* — GRÉARD : *Instruction et éducation.* — COMPAYRÉ : *L'Éducation intellectuelle et morale.* — VESSIOT : *L'Enseignement à l'école.* — *L'inspection académique.* (Extraits de rapports pour l'exposition de 1889). — CARRÉ et LIQUIER : *Traité de pédagogie scolaire.* — CHARBREL : *Pédagogie vécue.*

---

## 6. Le livre et la leçon orale à l'école primaire. Auquel de ces deux instruments d'éducation convient-il de donner la préférence ?

**A.** — Un pédagogue a dit que « le meilleur des livres, c'est la parole du maître » ; un autre déclare qu' « un bon livre importe plus qu'un bon maître ». On le voit : l'on n'est pas d'accord sur le rôle respectif de l'enseignement oral et du livre à l'école. Les uns affirment que rien ne peut remplacer la parole du maître, que l'enseignement oral doit avoir la prépondérance et qu'à lui revient l'action la plus décisive. Les autres considèrent au contraire que le livre a des avantages marqués, qu'en conséquence c'est lui qui doit avoir la préférence pour ce qui regarde l'œuvre de l'éducation. Peut-être chacune de ces deux thèses, prise en elle-même, est-elle exagérée par cela même qu'elle est exclusive. Aussi est-il intéressant d'examiner s'il ne serait pas possible de les concilier dans une théorie plus compréhensive, faisant une égale part au livre et à la leçon orale.

**B.** — Tout d'abord il y a lieu de retenir une première vérité importante, savoir que rien ne peut remplacer la parole du maître. Celui-ci doit enseigner lui-même et son enseignement doit tendre à être aussi personnel que possible. C'est pour cela qu'une préparation consciencieuse s'impose. Sans doute il a parfois la tendance à disparaître devant le livre ou à laisser le livre se substituer à lui; tantôt il se contente de donner à apprendre à l'élève le contenu du manuel ou d'en présenter lui-même un simple exposé sans aucune originalité; parfois même il se rend esclave du livre au point de faire toute la classe le livre à la main. Rousseau avait déjà fortement réagi contre un tel « enseignement livresque ». Les inconvénients d'une telle méthode sont en effet évidents. — *a)* Si le maître se borne à faire apprendre par cœur ce qui est dans le livre, il substitue ce dernier à l'expérience directe des choses; or cette expérience est la condition nécessaire pour que l'enfant ait des connaissances exactes et précises, surtout pour qu'il prenne l'habitude précieuse de l'observation. Un tel enseignement se réduit facilement à n'être qu'un enseignement de mots vides de sens ou de formules creuses; les idées générales renfermées dans le livre peuvent encore représenter quelque chose à l'intelligence adulte du maître; il n'en est pas de même pour l'enfant qui n'a pas la même expérience et dont la connaissance n'est pas aussi avancée. — *b)* Si le maître se contente d'exposer ce qui est écrit dans le livre, sans donner aucune explication, sans même s'assurer si l'enfant comprend, il se rend du même coup inutile : le manuel suffit; lui-même n'a plus aucune raison d'être; il pourrait disparaître que la classe garderait exactement la même physionomie : un phonographe pourrait jouer le même rôle et aurait la même efficacité. Un tel enseignement n'a aucune valeur.

**C.** — Sans doute il n'est pas interdit au maître qui ne dispose souvent que d'un temps limité et qui doit parcourir des programmes étendus d'avoir recours à un ouvrage bien fait, de choisir certains passages plus particulièrement satisfaisants et de les donner à apprendre aux élèves : c'est pour lui une façon d'aller plus vite. Mais d'abord une telle méthode ne constitue qu'une exception ; d'autre part, elle suppose que la valeur du passage indiqué est réelle, que la parole du maître n'ajouterait rien à sa clarté ; surtout elle demande que le maître soit disposé à fournir toutes les explications nécessaires, que de cette façon sa parole supplée à ce que le livre pourrait encore avoir d'insuffisant. Aussi bien, à certains égards, le meilleur livre reste toujours inférieur à la parole du maître : il est muet, ne provoque pas et ne soutient pas l'attention ; il n'a ni la vie, ni la chaleur d'où naît l'intérêt ; surtout fait pour tout le monde, destiné à toutes les écoles, il n'est pas toujours adapté aux différents milieux qui l'utilisent ; les généralités dont il doit forcément se contenter risquent de ne pas être toujours également comprises ; il renferme des lacunes. Enfin si l'instituteur se contente de faire la classe le livre à la main, il donne l'exemple le plus fâcheux : ou bien il trahit son insuffisance professionnelle, la pauvreté de ses connaissances, ou bien il témoigne d'un manque regrettable de conscience, atteste le peu de souci qu'il apporte dans l'accomplissement de sa mission ; dans les deux cas, il compromet son autorité. Dans les deux cas aussi, il reste comme en dehors de son enseignement, ne s'y donne pas ; la classe demeure froide et morte ; les élèves n'y travaillent point avec plaisir et sont loin de faire tous les progrès désirables : on voit toutes les difficultés auxquelles le maître s'expose.

**D.** — C'est pourquoi, une fois entré à l'école (et sauf pour certains exercices plus spéciaux où le livre est indispensable, comme les leçons de lecture courante ou de lecture expliquée), le maître doit pouvoir se passer complètement, surtout s'affranchir d'une façon définitive du manuel. Il importe qu'il soit assez sûr de lui, de ses connaissances pour n'avoir plus besoin d'y recourir, ni à plus forte raison de s'en faire l'esclave. Il est nécessaire qu'il enseigne lui-même avec sa parole, et que sa parole exprime le résultat de ses méditations, de ses études personnelles. L'enseignement oral a donc des avantages incontestables, à la condition, bien entendu, qu'il présente des caractères bien déterminés, c'est-à-dire que les leçons ne s'étendent pas outre mesure, qu'elles soient sobres, claires, présentées avec méthode, dans un langage simple et accessible à l'enfant. Surtout, par cela même qu'il est donné avec toute l'assurance désirable, un tel enseignement est susceptible de posséder toute la vie, toute la chaleur désirables pour susciter et entretenir l'attention ; aussi bien, grâce au mouvement de la parole, à toutes les nuances qu'elle comporte, il arrive à nourrir l'intérêt, à tenir la pensée en haleine, à la fixer sur les idées vraiment essentielles, à mettre en relief ce qui est plus important ; il permet de revenir sur ce qui est plus particulièrement difficile ou délicat. D'un autre côté, par les questions qu'il rend possibles, par l'effort de réflexion et de recherche auquel il invite, il constitue une excellente éducation de l'intelligence ; il établit dans toute la classe une incessante circulation d'idées qui bannit la fatigue et l'ennui. En même temps, il est à même de présenter assez de souplesse pour s'adapter à la portée de tous, aux différences dans les intelligences, à la diversité des milieux. Enfin il donne au maître la faculté de s'assurer qu'il est bien compris, de fournir en tout cas toutes les explications utiles.

On peut donc l'affirmer : l'idéal est qu'en classe l'instituteur ne se serve jamais du livre, qu'il s'en passe complètement, qu'il soit pour ainsi dire lui-même le seul livre. — Ceci d'ailleurs est d'autant plus vrai qu'il a affaire à des élèves plus jeunes : à l'école maternelle, dans la classe enfantine, au cours préparatoire, le livre doit être remplacé par des causeries, des entretiens vivants, bien adaptés à l'âge des enfants, pleins d'intérêt et d'entrain. Et ce qui s'applique au maître s'applique de même aux élèves : pour eux aussi — et exception faite pour certains exercices, — le livre est inutile dans la classe ; leur rôle consiste à écouter avec attention, à répondre aux questions posées, à poser eux-mêmes des questions, car le maître ne doit pas parler seul ; il est indispensable qu'il laisse ou plutôt qu'il fasse parler les élèves.

**E.** — Toutefois, à un autre point de vue, le livre reprend toute son importance. Si le maître peut s'en passer pendant la classe, donner oralement un enseignement personnel, c'est à la condition qu'il ait fait de ses leçons une préparation solide. Pour cela, il doit rafraîchir ses connaissances et les remettre nettement dans son esprit. Or, pour réaliser cette fin, le livre constitue un auxiliaire indispensable : il devra toujours être consulté, revu. Souvent il est le même que celui qui a été mis entre les mains des élèves ; et cela est en effet opportun pour que la leçon orale soit pour le plan et les idées générales assez semblable à celle qui se trouve dans l'ouvrage choisi : de cette façon l'enfant risquera moins d'être désorienté par une dissemblance par trop considérable. Mais ceci même implique pour le maître la nécessité d'examiner attentivement le contenu du livre, de le repenser pour son propre compte, d'en dégager l'essentiel et surtout l'ordre des idées. Au surplus, il n'est pas défendu à l'instituteur de consulter des ouvrages différents, de se tenir au courant de ceux qui paraissent, de voir s'ils ne sont pas mieux faits que ceux dont il se sert déjà, d'examiner s'ils ne sont pas plus neufs pour ce qui concerne les connaissances ou la méthode, surtout d'extraire et de recueillir de chacun d'eux ce qu'il croit intéressant, original, instructif. Tous ces éléments seront de sa part l'objet d'une assimilation intelligente et viendront enrichir son enseignement, en même temps qu'ils lui permettront de le rajeunir en le variant et en le perfectionnant sans cesse, d'éviter par là même la routine dangereuse à tous les points de vue. Pour instruire, le maître doit sans cesse s'instruire lui-même ; son enseignement ne sera tout ce qu'il doit être que s'il le domine ; mais pour arriver à ce but, le livre, la lecture personnelle sont choses indispensables. Le bon maître sait qu'il ne sait pas grand'chose ; aussi veut-il toujours apprendre davantage.

**F,** — Indispensable au maître avant la classe, le livre ne l'est pas moins à l'enfant après la classe. C'est à la maison que l'élève doit apprendre ses leçons. Malgré toute son attention, en dépit de l'intérêt ou de la clarté de l'enseignement donné et des explications reçues, il peut ne pas toujours emporter de l'école un souvenir durable : sa mémoire a des limites ou des défaillances. Il est donc indispensable que l'enfant ait à sa disposition un ouvrage dans lequel il puisse retrouver les grandes lignes et les idées essentielles de l'exposé écouté en classe. Le livre lui permet de revoir la leçon, de la répéter autant de fois que cela sera nécessaire pour qu'il la sache à fond. D'ailleurs son travail sera facilité par ce fait que, grâce aux explications entendues, il comprendra aisément ce qu'il lui faut apprendre. Au surplus, pour bien fixer les connaissances dans l'esprit de l'enfant, assurer d'une façon parfaite le chemin parcouru avant d'aller plus loin, il importe d'instituer des revisions. Mais précisément, pour cet objet, le livre est un instrument nécessaire : grâce à lui, l'élève a toute liberté pour revenir sur les matières déjà étudiées et s'en bien pénétrer par un nouvel effort d'attention. D'une part, il ne saurait être question de faire prendre des notes à l'enfant pendant que le maître parle ; d'autre part, la transcription de résumés faits par l'instituteur exigerait un temps dont on ne dispose pas toujours à l'école. Il ne faut pas non plus l'oublier : à mesure que l'on aura affaire à des élèves d'un âge plus avancé, il sera bon de les habituer à se servir eux-mêmes et personnellement de leurs livres, à chercher à comprendre par un effort de leur intelligence, surtout de mettre entre leurs mains des ouvrages judicieusement choisis qui n'auront plus un caractère exclusivement scolaire et qu'ils pourront emporter pour lire à la maison. Ce sera là un moyen efficace de créer et d'entretenir chez eux le goût de la « lecture personnelle ». On les incitera à se rendre compte par eux-mêmes des idées en présence desquelles ils se trouveront, et ainsi on leur donnera le désir excellent de continuer à apprendre et à s'instruire. Peut-être l'enseignement oral risquerait-il, s'il devenait exclusif, d'amener chez les élèves une sorte d'inertie ou de paresse intellectuelle et les rendrait-il moins capables d'étudier en dehors de l'excitation habituelle du maître.

G. — **Conclusion.** — Sans doute il convient de distinguer l'enseignement oral et l'enseignement par le livre. Pourtant, entre ces deux instruments d'éducation il n'y a pas lieu de placer une opposition absolue. En réalité, ils se prêtent un mutuel secours et se rendent de mutuels services. — a) Rien ne peut remplacer dans la classe la parole du maître : celui-ci ne doit ni se laisser remplacer par le livre, ni s'en faire l'écho passif ou l'esclave. C'est cette parole qu'en classe l'élève doit écouter et c'est d'elle qu'il doit se pénétrer. Autrement dit, en classe, il y aura aussi peu de livres que possible. — *b)* Mais avant la classe, le livre constitue pour le maître un excellent instrument de travail ; il lui permet de donner lui-même un enseignement oral à la fois solide et précis, de se tenir au courant du progrès des connaissances comme des méthodes nouvelles, de rajeunir ses leçons et de les tenir à jour. — *c)* Après la classe, il offre à l'élève le moyen de se remettre devant les yeux les leçons déjà entendues, de les apprendre avec plus d'aisance, d'opérer les revisions indispensables ; il crée en lui le goût de la lecture personnelle et le met à même de poursuivre son instruction en même temps qu'il constitue une source de distractions saines. Dans ces conditions, il sera facile au bon maître d'établir entre le livre et l'enseignement oral un heureux équilibre, une judicieuse harmonie qui ne pourra qu'être profitable à tout le monde, instituteur et élèves.

*Ouvrages à consulter :* J.-J. ROUSSEAU : *Emile.* — SPULLER : *Conférences populaires.* — PÉCAUT : *La Vie publique et l'éducation nationale.* — PAYOT : *Aux instituteurs et aux institutrices.* — MARCEL PRÉVOST : *Lettres à Françoise.* — TANNERY : *La Géométrie à l'école primaire supérieure (Revue pédagogique,* 1895). — COMPAYRÉ : *L'Éducation intellectuelle et morale.* — *Inspection académique,* Recueils de documents pour l'exposition universelle de 1889. — CHARRIER : *Pédagogie vécue.*

---

**7. Il est parfois recommandé aux maîtres de ne pas abuser des exercices écrits. Indiquer comment on pourrait faire la place plus grande aux exercices oraux. Faut-il bannir complètement de l'école les exercices écrits ?**

**A.** — L'instruction donnée à l'école se fait surtout à l'aide de deux moyens principaux : d'une part l'enseignement oral du maître, d'autre part les exercices écrits des élèves. Parmi ces derniers, les plus importants sont constitués par les dictées, les devoirs de grammaire ou de vocabulaire, les compositions françaises, les problèmes, etc. Ils sont du reste la plupart du temps empruntés au livre. Il semble parfois que le maître ait une préférence marquée pour certains d'entre eux, en particulier pour les dictées et les problèmes, et qu'il leur accorde dans la vie scolaire une place prépondérante. C'est pourquoi l'on comprend la recommandation qui lui est donnée de ne pas en abuser.

**B.** — Sans doute une telle pratique est bien faite pour économiser les forces du maître et lui épargner une fatigue excessive : l'instituteur se borne à dicter l'exercice d'orthographe, à donner le sujet de la composition française, à indiquer dans le manuel les exercices de grammaire à faire ou les problèmes à résoudre. Son rôle se réduit à surveiller le travail pour s'assurer de son honnêteté : sa peine est considérablement allégée. Mais précisément le rôle d'un bon maître n'est pas de chercher à limiter sa peine à un strict nécessaire ; il doit au contraire dépenser au profit de ses élèves la plus grande somme d'activité. Aussi bien de tels exercices, s'accomplissant dans le silence le plus complet, sont mornes et manquent de vie ; les élèves restent muets ; il n'est pas sûr que leur pensée reste fixée sur les exercices qui leur sont donnés et que, distraite intérieurement, elle ne se porte pas ailleurs, sur des choses qui les intéressent davantage. Il ne suffit pas que les élèves soient matériellement occupés pour qu'une classe marche bien ; il importe surtout que l'instituteur s'occupe d'eux, qu'il suscite et entretienne leur activité intellectuelle, qu'au lieu de toujours les faire travailler silencieusement, il les fasse parler, ce qui lui donne la certitude qu'ils réfléchissent et qu'ils pensent.

**C.** — Aussi bien, certains exercices écrits pourraient parfois être remplacés par des exercices oraux. — Cela est déjà vrai de la dictée. Le maître n'a pas toujours besoin de faire écrire intégralement tout le texte. Il y a en effet des mots dont la forme est déjà familière aux enfants parce qu'ils reviennent fréquemment ou des règles de grammaire élémentaires qui sont connues d'eux. C'est pourquoi il n'y a pas d'inconvénient à ce que le maître se contente de lire lentement le passage choisi et préalablement expliqué, à ce qu'il fixe seulement l'attention sur les mots nouveaux ou les règles grammaticales encore ignorées. Il ne saurait être question de contester les avantages de la dictée orale : elle économise le temps, permet à l'instituteur d'apprendre à l'enfant la composition orthographique d'un plus grand nombre de termes ou de lui donner la connaissance d'un plus grand nombre de règles grammaticales. — On peut adopter une méthode analogue pour les exercices de vocabulaire, de composition française ou de calcul. Au lieu d'imposer aux enfants le travail facilement fastidieux de constituer par écrit des séries de phrases à l'aide des mots du manuel, de corriger aussi par écrit toutes celles qui n'auraient pas la rectitude voulue, rien n'empêche de se contenter de lui faire désigner oralement des termes dont la signification lui est préalablement connue, de l'inviter à construire oralement avec eux de petites phrases auxquelles il donnera la forme désirable. Un tel exercice peut être très vivant ; en même temps il est capable de revêtir une utilité pratique immédiate : il délie la langue et apprend à manier l'idiome national. — Rien n'interdit non plus d'organiser oralement des exercices de composition française. Le sujet étant donné, tous les élèves sont invités à chercher, à exprimer successivement leurs impressions et leurs idées. Ces matériaux une fois recueillis, on demandera aux enfants de les classer, d'en constituer un plan net et précis ; le maître invitera les uns à faire le développement oral, soit dans son entier, soit dans une de ses parties, les autres à le résumer et à en donner l'essentiel. Les avantages d'une telle méthode sont évidents : tout le monde parle à son tour ; une heureuse émulation règne dans la classe qui devient ainsi très animée. Du même coup, l'instituteur communique de la promptitude, de la vivacité à la pensée, provoque plus de courage et aussi plus d'aisance pour le maniement de la parole. — Le même esprit pourra s'appliquer aux exercices de calcul. Alors le maître se contentera de fixer nettement les données du problème, d'inviter alors la classe à chercher la solution. Ici encore chaque élève sera sollicité à penser, à communiquer ses idées, à faire connaître sa méthode, à compléter ou à rectifier ce qui aura été dit par les autres. — D'une façon générale, il est possible de donner une forme orale à certains exercices qui sont volontiers considérés comme devant être des « exercices écrits » : par exemple, on fera faire oralement le résumé d'une leçon de morale, d'histoire, de lecture expliquée, d'un morceau de récitation, etc. C'est qu'en effet il existe un réel intérêt à ce que le maître ne perde aucune occasion de parler avec ses élèves, surtout de les faire parler ; alors la classe consiste en un entretien intéressant où tout le monde pense ou est invité à penser ; elle est faite en grande partie par les enfants eux-mêmes, et l'idéal c'est qu'effectivement ils y jouent un rôle actif.

**D.** — Sans doute il est de tradition de reconnaître aux exercices écrits de précieux avantages. Ce sont des exercices d'ap-

'plication de leçons faites par le maître ; dès lors ils obligent l'enfant à réfléchir, à retrouver ses souvenirs, à utiliser convenablement les connaissances qui lui ont été communiquées, à voir plus clair dans ses idées. Par là même ils permettent à l'instituteur de voir non seulement si l'élève a été attentif, mais encore s'il a réellement compris. Surtout ils apprennent à l'écolier le travail de la composition, lui donnent des habitudes d'ordre, lui procurent aussi le plaisir de trouver ou de faire quelque chose par lui-même. D'ailleurs il est bien entendu qu'ils ne se ramènent pas à la pure « copie », en elle-même sans intérêt et sans portée intellectuelle : tout exercice écrit doit comporter un effort de l'esprit. — Cela est vrai; mais ces avantages pourraient tout aussi bien être attribués aux exercices oraux. Bien plus, ceux-ci ont en outre cette supériorité de mettre de la vie dans l'école, de tenir la pensée en haleine, d'initier en même temps l'enfant à l'art de la parole. — Néanmoins il ne saurait être question de bannir absolument les exercices écrits. On a fait remarquer avec raison que dans une classe à une seule division ils laissent au maître un répit qui s'impose : des exercices oraux faits d'une façon continue l'auraient vite épuisé. La nécessité des devoirs écrits apparaît encore plus évidente dans une classe à plusieurs cours. Les leçons communes ne sont pas toujours possibles ; pourtant tous les élèves doivent être utilement occupés ; aussi pendant que le maître fait une leçon aux uns, il donnera aux autres un travail écrit : de cette façon, il n'y aura perte de temps pour personne. Ici encore on aura soin d'exclure la simple copie qui n'apprend rien et est exécutée sans aucun goût.

**E.** — Utile au maître, indispensable pour une bonne organisation pédagogique, le devoir écrit est surtout précieux pour l'élève. Certes, l'exercice oral ne laisse pas d'être fécond; pourtant avec lui l'enfant est toujours plus ou moins directement guidé par le maître qui sans doute le « laisse trotter », mais l'empêche de s'égarer, le tient dans le bon chemin ou l'y ramène. Aussi bien il travaille plus ou moins sous l'excitation extérieure de l'émulation avec ses camarades ; ses propres découvertes peuvent être plus ou moins inspirées par celles des autres. Le devoir écrit demande de lui un travail plus personnel, plus intérieur : alors, en effet, l'enfant est livré à ses propres forces; il doit aussi être son propre guide et tout trouver grâce à ses seules ressources ; bref, il faut qu'il déploie un effort plus considérable. D'ailleurs, d'une façon générale, la pensée qui veut et doit s'exprimer dans le moule du langage écrit, a besoin de revenir sur elle-même, de distinguer avec précision ses divers éléments, de voir clair en eux, de les relier aussi par des liens logiques et rationnels. C'est pourquoi le devoir écrit constitue un excellent exercice de réflexion et d'analyse : il oblige l'enfant à retrouver ses connaissances, à les replacer distinctement devant son esprit, surtout à les classer et à les mettre en ordre. Au surplus, il lui permet de réfléchir sur ce qu'il a fait, de le remanier à loisir, d'introduire les corrections qui lui semblent nécessaires, et cela au double point de vue de la forme et du fond, du style et de la pensée, c'est-à-dire d'en constituer un tout aussi satisfaisant que possible. A cet égard, le devoir écrit représente une excellente discipline : il développe l'effort personnel, affine le jugement, communique à l'intelligence des habitudes de méthode.

**F.** — Conclusion. — Un bon maître saura unir dans une juste proportion les deux catégories d'exercices (oraux et écrits), les faire alterner judicieusement, quelle que soit la nature de l'école dans laquelle il exerce. — Par les uns, il saura mettre dans la classe la vie nécessaire, susciter l'intérêt et l'émulation, faire de ses leçons des entretiens à la fois familiers et animés où chaque élève sera heureux de chercher et de trouver. — Par les autres, il habituera l'enfant au travail personnel, à la réflexion, l'initiera à l'art de penser et d'écrire. — Toujours d'ailleurs il fera chercher, obligera à exprimer dans une forme aussi correcte et aussi élégante que possible les idées qui auront été le fruit des recherches de la pensée. Ce qui revient à dire qu'en définitive, quand ils sont bien compris, bien menés, les divers exercices de l'école — qu'ils soient écrits ou oraux — ne peuvent avoir qu'un même but, savoir provoquer l'effort intellectuel et former la rectitude de l'esprit. D'ailleurs, après tout, il ne saurait y avoir entre ces deux catégories d'exercices une opposition absolue : obliger les enfants à parler, c'est les préparer à écrire; et c'est toujours aussi les obliger à penser.

*Ouvrages à consulter :* Buisson : *Les Devoirs des écoliers américains.* — Pécaut: *L'Éducation publique et la vie nationale.*—Payot : *Aux instituteurs et aux insti-*

*tutrices.* — MARION : *L'Éducation dans l'Université.* —ANTHOINE : *Notes d'inspection.* — COMPAYRÉ : *L'Éducation intellectuelle et morale.* —BLANQUERNON : *Pour l'école vivante.* — FORFER : *Causeries* (recuelllies par Lechantre). —BOUTROUX : *Questions de morale et d'éducation.* — CHARRIER : *Pédagogie vécue.*

---

## 8. J.-J. Rousseau a écrit : « La plus importante règle de toute éducation, ce n'est pas de gagner du temps, c'est d'en perdre ». Apprécier cette pensée.

**A.** — On connaît l'étendue des programmes de l'école primaire : parfois on s'est plaint de ce qu'ils soient trop vastes et, à diverses reprises, on en a réclamé la simplification, l'allègement. Au contraire la période de la scolarité légalement obligatoire est relativement courte (de six à treize ans) ; aussi bien la fréquentation effective laisse malheureusement bien souvent à désirer : à cet égard aussi des doléances nombreuses ne cessent de se faire entendre ; la loi sur l'obligation n'est pas respectée autant qu'elle devrait l'être. Dans ces conditions, il semble que le devoir du maître consiste à procéder avec toute la célérité désirable, à aller aussi vite que possible, de façon à disposer de tout le temps nécessaire sinon pour faire parcourir aux élèves le programme tout entier, du moins pour traiter avec eux les matières les plus importantes et les plus essentielles. Telle n'est pas l'opinion de Rousseau ; il affirme au contraire qu'en matière d'éducation il s'agit moins de gagner du temps que d'en perdre. N'y a-t-il pas là un de ces paradoxes qui sont assez familiers à cet éducateur ?

**B.** — La vérité est que cette pensée renferme une grande part de vérité intéressante à dégager. Il faut le reconnaître : dans son enseignement, le maître ne doit pas procéder avec trop de rapidité. — Tout d'abord certaines parties du programme sont plus délicates, plus difficiles que d'autres, moins accessibles à l'intelligence de l'enfant : l'instituteur devra naturellement s'y arrêter plus longtemps pour pouvoir donner toutes les explications désirables, se rendre compte que l'enfant a bien compris. Il importe moins de faire vite que de faire bien. —D'autre part, avant d'aborder une leçon nouvelle sur une matière déterminée du programme, il est, d'une façon générale, nécessaire au maître d'être certain que celles qui ont été faites auparavant ont été parfaitement assimilées et qu'elles ne renferment plus d'obscurité, d'agir en quelque sorte à la façon du général qui ne va de l'avant qu'après avoir reconnu que le terrain conquis est définitivement assuré. C'est que toute nouvelle leçon soutient des relations avec celles qui l'ont précédée, de sorte que celles-ci éclairent celle-là et sont indispensables pour préparer l'intelligence de l'enfant à la recevoir et à s'en pénétrer plus facilement. Aussi est-il opportun de procéder à des interrogations qui contrôlent le savoir et à des revisions qui le fixent solidement. Si le maître se montrait par trop pressé, s'il ne consacrait pas aux diverses leçons et aux divers exercices tout le temps désirable, il s'exposerait à n'être pas suivi ; son enseignement resterait obscur, incapable d'intéresser ; au lieu des progrès qu'il doit déterminer et entretenir, il n'engendrerait que la confusion dans la pensée. Il convient aussi de l'ajouter : il faut qu'il entraîne l'enfant d'exercices plus faciles à des exercices plus difficiles, lui fasse faire assez des uns pour le rendre capable des autres. — Bref, à tous ces points de vue, le précepte de Rousseau mérite d'être pris en sérieuse considération : il faut parfois que le maître s'attarde, modère son allure, s'arrête, revienne en arrière, en d'autres termes qu'il perde du temps.

**C.** — Le pédagogue a encore raison de vouloir que l'on ne commence pas prématurément l'instruction de l'enfant et qu'on évite de la pousser d'une façon par trop intensive. Parfois les parents ont une tendance à vouloir que leurs enfants, à peine entrés à l'école, possèdent sans tarder une foule de connaissances, que, d'emblée, ils sachent lire, compter, réciter par cœur. ; ils se montrent heureux, fiers de pouvoir faire étalage d'un savoir ainsi acquis. Même cette disposition est assez souvent partagée par les maîtres qui se hâtent alors d'emmagasiner dans la mémoire de leurs élèves un grand nombre de choses et d'en faire de petits prodiges. Pourtant l'éducateur ne doit jamais perdre de vue l'état de l'intelligence de l'enfant ; il est nécessaire qu'il épargne à ce dernier un travail trop hâtif dont les seules conséquences seraient d'amener le surmenage, la fatigue, de compromettre la santé de l'organisme. Avant d'être instruit, l'enfant doit vivre ; avant de songer à son instruction, il s'agit de se soucier de son développement corporel et de permettre à ce dernier de prendre toute la vigueur désirable. On commettrait une erreur dangereuse, on engagerait gravement sa responsabilité si l'on agissait autrement. D'ailleurs, une instruction prématurée n'a jamais eu de résultats sérieux : elle n'amène guère qu'une excitation factice, une fièvre suivie de dépression. Au contraire, en laissant l'enfant s'épanouir plus à l'aise, avec plus de liberté, en permettant à son intelligence de se fortifier par des occupations, des études correspondant à son état de développement, on arrive à déterminer en lui des progrès autrement appréciables que ceux que l'on aurait obtenus par une méthode plus hâtive. Les enfants prodiges ont rarement tenu leurs promesses et il est préférable de ne pas chercher à en former par une sorte de gavage trop périlleux. Il s'agit de rester fidèle à la grande pensée de Rousseau, c'est-à-dire de ne pas forcer la nature, de la suivre au contraire, de la respecter et de s'y conformer. — On le voit : d'une manière générale, il ne convient pas d'imposer à l'enfant une instruction prématurée ; il faut savoir attendre pour ne pas risquer d'étioler son intelligence. Il ne convient pas davantage de chercher à lui donner des connaissances trop au-dessus de la force de sa pensée : il faut savoir attendre la maturité de son esprit. Bref, il s'agit de ne donner qu'un enseignement répondant vraiment à l'avancement mental de l'élève et de réserver telle ou telle matière jusqu'au moment où l'enfant sera vraiment capable de se l'assimiler. On peut rapprocher l'enseignement donné à l'esprit de la nourriture présentée à l'estomac ; or l'on sait ce qui arriverait si l'on obligeait l'estomac à recevoir des aliments par trop substantiels qu'il serait impuissant à digérer. Il est évident que ces principes s'appliquent plus spécialement aux enfants de l'école maternelle — qui ne doivent presque recevoir aucune instruction proprement dite — et à ceux de la classe enfantine — qui doivent être traités avec la même discrétion.

**D.** — Ce n'est pas tout : à un autre point de vue, la pensée de Rousseau reste encore vraie. Parfois, obligé d'aller au plus pressé, le maître est exposé à négliger certaines parties du programme ou à ne les considérer que comme accessoires ; il croirait volontiers perdre un temps précieux s'il leur consacrait celui que pourtant elles méritent. Aussi certaines matières, en particulier l'éducation physique, l'enseignement du dessin, du chant, sont assez volontiers sacrifiées : il y a là une tendance regrettable. — L'éducation physique a son importance : elle développe les énergies corporelles, support des énergies morales, repose l'esprit, suscite certaines qualités de pensée et de volonté ; surtout elle prépare à la nation des soldats vigoureux. — A son tour, le dessin donne l'habitude de l'observation, cultive le goût, affine le sentiment du beau, discipline l'imagination. Son utilité pratique dans la plupart des professions manuelles ne saurait davantage se contester. — Quant au chant choral, il constitue une récréation saine, amène la joie sans laquelle il n'y a pas de travail fécond, provoque des émotions de bon aloi, entretient le sentiment de la solidarité, l'amour de l'harmonie, projette un rayon de poésie dans la classe souvent un peu froide, élève l'âme au-dessus des banalités de l'existence. — Il s'agit donc de dissiper le préjugé d'après lequel de telles matières ne valent pas la peine qu'on s'en occupe ; tout au contraire, elles intéressent au plus haut point la formation de l'esprit et de l'âme tout entière ; pour elles, il convient vraiment de « perdre du temps » ; en d'autres termes, il faut leur donner toute la place qui leur revient.

Il faut aussi le remarquer: le maître est parfois disposé à considérer comme une perte de temps des exercices qui lui permettraient ou le forceraient de sortir des quatre murs de l'école, de conduire les élèves en dehors de la classe, de les mettre en contact ou avec les choses de la nature ou avec les œuvres de l'homme (promenades scolaires, excursions à la campagne, visites à des travaux agricoles, à des fermes, à des usines, à des musées, à des monuments, etc). Contre un tel préjugé, il faut aussi réagir; il importe de même de le détruire dans l'esprit des parents trop facilement enclins à la routine. De tels exercices, quoique pratiqués en dehors de l'école, ont une utilité indéniable : ils sont essentiellement instructifs, remplacent avantageusement le livre ou le manuel, placent l'enfant en présence de la réalité, lui donnent l'habitude de l'observation, maintiennent la fraîcheur de sa curiosité, remplissent son âme d'impressions saines, élargissent sa pensée, surtout ouvrent l'école sur la vie. On constate souvent des différences assez sensibles entre l'écolier de la ville et l'écolier de la campagne : c'est qu'à la ville la rue constitue une véritable école. Il suffit seulement que de tels exercices soient conduits avec méthode et surtout avec conscience.

**E.** — Conclusion. — Un paradoxe n'est jamais absolument faux : c'est l'exagération d'une vérité ; par suite il y a toujours à en retenir quelque chose. C'est le cas de la pensée de Rousseau. — Sans doute le temps est précieux pour le maître ; ce serait de la part de ce dernier une faute que de vouloir le perdre inutilement ; il le doit tout entier à ses élèves et il importe qu'il l'utilise avec soin, tant sa tâche est à la fois complexe et délicate. Mais le bon instituteur sait ne pas aller trop vite dans son enseignement, ne pas commencer trop tôt l'instruction, ne la donner qu'au moment qui convient, sous la forme et avec la discrétion désirable ; il laisse l'intelligence de l'enfant se développer avec calme, naturellement, se fortifier progressivement, sans fièvre. Il donne aussi à chaque matière la place qui lui revient pour son action éducative, ne craint pas les initiatives heureuses, pratique les exercices intéressants. En réalité, s'il semble parfois perdre son temps, il n'y a là qu'une apparence ; à dire vrai, le temps ainsi perdu représente du temps gagné : c'est qu'en fortifiant l'intelligence, en lui donnant les moyens de se former à l'aise, de s'instruire sans effort trop violent, sans tension trop dure, le maître facilite et prépare les progrès futurs. Parce qu'il s'est ainsi judicieusement attardé, il lui sera donné plus tard d'aller plus vite. Et au contraire il perdrait véritablement du temps s'il poussait à l'excès le souci d'en gagner trop ; pour avoir voulu procéder trop rapidement, il serait forcé de s'arrêter ; excessive, immodérée, son allure ne lui permettrait pas de donner toute sa mesure, d'avoir toute l'action désirable ; elle essouflerait l'enfant ; lui-même serait condamné à l'immobilisation et au recul.

*Ouvrages à consulter* : J.-J. Rousseau : *Emile.* — Mᵐᵉ Necker de Saussure : *L'Education progressive.* — Spencer : *L'Education physique, intellectuelle et morale* — Bain : *La Science de l'éducation.* — Marion : *L'Education dans l'Université.* — Compayré : *J.-J. Rousseau* (collection des « Grands Pédagogues ») ; *L'Education intellectuelle et morale.* — Mᵐᵉ Kergomard : *L'Education à l'école maternelle.* — Dʳ de Fleury : *Le Corps et l'âme de l'enfant.* — Dʳ Toulouse : *Comment former un esprit.* — A. France : *Le Livre de mon ami.* — Payot, *Aux instituteurs et aux institutrices.*

**9. Un pédagogue a écrit : « Interrogez beaucoup, si vous voulez faire travailler l'enfant »: Apprécier cette pensée.**

**A.** — Le maître ne doit pas se contenter de parler seul en classe : une telle méthode, condamnant facilement l'enfant à rester passif, aurait de nombreux et de sérieux inconvénients. Il importe que l'instituteur laisse ou plutôt fasse parler les élèves ; c'est la condition indispensable pour que ces derniers réfléchissent, pensent. Tous les exercices à l'école doivent avoir pour but le travail de la pensée, car seul ce travail est véritablement fécond, détermine progressivement la formation de l'esprit. Il convient d'exclure résolument toute occupation qui de près ou de loin ressemble à du mécanisme pur, ne tend pas à cultiver l'intelligence même ou n'a pas pour effet de doter cette faculté des qualités de rectitude, de solidité ou de finesse que d'abord elle ne possédait pas. D'après Descartes l'âme est essentiellement pensée; Pascal déclare à son tour que « toute notre dignité consiste dans la pensée »; aussi ajoute-t-il aussitôt : « travaillons donc à bien penser ». Ce qui est vrai, c'est qu'en matière d'éducation l'on doit sans cesse faire appel à la pensée, chercher à l'éveiller, à provoquer en elle le travail qui la rendra aussi juste et aussi vigoureuse que possible. Pour parvenir à ce but, il n'est pas de moyen plus efficace que de donner une large place à l'interrogation.

**B.** — Celle-ci d'ailleurs affecte deux formes essentielles. — D'une part, elle a pour but de vérifier si l'élève a bien compris. Dans ce cas, elle se place tantôt au commencement d'une nouvelle leçon portant sur une matière déterminée (le maître s'assure que l'enfant a étudié convenablement et possède suffisamment la leçon précédente portant sur la même matière), tantôt au cours de la leçon même (le maître coupe son exposé, vérifie qu'il est bien suivi, que ce qu'il a dit a été bien assimilé), tantôt à la fin de la leçon (le maître veut savoir si l'enfant a retenu et s'il possède sur les choses essentielles des idées bien claires). Ainsi utilisée, l'interrogation constitue naturellement une méthode très opportune pour

les « revisions ». — D'autre part, son rôle est d'amener l'élève
à trouver lui-même la vérité : elle se substitue alors avantageusement à la méthode purement expositive, didactique,
qui consisterait à enseigner d'emblée la vérité à l'enfant,
à la lui faire connaître en quelque sorte du dehors sans que
lui-même collabore à sa découverte. Mais quelle que soit sa
forme, l'interrogation reste le moyen tout indiqué pour « faire
travailler » : c'est que, quand elle est pratiquée ainsi qu'elle
doit l'être, toujours elle excite l'esprit, secoue l'intelligence,
oblige à penser.

**C.** — Il est facile de se rendre compte de cette vérité.
S'agit-il de l'interrogation de contrôle ? — *a)* Sachant qu'il
sera interrogé ou qu'il pourra l'être, l'élève prête à la leçon
du maître une attention plus soutenue ; il se préserve des distractions auxquelles il est exposé, fait des efforts pour retenir
et pour comprendre de façon à être prêt à répondre aux
questions qui peuvent lui être posées. — *b)* Au moment où
il est interrogé, l'enfant est encore obligé de faire appel à
son intelligence pour bien saisir la question, entrer exactement dans la pensée de l'instituteur, ne pas répondre à
côté, distinguer sûrement ce qui est demandé d'avec ce qui
ne l'est pas. Dans ces conditions, l'interrogation est un perpétuel exercice de jugement et de sagacité. — *c)* C'est de
même à sa pensée que l'enfant doit s'adresser pour faire
revivre ses souvenirs, retrouver les idées qu'il a entendu développer, surtout pour opérer la sélection indispensable qui permettra de constituer la réponse à la fois convenable et juste.
— *d)* Mais surtout il importe qu'il réfléchisse pour s'exprimer
avec toute la clarté et toute la précision désirables, tra-
duire exactement sa pensée, trouver le mot propre, la forme
nette et correcte. Quand la réponse apparaît, c'est parfois
dans une synthèse assez confuse et vague, avec ses divers
éléments fondus les uns dans les autres ; un travail d'analyse est indispensable pour énoncer successivement ce qui
s'est présenté simultanément, séparer distinctement ce qui
s'enveloppait dans une sorte de demi-obscurité. Tout ce
travail destiné à l'expression de la pensée demande des
efforts sérieux de la part de la pensée même qu'il rend
d'ailleurs plus lumineuse et plus ferme. (Le vers de Boileau :
« Ce qui se conçoit bien, s'énonce clairement ».)

8.

**D.** — Ce qui est vrai de l' « interrogation du contrôle » l'est encore davantage de l' « interrogation de découverte » : c'est surtout cette dernière qui « fait travailler ». En effet, au lieu de mettre tout de suite l'enfant en possession de la vérité, de formuler d'emblée devant lui le principe, la loi, la règle — choses que d'ailleurs l'élève pourrait ne pas comprendre parfaitement et qui resteraient obscures pour lui, parce que son intelligence n'est peut-être pas encore capable de s'élever jusqu'à l'abstrait, au général — le maître bien avisé commencera par lui présenter des faits particuliers, des réalités individuelles et concrètes; il les lui fera observer avec attention, l'invitera, grâce à une série de questions méthodiquement conduites, à chercher si dans les diverses données de l'expérience ne se retrouvent pas certains caractères communs, des ressemblances à la fois plus nombreuses et plus importantes que les différences, si à travers tous les phénomènes il n'est pas possible de dégager un ordre de succession toujours identique et permanent. Dans ces conditions, l'interrogation guide l'observation, fixe la réflexion; elle provoque l'effort de l'esprit, invite l'intelligence à comparer, à aller au delà des apparences, à saisir l'unité sous la multiplicité, l'identité sous la diversité, le permanent sous le passager; bref, elle met en branle tout le travail de la pensée d'où sort la découverte. — D'après Socrate, l'âme humaine est « grosse » de la vérité; il s'agit de l' « accoucher », de la soumettre à un traitement tel qu'elle épanouisse à la pleine lumière tous les germes qu'elle contient. Aussi le vieux philosophe avait-il l'habitude d'interroger; l' « ironie » était chez lui l'instrument de la « maïeutique ». — S'il en faut croire Rousseau, le maître ne doit donner aucun enseignement à l'enfant; ce dernier doit s'instruire lui-même au contact des choses. — On connaît enfin cette pensée de Spencer : « Le meilleur maître est celui qui enseigne le moins. » — De toutes ces théories, on peut retenir cette vérité, savoir que l'instituteur doit avant tout être un « excitateur d'esprit », agir de telle sorte que l'enfant découvre lui-même la vérité. Mais précisément, pour cela, l'interrogation constitue la méthode indispensable.

Il s'agit seulement de prendre certaines précautions nécessaires. D'une part, on s'abstiendra de poser à l'enfant des questions trop difficiles auxquelles, malgré ses efforts et sa bonne volonté, il resterait incapable de répondre : on risquerait de le décourager. D'autre part, on évitera de poser des questions trop faciles, de rendre aussi la réponse trop aisée en la préparant avec trop de précision : ce ne serait pas demander à l'enfant un travail suffisant. — Mais ceci même le prouve : l'interrogation constitue un art délicat, elle demande des qualités de jugement, de méthode, de science : on a pu dire qu'elle est le critérium de la valeur pédagogique du maître.

**E.** — Il faut aussi l'ajouter : elle veut « être pratiquée avec mesure »; c'est qu'après tout « elle ne représente dans l'éducation qu'un moment qu'il faut savoir dépasser. Avec les commençants, elle est prépondérante ; d'un bout à l'autre des études, elle tient sa place ; mais elle la revendique moins à mesure que les écoliers sont plus près du terme. Au moment où les élèves quittent le maître, il doit les avoir mis en mesure de se passer de lui. Ils n'auront plus besoin d'être interrogés ; ils s'interrogeront eux-mêmes. Bien qu'elle excite l'esprit, l'interrogation n'en est pas moins un stimulant extérieur, et le maître doit tendre à rendre ce stimulant inutile ». En définitive, la fin qu'il importe de poursuivre et d'atteindre en interrogeant l'enfant, c'est de lui donner l'habitude de s'interroger lui-même, c'est-à-dire de chercher à voir clair en lui, de débrouiller sa pensée, surtout de se consulter avec attention pour savoir de quel côté est la vérité. Et cette habitude ne sera pas seulement précieuse au point de vue purement intellectuel ; elle le sera aussi au point de vue moral, car elle conduira à la sincérité, à la modestie et au désir sérieux de se perfectionner sans cesse. Il y a là un travail de la volonté peut-être plus important encore que le travail de la pensée.

*Ouvrages à consulter :* XÉNOPHON : *Les Entretiens mémorables.* — DESCARTES : *Discours de la méthode.* — PASCAL : *Pensées.* — J.-J. ROUSSEAU : *Émile.* — H. SPENCER : *Éducation physique, intellectuelle et morale.* — MARION : *L'Éducation dans l'Université.* — PÉCAUT : *L'Éducation publique.* — ANTHOINE : *A travers les écoles.* — SCHEID : *La Curiosité et l'interrogation* (*Revue pédagogique,* 1905). — BAINVEL : *Causeries pédagogiques.* — VESSIOT : *L'Enseignement à l'école.* — G. COMPAYRÉ : *J.-J. Rousseau* (collection des « Grands Pédagogues »); *L'Éducation intellectuelle et morale.* — BOUTROUX : *Socrate ; De l'interrogation* (*Revue pédagogique,* 1890).

**10. Il est recommandé de constituer à l'école des cours homogènes. Comment peut-on justifier cette recommandation et dans quelle mesure doit-on en tenir compte?**

**A.** — Ainsi qu'on le sait, l'école primaire élémentaire reçoit les enfants de cinq à treize ans. Ceux-ci diffèrent donc à la fois par l'âge, par les connaissances et les aptitudes. Aussi ne saurait-il être question de les placer au hasard les uns à côté des autres, de leur faire des leçons communes et de leur donner un enseignement identique : ce serait le désordre et, avec ce désordre, l'impossibilité de les instruire convenablement. La nécessité d'une organisation pédagogique est donc évidente. Celle-ci consiste essentiellement à classer les élèves, à les répartir en groupes, en « cours » qui se superposent les uns aux autres. Aux termes de la loi, ces cours doivent être au nombre de quatre principaux : le cours préparatoire ou section enfantine (enfants de cinq à sept ans), le cours élémentaire (enfants de sept à neuf ans), le cours moyen (enfants de neuf à onze ans), le cours supérieur (enfants de onze à treize ans). — Il est précisément recommandé au maître de faire en sorte que chacun de ces cours possède la plus grande homogénéité possible. On veut dire par là que, d'une part, chacun des quatre cours doit être réellement distinct des autres, c'est-à-dire qu'ils doivent présenter entre eux une hétérogénéité assez nettement tranchée ; que, d'autre part, dans chacun d'eux les élèves doivent se ressembler par l'âge, surtout par l'instruction, l'avancement intellectuel, deux éléments qui la plupart du temps sont d'ailleurs liés au premier.

**B.** — Une telle recommandation est facile à justifier. L'homogénéité que l'on préconise paraît en effet un idéal dont la réalisation pratique aurait les conséquences les plus heureuses. — Les élèves étant tous égaux par l'état de leurs connaissances et le développement de leur intelligence, le maître aurait toute facilité pour leur donner un enseignement bien adapté, susceptible d'être également compris par tous, qui, du même coup, pourrait profiter aussi avantageusement aux uns qu'aux autres. Il déterminerait dans tous les mêmes progrès, éviterait l'inconvénient de se heurter à des retardataires

arrêtant sa marche ou compromettant son action. Tout au contraire si des différences par trop profondes existaient entre les
élèves, si, par exemple, les uns étaient très instruits ou très
intelligents, les autres ignorants ou d'un esprit beaucoup
moins développé, l'on prévoit facilement ce qui arriverait. De
deux choses l'une : ou l'enseignement du maître serait seulement à la portée des plus forts ; mais alors les plus faibles ne
s'y intéresseraient pas et n'en retireraient aucun résultat; ou
il ne conviendrait qu'aux plus faibles; dans ce cas, il n'arriverait pas à retenir l'attention des plus forts, car il n'aurait pas
pour eux l'attrait de la nouveauté, il resterait au-dessous de
celui qu'il est nécessaire de leur donner pour répondre à l'état
de leur intelligence et leur permettre de faire de nouveaux
progrès. Il est donc désirable que les leçons du maître soient
fructueuses pour tous les élèves d'un même cours, qu'elles
contribuent avec la même efficacité à leur instruction comme
à leur formation intellectuelle et morale. Mais précisément
un tel idéal semble ne pouvoir être réalisé que si au point de
vue du savoir ou de l'intelligence l'égalité entre les élèves est
parfaite.

**C.** — Cela est vrai. Pourtant que faut-il penser de cette
égalité? Invoquant le « principe des indiscernables », Leibnitz
déclarait que dans le monde physique il n'existe pas deux
choses absolument semblables. En tout cas, cette vérité
semble surtout s'appliquer au monde moral qui est le lieu
de la diversité : où trouver deux consciences complètement
homogènes ? C'est pourquoi il est impossible de rencontrer
deux élèves possédant le même savoir ou doués de la même
intelligence : la meilleure preuve en est dans le classement
que le maître fait des élèves d'un même cours d'après la valeur
différente de leurs devoirs ou de leurs « compositions ».
D'ailleurs si une identité parfaite existait aujourd'hui, elle
pourrait ne plus être réalisée demain. On voit donc les
conséquences qui résulteraient si l'on voulait appliquer à la
lettre et jusqu'au bout la recommandation dont il s'agit. En
réalité, il faudrait subdiviser les cours, constituer en chacun
d'eux toute une diversité de sections; ou plutôt, aucun
élève ne se trouvant parfaitement semblable aux autres, il
serait nécessaire de donner à chacun d'eux un enseignement
particulier : le désir de l'homogénéité aurait ainsi conduit à

une extrême hétérogénéité. Les inconvénients qui résulteraient d'un tel morcellement sont évidents : les forces et l'action du maître seraient éparpillées ; les leçons, forcément courtes, n'arriveraient pas à occuper utilement tout le monde ; on serait exposé à recourir à la copie sans aucun intérêt intellectuel ; l'ordre de la classe risquerait d'être compromis et la discipline se trouverait menacée. Au surplus, si l'homogénéité n'existe pas, elle n'est pas non plus désirable : elle aurait le désavantage de faire disparaître l'émulation. Il importe que dans chaque cours il y ait un noyau de bons élèves qui se distinguent des autres à la fois par leurs connaissances, la vivacité de leur intelligence, leur amour du travail. C'est qu'en effet ils produisent cet heureux résultat d'entraîner les autres, d'être pour eux comme un modèle à imiter, de les exciter à donner toute leur mesure. A cet égard, et pourvu qu'elle ne soit pas trop considérable, l'hétérogénéité est vraiment une source de progrès et elle est préférable à l'homogénéité, surtout à l'homogénéité dans la médiocrité. Aussi bien, c'est la tâche de l'éducateur d'épanouir toutes les virtualités contenues dans la nature de l'enfant de façon à faire de celui-ci une personnalité originale, et, si c'est possible, une personne distinguée. Ce serait une erreur de compromettre cette œuvre par crainte d'introduire entre les enfants une diversité par trop grande. Le maître n'aura d'ailleurs qu'à admettre dans un cours supérieur ceux qui lui paraîtront vraiment capables de le suivre avec profit : le principe du classement des élèves doit être demandé moins à l'âge qu'à l'état du savoir et au degr' de l'intelligence.

**D.** — Il y aura donc toujours des élèves assez différents les uns des autres (bons, assez bons, moins bons) et l'instituteur ne se laissera ni effrayer ni égarer par cette diversité. Il aura seulement la précaution d'éviter une hétérogénéité excessive. Il devra surtout régler sa marche sur le pas des élèves moyens, qui d'ailleurs, la plupart du temps, constituent la majorité. Grâce à cette méthode, il calmera l'impatience et modérera l'ardeur des élèves plus forts désirant aller de l'avant ; il les obligera à réfléchir davantage sur ce qu'ils savent, à mieux s'en rendre compte, à demander des explications complémentaires, par là même à augmenter ou à assurer leurs connaissances. Et d'autre part, il donnera la main aux plus faibles, les aidera à comprendre, s'occupera activement d'eux, encouragera leurs efforts en les leur rendant plus faciles. A tous, il présentera ainsi un enseignement susceptible d'intéresser, de retenir l'attention, surtout de déterminer des progrès sérieux en dotant l'esprit d'idées nouvelles et en fortifiant la pensée. De cette façon, il arrivera à conserver dans chaque cours une harmonie dont les effets seront des plus heureux et des plus féconds.

*Ouvrages à consulter*: GRÉARD: *Instruction et éducation.* — CARRÉ: *La lecture au cours préparatoire* (*Revue pédagogique*, 1891). — VESSIOT: *L'enseignement à l'école.* — *Inspection académique* (Extraits des rapports pour l'exposition universelle de 1889). — CHARRIER: *Pédagogie vécue.* — CARRÉ et LIQUIER: *Pédagogie scolaire.* — FORFER: *Causeries* (recueillies par Lechantre). — BLANGUERNON: *Pour l'école vivante.*

---

**11. Un pédagogue a écrit : « Le maître ne peut se donner à quelques-uns ; il se doit à tous. C'est par les résultats obtenus sur l'ensemble de sa classe que son œuvre doit être appréciée ». Montrez l'importance pédagogique de cette pensée.**

**A.** — Personne ne met en doute la difficulté de l'œuvre du maître. Parfois, dans son école, il doit mener de front un très grand nombre d'élèves. S'ils lui sont confiés par les familles, c'est évidemment pour qu'il s'en occupe, leur donne tous ses soins. Son devoir consiste à les instruire, à les munir des connaissances dont ils étaient d'abord dépourvus et dont ils auront plus tard besoin dans la vie, surtout à les former au double point de vue intellectuel et moral ; de chacun d'eux, il faut qu'il fasse une personne capable de penser et de se conduire par elle-même ; aussi importe-t-il qu'il veille à n'en oublier, à n'en négliger aucun. On l'a dit : « Le maître se doit à tous. » Aussi bien, quand il s'agit d'apprécier son œuvre, de juger son action, c'est l'ensemble de sa classe ou de son école qu'il convient de considérer. Sans vouloir exiger de lui qu'il arrive avec tous exactement aux mêmes résultats ce qui est impossible par suite des inégalités qui séparent les élèves), il faut que l'on puisse reconnaître qu'avec tous il a cherché à donner sa mesure, que tous, sous son action vigilante, ont réalisé les progrès dont ils étaient capables, que chacun possède à la fois l'instruction, le développement intellectuel et moral dont il était susceptible. Il se peut que dans sa classe l'on ne rencontre point de sujets particulièrement brillants : pour cela, des natures privilégiées sont nécessaires et en général elles sont plutôt rares. Mais si l'ensemble est satisfaisant, on peut vraiment dire que le maître s'est convenablement acquitté de sa tâche. On serait au contraire en droit d'être moins content de lui, de l'inviter par là même à changer de méthode si l'on constatait qu'il s'est plus spécialement attaché à tels ou tels élèves dont on peut sans doute reconnaître le savoir ou la maturité d'esprit, mais qu'il s'est par trop désintéressé de certains autres dont l'ignorance reste à peu près complète ou dont la formation est véritablement insuffisante.

**B.** — C'est là une vérité qu'il est toujours bon de rappeler ; par elle le maître évitera mieux les dangers auxquels il est parfois exposé. Il lui arrive en effet de se consacrer de préférence aux élèves du cours moyen et plus particulièrement à ceux qu'il désire présenter au certificat d'études primaires. C'est que les succès obtenus par lui à cet examen lui valent la considération et la sympathie des familles : pour diverses raisons, celles-ci attachent à la possession de ce diplôme par leurs enfants une réelle importance. Ils lui permettent d'occuper un rang honorable parmi ses collègues et parfois de se distinguer ; ils lui valent enfin l'estime de ses chefs. Il ne saurait être question de le détourner de la préparation à un examen qui est la consécration officielle des études de l'école primaire. Néanmoins il doit se garder d'en faire l'objet exclusif de son enseignement et de ses efforts, surtout éviter, pour arriver plus sûrement à ce but, de sacrifier plus ou moins ceux qui n'ont pas encore l'âge d'être candidats et qui sont en somme la majorité. Il serait du reste injuste de juger un maître uniquement d'après les succès de ses élèves à un examen, attendu qu'en dépit de tout son travail il peut avoir des échecs. Aussi bien, à supposer qu'ils soient réels, même remarquables, ces succès perdraient singulièrement de leur valeur, s'ils étaient dus à une sorte de culture intensive, à une sorte de préparation en serre chaude, à un véritable surmenage qui compromettraient la durée et la solidité de connaissances entassées trop précipitamment, en même temps qu'ils témoigneraient d'un souci insuffisant d'une véritable formation de l'esprit. Cela serait surtout vrai si, pour les atteindre, le maître avait par trop négligé le reste de la classe. L'école n'est pas faite uniquement pour préparer quelques élèves au certificat d'études ; elle n'est pas pour l'instituteur un moyen de remporter des succès. La vérité est que chaque élève est pour ainsi dire « fin en soi » ; c'est une personne virtuelle dont il s'agit de développer toutes les puissances. Par suite, c'est à tous, petits et grands, que le maître doit s'attacher ; il faut qu'il les mène tous de front ; son vrai succès, c'est de communiquer à chacun le savoir, de donner à chacun la formation que comportent sa nature et son âge. Il y a là, pour lui, une tâche autrement difficile que l'autre ; son vrai mérite est de ne pas la perdre de vue et de chercher à y réussir. En agissant autrement, il commettrait une erreur dangereuse. — *a)* Il n'est pas sûr que tous les élèves fréquenteront l'école jusqu'au moment où ils auront l'âge nécessaire pour entrer au cours moyen. — *b)* Il n'est pas sûr que tous les élèves du cours moyen resteront dans la classe jusqu'au jour de l'examen (désertion estivale dans les campagnes). — *c)* D'ailleurs ceux qui se décident à affronter les épreuves constituent toujours une minorité : le maître ne saurait sacrifier tout le reste à ce petit nombre. Au moment où les élèves le quittent, il faut qu'ils aient reçu de lui toute l'instruction et toute l'éducation dont ils étaient capables ; aussi l'instituteur encourrait-il de graves responsabilités morales et sociales s'il se méprenait sur l'étendue de sa tâche et s'il ne savait pas apporter dans son action la répartition équitable qui convient. Il ne faut pas à l'école de privilégiés ; il est au contraire nécessaire que tous soient l'objet de la sollicitude à laquelle ils ont également droit.

**C.** — De même le maître serait encore, et à juste titre, l'objet de critiques justifiées s'il s'attachait de préférence aux élèves les plus intelligents et témoignait plus d'indifférence à l'égard de ceux qui sont moins bien doués. Certes l'on conçoit qu'il lui soit agréable de constater les progrès rapides de ceux dont les aptitudes sont plus marquées, de voir à quel point ils profitent de ses leçons et répondent aux efforts qu'il déploie pour eux. Cette joie est vraiment comparable à celle de l'artiste qui crée et assiste au développement harmonieux de son œuvre. Pourtant ce n'est pas une raison pour se désintéresser par trop de ceux que la nature a moins favorisés. Tout au contraire c'est pour ces derniers qu'il devrait avoir, si cela était possible, une sollicitude plus chaude et des égards particuliers. Ces élèves ne sont-ils pas vraiment dignes de toute sa sympathie? Pour eux, tout est difficile et pénible; ils ne connaissent pas le plaisir des esprits ouverts et prompts; ils n'éprouvent pas la joie de la découverte; ils sont incapables de devancer les explications et de deviner ce que l'on va dire: ils ressemblent à ces enfants d'une santé plus faible à qui la famille accorde naturellement des soins plus vigilants. Au contraire, les élèves intelligents sont déjà des privilégiés: convient-il qu'ils soient encore les privilégiés, les favoris du maître? Est-il juste de donner plus à qui possède déjà plus? Aussi bien ils sont capables de marcher seuls, d'aller de l'avant en vertu de leurs propres forces, c'est-à-dire de se passer plus facilement de toute direction extérieure; parfois il importe plutôt de les retenir, de les modérer que de les exciter. C'est pourquoi rien n'empêche l'instituteur de s'occuper plus activement des plus faibles et de consacrer plus de temps à leur développement. Certes la tâche sera parfois pénible; mais le maître aura sa récompense dans le bonheur qu'il éprouvera en voyant, grâce à ses soins, à sa patience une intelligence s'ouvrir, comprendre, s'intéresser à la vérité, gagner en instruction et réclamer elle-même des connaissances nouvelles. Même sa joie sera d'autant plus délicieuse qu'il aura eu à surmonter plus d'obstacles, de difficultés ou de résistances. — On le voit: c'est surtout en provoquant et en assurant les progrès des élèves les plus faibles, les moins doués, que le maître donne vraiment la mesure de ce qu'il peut faire. Par là, il introduit dans la classe une homogénéité favorable à son action; il redresse aussi et diminue, dans les limites du possible, les inégalités avec lesquelles il était d'abord aux prises; il répare les injustices de la nature indifférente ou aveugle. Il manquerait certainement à l'équité s'il défavorisait lui-même et volontairement ceux qui ont déjà le malheur de naître défavo-

D. — Il est d'ailleurs un danger plus particulier pour le maître exerçant dans une école à plusieurs classes: il lui arrive en effet assez facilement de négliger la section des petits qui pourtant est généralement la plus nombreuse. Tantôt on constate trop souvent que ces élèves écoutent, immobiles et inoccupés, des leçons qui s'adressent à d'autres et passent forcément par-dessus leur tête. Tantôt on les trouve confiés à des auxiliaires pris parmi les plus grands élèves, à des « moniteurs ». Est-il besoin d'insister sur les inconvénients d'une telle organisation pédagogique ? — *a)* Les enfants risquent de perdre leur temps, de n'éprouver que de l'ennui, par suite du dégoût pour une école qui ne les intéresse pas. — *b)* L'abandon dans lequel ils sont ainsi laissés les empêche naturellement de recevoir l'instruction et le développement dont ils sont susceptibles. C'est dire qu'il compromet pour plus tard le niveau général des études ; le maître sera nécessairement obligé de remédier à la faiblesse des élèves de cette section une fois qu'ils arriveront dans des cours supérieurs ; il lui faudra réparer ce retard et sa tâche deviendra plus pénible. — *c)* Les moniteurs utilisés manquent d'expérience ; sans doute ils peuvent encore être employés pour une simple surveillance quand le nombre des élèves l'exige ; mais on ne saurait sans danger leur confier un enseignement ; ils risquent de le donner sous une forme défectueuse, de faire contracter de mauvaises habitudes qu'il faudra précisément détruire plus tard, de s'en remettre au mécanisme et à la routine. — *d)* Le maître est inexcusable de ne pas chercher à exercer sur les jeunes enfants toute l'action désirable et de leur ménager son temps d'une façon par trop parcimonieuse : les élèves du cours moyen, même du cours élémentaire, sont en effet déjà capables de se livrer utilement à un travail personnel commencé sous la direction de l'instituteur ou d'exécuter un exercice d'intelligence pour lequel une intervention constante est moins immédiatement nécessaire. — *e)* L'instituteur manquerait à son devoir strict s'il marchandait à cette catégorie d'élèves les soins qui leur sont dus ou témoignait à leur égard d'une négligence coupable qu'ils ne méritent pas. — *f)* Du reste, à un certain point de vue, n'est-il pas permis de considérer les élèves les plus jeunes comme les plus intéressants ? C'est qu'en effet, avec eux, il devient possible d'assister au premier éveil de l'intelligence, au développement progressif des facultés ; aussi bien, c'est sur eux que les impressions restent les plus profondes ; parfois elles déterminent l'avenir tout entier.

**E.** — Conclusion. — Le bon maître saura assurer à chaque élève le temps qui lui est dû; il évitera de se consacrer uniquement à la minorité des candidats au certificat d'études. Il enveloppera aussi de sa sollicitude les élèves les moins favorisés au point de vue des facultés naturelles et s'abstiendra de réserver ses soins à l'élite restreinte des plus intelligents ou des plus forts. Il se gardera de se désintéresser des plus jeunes enfants ou de s'en remettre à leur égard à des mains maladroites. L'école est comparable à un organisme complexe, composé d'éléments différents. C'est pourquoi dans l'école, comme dans un organisme, toutes les diverses parties doivent être cultivées harmonieusement. Comme l'organisme, l'école pâtirait nécessairement du développement exagéré de telles parties et de l'atrophie trop considérable de telles autres. Sans doute la réalisation de ce juste équilibre constitue pour le maître un problème très complexe, très difficile à résoudre. Néanmoins l'éducateur arrivera à se tirer d'affaire par une préparation sérieuse de sa classe, l'application intelligente d'un emploi du temps judicieusement établi. Grâce à sa conscience, à sa bonne volonté appuyée sur une méthode attentivement suivie, il sera capable de faire rayonner son action à travers toute la classe, d'assurer chez tous les progrès désirables. Dans l'ensemble, les résultats obtenus donneront toute la satisfaction qu'il est raisonnable d'exiger de lui, et ce sera le meilleur critérium de sa valeur pédagogique.

*Ouvrages à consulter:* GRÉARD: *Instruction et éducation.* — VESSIOT: *De l'éducation à l'école.* — ANTHOINE: *Notes d'inspection.* — COMPAYRÉ: *L'Éducation intellectuelle et morale.* — FORFER: *Causeries* (recueillies par M. Lechantre). — *Inspection académique* (Extraits de rapports pour l'exposition universelle de 1889) — CARRÉ et LIQUIER: *Traité de pédagogie scolaire.* — CHARRIER: *Pédagogie vécue.* — PAYOT: *Aux instituteurs et aux institutrices.*

**12. Un pédagogue a écrit : « Un instituteur ne mérite vraiment le nom de maître que quand il maîtrise ses élèves par son autorité. » Indiquer quelles sont les principales conditions de l'autorité du maître sur ses élèves.**

**A.** — A l'école, comme d'ailleurs dans toute société, il importe qu'une discipline garantisse l'ordre, maintienne chacun à sa place, fixe à chacun ce qu'il doit ou ne doit pas faire, règle la conduite de tous. Sans doute Tolstoï déclare que l'école ne saurait connaître la discipline, qu'il faut qu'elle soit comme l'Etat, c'est-à-dire « anarchique ». Mais une telle conception ne serait admissible que si les enfants étaient des personnes raisonnables, capables de se conduire par elles-mêmes. Malheureusement cette condition n'est pas réalisée. Aussi la discipline est-elle nécessaire. C'est naturellement à l'instituteur que revient le soin de l'assurer et de la maintenir : sans elle, il n'y aurait en classe aucun enseignement, aucun travail possible ; autrement dit, le maître ne peut réellement s'acquitter de sa tâche que s'il sait faire régner l'ordre à l'école. Aussi a-t-on pu déclarer qu' « il ne mérite vraiment son nom que s'il sait maîtriser ses élèves ». Mais pour cela il faut qu'il possède l'autorité nécessaire. Quelles sont donc les principales conditions de cette autorité ?

**B.** — Elles sont assez nombreuses. Tout d'abord on signale assez souvent certaines qualités extérieures : taille, prestance, harmonie des différentes parties de l'organisme, fonctionnement normal des organes des sens (vue, ouïe). Mais si sans doute ces éléments concourent à fonder l'autorité, ils ne sont pas absolument indispensables ; en tout cas, à eux seuls ils ne suffisent pas. Dépourvu de tout avantage corporel particulier, même physiquement disgracié, un maître peut posséder une autorité bien assise. La myopie ou la surdité ne l'empêchent pas toujours d'avoir ses élèves bien en mains. Il peut encore en être ainsi lorsqu'il lui arrive d'être privé de tel ou tel membre (jambe ou bras) ; bien plus, lorsque cette mutilation est la conséquence de son courage ou de son dévouement à la patrie, elle ne saurait avoir d'autre effet que de contribuer à fonder ou à fortifier son autorité au lieu de la diminuer ou de la compromettre.

**C.** — Il y a déjà lieu de faire plus de cas des qualités intellectuelles du maître, en particulier de l'étendue de son savoir, de la sûreté de sa parole, de l'intérêt avec lequel il sait enseigner, du caractère attrayant qu'il donne à ses leçons. Par elles, en effet, il a plus de chance de s'imposer à ses élèves, de retenir plus facilement leur attention, de les empêcher de se dissiper ou d'être distraits. Pourtant il est impossible de considérer ces éléments comme définitifs : l'expérience prouve que des maîtres d'une intelligence brillante ou d'une science remarquable sont parfois impuissants à conduire convenablement une classe. Aussi bien, malgré la forme intéressante qu'ils seraient capables de communiquer à leur enseignement, ils n'arrivent pas non plus toujours à avoir une ferme discipline sur leurs élèves ni à se faire parfaitement écouter d'eux. Tout ceci revient en définitive à dire que l'autorité du maître implique surtout des qualités morales et repose sur elles.

**D.** — Quelquefois, dès le premier contact avec les élèves, c'en est fait de l'autorité du maître : c'est qu'alors, au moment de les aborder, il a visiblement trop manqué d'assurance et témoigné d'une timidité trop manifeste : l'absence de confiance en soi rend gauche, maladroit, ridicule, empêche le maître d'établir son autorité. On comprend donc la nécessité pour l'instituteur de se surveiller dans ses gestes, sa tenue, son langage, d'éviter tout ce qui serait de nature à provoquer le rire de ses élèves. — Il importe que ceux-ci se sentent en présence d'une volonté assez énergique pour donner des ordres, commander ou défendre, d'un caractère assez ferme pour se faire obéir, réprimer sans aucune hésitation la faute accomplie, imposer et maintenir la sanction méritée sans admettre ni discussions ni objections inopportunes. Pour posséder de l'autorité, le maître doit savoir prendre ses décisions et s'y tenir : or la faiblesse, l'indulgence excessive la lui feraient perdre complètement et le condamneraient à devenir le jouet de ses élèves.

**E.** — Il serait pourtant regrettable que le maître se

contentât de mettre son idéal à se faire craindre et à s'imposer par la terreur : en effet, il risquerait de provoquer, d'entretenir l'antipathie des élèves, de susciter parmi eux des sentiments d'hostilité capables d'apporter la division dans l'école et de troubler le bon ordre ; la haine n'est jamais féconde et n'arrive pas à produire de bons résultats. Aussi le maître doit-il avant tout chercher à se faire aimer et à gagner le cœur des enfants qui lui sont confiés. Il lui est relativement facile d'amener l'élève à comprendre que s'il lui prescrit tel ordre, lui impose telle défense, lui inflige telle punition, c'est en définitive par intérêt pour lui, non par méchanceté, ni par plaisir de le faire souffrir, mais bien dans le but de le préserver de tel penchant dangereux, de le doter de telle habitude saine ou utile, de favoriser les progrès de son instruction ou d'apporter en lui une amélioration morale. Bref, le vrai fondement de l'autorité du maître sur ses élèves, c'est la sympathie qu'il sait susciter chez eux. Aimant l'instituteur, les enfants lui obéissent avec joie, préviennent ses ordres ou ses défenses, accomplissent naturellement ce qu'ils savent lui être agréable et évitent de faire ce qui lui causerait de la peine, ce qu'il aurait à regretter, à blâmer ou à punir. Mais pour que les élèves arrivent ainsi à aimer le maître, il est nécessaire qu'ils sentent d'abord que le maître les aime et s'intéresse véritablement à eux. Aussi bien, pour donner aux enfants des témoignages décisifs de l'affection qu'il éprouve à leur égard, le maître dispose de toute une série de moyens.

**F.** — Toutefois, dans ses relations avec les élèves, le maître ne doit jamais se départir du tact nécessaire. Il importe que la sympathie qu'il leur porte ne dégénère pas en une familiarité qui diminuerait par trop les distances et deviendrait dangereuse pour son autorité. Aussi est-il indispensable que l'instituteur maintienne intacte sa dignité et agisse en sorte que le respect qui lui est dû ne soit jamais compromis ni diminué : ce respect, inséparable de l'affection, est une condition essentielle de son autorité. — On voit la conduite qui s'impose au maître vraiment désireux de la conserver dans toute sa pureté. — *a)* Pour avoir la maîtrise des élèves, il doit au préalable posséder la maîtrise de soi, éviter les emportements qui seraient de nature à le rendre ridicule aux yeux des enfants : suivant l'adage des anciens, « la colère est une courte folie ». Tout au contraire par le calme, l'égalité de son humeur, l'instituteur doit demeurer le symbole vivant de la sagesse, et de la raison. D'ailleurs cette règle ne l'empêche pas de blâmer avec force ce qui mérite d'être fortement blâmé. — *b)* Surtout son devoir est de donner l'impression de la justice la plus scrupuleuse et la plus honnête, de prouver qu'il applique à tout le monde la même règle, qu'il n'a pas deux poids ni deux mesures, qu'il ne connaît aucune préférence pour personne. Ses récompenses doivent être proportionnées au mérite, à la bonne volonté, ses punitions être équitables et tenir compte de toutes les circonstances atténuantes. C'est qu'en effet les enfants sont très sensibles aux injustices dont ils pourraient être l'objet ; ils auront pour le maître le plus grand respect, lui accorderont toute leur confiance s'ils reconnaissent son esprit d'équité, constatent que tous sont par lui traités ainsi qu'ils le méritent. — *c)* Du reste ces dispositions ne pourront que se fortifier s'il leur est donné de reconnaître à quel point il pousse la conscience professionnelle, quel amour il a de sa mission, avec quel intérêt, quel souci il se consacre à sa tâche, avec quelle ponctualité, quel sentiment du devoir il s'acquitte de son travail ; combien aussi, en dehors de la classe, dans sa vie privée, il reste digne, au-dessus de toute critique et de tout soupçon, surtout de quelle façon il représente comme le type vivant, concret de toutes les vertus qu'il préconise dans ses leçons, quels sont ses scrupules pour mettre ses actes en harmonie avec son enseignement, joindre ainsi l'exemple au précepte.

G. — Conclusion. — Aux yeux de l'élève, le maître ne doit pas être semblable aux autres hommes, mais passer pour une personne d'ordre supérieur ; il importe que, par le cortège de toutes ses qualités intellectuelles et morales, il ait plus de prestige que les parents eux-mêmes. De cette façon, l'instituteur pourra exercer sur l'âme de l'enfant une influence décisive pour tout l'avenir. Plus tard, en effet, une fois qu'il aura quitté l'école, l'élève, devenu homme, se demandera au moment d'agir ce que le maître dirait de sa conduite, quel jugement il porterait sur elle, s'il l'approuverait ou la désapprouverait, la blâmerait ou la louerait. Et ainsi, même absent, le maître sera encore moralement présent ; bien plus,

même mort et disparu, il vivra encore et agira grâce au souvenir que l'on aura conservé de son exemple. C'est que de
cette façon il sera en quelque sorte devenu partie intégrante
de la conscience de ceux qu'il aura formés ; son autorité sera
pour ainsi dire passée du dehors au dedans et se sera con-
vertie en une véritable autorité morale.

*Ouvrages à consulter :* D. HARTENBERG : *Les Timides et la timidité.* — BERG-
SON : *Le Rire.* — MARION : *L'Éducation dans l'Université.* — GRÉARD : *Éducation et
instruction.* — COMPAYRÉ : *Éducation intellectuelle et morale.* — PÉCAUT : *Quinze
ans d'éducation.* — FORFER : *Causeries* (recueillies par M. Lechantre). — BLANQUER-
NON : *Pour l'école vivante.* — VESSIOT : *De l'éducation à l'école.* — PAYOT : *Aux
instituteurs et aux institutrices.*

## 13. Les leçons communes. A quelles conditions sont-elles possibles et dans quelles limites convient-il de les utiliser?

**A.** — L'idéal, à l'école, serait que le maître pût exercer
son action personnelle sur tous les élèves, les mener de front,
provoquer et soutenir leur attention par un enseignement
qui les intéresserait tous, déterminer ainsi chez tous les progrès désirables. C'est précisément le but que l'instituteur
cherche à atteindre en organisant des « leçons communes ». —
Ainsi que le nom l'indique, la leçon commune s'adresse à
tout l'ensemble des enfants auxquels le maître a affaire;
dans la pensée de ce dernier, tous doivent y prendre part.
Avec elle, les élèves, si nombreux soient-ils, ne constituent
plus en quelque sorte qu'une division, et c'est pour cette
division unique que l'exercice est constitué (exemple).

**B.** — Une telle méthode d'enseignement n'est évidemment possible que si les enfants ont relativement le même âge
et surtout le même degré d'avancement intellectuel — deux
choses qui d'ailleurs la plupart du temps sont intimement liées.
Elle ne saurait être appliquée si, à ce double point de vue,
des distances par trop considérables les séparaient. Le but de
la leçon commune est d'être comprise de tous ceux pour lesquels elle est faite ; une leçon de grammaire ou d'arithmétique destinée à des élèves de douze ou treize ans ne saurait être

suivie par des élèves de six à sept ans. Dans ces conditions, il est facile de voir que la leçon commune, entendue au sens strict du mot, n'est guère réalisable que dans les « écoles à plusieurs classes », où chacun des cours officiels (préparatoire, élémentaire, moyen, supérieur) est confié à un maître spécial. Alors, en effet, chacun de ces cours possède une homogénéité suffisante, étant composé d'élèves du même âge, ayant sensiblement les mêmes connaissances, le même développement mental. Aussi, dans de telles écoles, la leçon commune est la seule méthode rationnelle : il importe d'éviter dans un même cours la formation de « sections » qui en briseraient l'unité et éparpilleraient l'activité du maître, la rendant moins décisive et moins féconde. — L'utilité de la leçon commune ainsi réalisable n'est pas discutable : le maître donne à tous le même enseignement ; il l'adapte facilement au niveau intellectuel d'élèves qu'il connaît bien ; il peut les interroger et les faire réfléchir, provoquer par conséquent chez tous de réels progrès ; il les tient tous sous sa direction ; ses efforts, susceptibles de se ramasser, de se concentrer sur un seul objet, au lieu d'être contraints de se porter et de se disperser de divers côtés à la fois, n'en sont que plus fructueux ; il a toute liberté pour consacrer à chaque exercice tout le temps nécessaire.

C. — Mais la difficulté est bien plus grande d'établir des leçons communes dans les « écoles à un seul maître ». C'est qu'alors l'instituteur se trouve en présence d'élèves très différents à la fois par l'âge et par l'état intellectuel, et il faut que seul il s'occupe en même temps des différents cours entre lesquels les enfants sont répartis, qu'il fasse travailler utilement tout le monde ; l'on devine la complexité d'une telle tâche. — Autant la leçon commune s'explique et même s'impose dans l' « école à plusieurs maîtres », autant il serait plus malaisé de la justifier dans l' « école à un seul maître », laquelle d'ailleurs constitue le type le plus répandu. — Les inconvénients qui résulteraient d'une telle méthode sont évidents : ou bien la leçon devant s'adresser à tous les élèves, petits et grands, serait trop élémentaire, trop facile, et elle n'intéresserait que quelques enfants, ceux qui sont les plus faibles ; ou bien elle serait trop difficile pour la moyenne de l'école et ici encore elle n'intéresserait qu'une faible minorité ; dans les deux cas, le but de la leçon commune qui est d'être suffisamment adaptée à tout le monde et comprise de tous, de déterminer chez tous de véritables progrès, se trouverait manqué. Ne serait-il pas illogique de traiter les mêmes sujets et de la même façon avec des élèves qui viennent d'entrer à l'école et avec ceux qui vont la quitter? Il est nécessaire d'harmoniser l'enseignement avec le niveau intellectuel des enfants. L'on voit la conséquence qui en résulte immédiatement pour l'école à un seul maître : il convient de varier l'enseignement d'une même matière (histoire, sciences, etc.) suivant les cours auxquels on a affaire ; dans l' « école à un seul maître », il n'y a pas pour telle ou telle partie du programme un enseignement unique, commun, mais des enseignements différents, spéciaux. C'est surtout ici qu'il s'agit pour l'éducateur de faire preuve d'esprit de finesse.

**D** — Néanmoins, même dans l' « école à un seul maître », certaines leçons peuvent être communes : c'est, par exemple, le cas de la leçon d'écriture ou de celle de dessin. Il reste naturellement entendu que l'on n'imposera pas le même modèle à tous les élèves : on se contentera de les faire écrire ou dessiner « tous en même temps » ; il sera facile au maître de passer, pour le contrôle du travail, d'un cours à un autre. Aussi bien, à défaut de la leçon commune au sens strict du mot, c'est-à-dire commune à « tous » les cours de l'école, il ne lui sera pas impossible de constituer des leçons « relativement » communes, c'est-à-dire sinon communes à « tous » les cours, du moins communes à « certains » cours. Par exemple, pour une « leçon de choses » ou une leçon d'histoire, rien ne l'empêchera de réunir le « cours préparatoire » et le « cours élémentaire », de constituer aussi certains exercices ou certaines leçons susceptibles d'intéresser également le cours élémentaire et le cours moyen, surtout le cours moyen et le cours supérieur (orthographe, composition française, morale, histoire, etc.). En tout cas, le maître profitera de toutes les occasions favorables pour adopter une telle organisation pédagogique. — Les avantages qui en résultent sont précieux : l'emploi, toujours dangereux, des moniteurs est inutile ; ce pis-aller peut être évité. La tâche de l'instituteur est rendue moins complexe et il peut mieux se tirer d'affaire ; ses forces ne risquent pas de s'éparpiller à l'excès ; son action s'exerçant avec plus d'aisance, disposant de plus de temps, est moins fiévreuse, plus calme.

par suite plus féconde en résultats ; surtout son enseignement gagne en personnalité et en originalité, car il importe qu'il le mette au point, fasse en sorte qu'il convienne également à tous ceux auxquels il s'adresse, que tous, les plus forts comme les plus faibles, puissent également en tirer parti et en faire leur profit ; il y a là un travail d'adaptation extrêmement intéressant pour lui et des plus heureux pour les élèves.

**E. — Conclusion.** — L' « école à un seul maître » est autrement délicate à conduire que l'« école à plusieurs maîtres ». Aussi peut-on réussir dans l'une et échouer dans l'autre. Mais dans la première, l'idéal est de se rapprocher de l'organisation naturelle de l'autre, c'est-à-dire de tendre à la « leçon commune » qui diminue le nombre des cours. Sans doute dans une telle école il ne saurait être question de s'adresser à la fois à l'ensemble des élèves dont les différences intellectuelles sont par trop considérables. Et néanmoins, par une bonne préparation de la classe, l'établissement d'un emploi du temps judicieux, il n'est pas impossible à l'instituteur d'introduire dans l'école une organisation pédagogique susceptible de lui permettre de s'occuper utilement de tous en faisant que tous soient utilement occupés. C'est là le but qu'il doit chercher à réaliser. Au surplus, il peut y parvenir en combinant heureusement les exercices écrits avec les exercices oraux. Certes, tout ce travail lui demande des peines réelles ; mais il en est amplement récompensé par le plaisir qu'il éprouve à sentir son action rayonner à travers l'école tout entière et à constater tous les progrès des enfants dont il a moralement la charge.

*Ouvrages à consulter :* GRÉARD : *Éducation et instruction.* — MARION : *L'Éducation dans l'Université.* — COMPAYRÉ : *L'Éducation intellectuelle et morale.* — PÉCAUT : *Quinze ans d'éducation.* — FORTER : *Causeries* (recueillies par M. Lechantre). — PAYOT : *Aux instituteurs et aux institutrices.* — CHARRIER : *Pédagogie vécue.*

---

## 14. Les récompenses à l'école primaire. De quelle façon convient-il de les choisir et de les utiliser ? A quel but supérieur, par elles, l'éducateur doit-il tendre ?

**A.** — A l'école, il convient de prendre l'enfant comme il est ; il ne comprend pas toujours que son intérêt est de travailler, de faire effort pour accomplir les diverses tâches qui lui sont imposées. Il ne saurait non plus être question d'invoquer auprès de lui l'idée du devoir pur à laquelle tout d'abord il reste assez insensible. Il y a là une situation qui ne doit pas échapper au maître et dont il importe qu'il tienne compte ; de là, la nécessité de trouver d'autres mobiles plus en rapport avec la nature de l'enfant : ce sont les récompenses. Leur utilité ne saurait être mise en doute : elles encouragent l'élève à persévérer dans la bonne voie, en dépit des difficultés ou des peines qu'il peut rencontrer, suscitent ses efforts, lui communiquent la force de réaliser les divers travaux qui lui sont donnés et à le faire avec toute l'attention, toute la persévérance désirables, constituent pour lui un stimulant précieux, car elles lui montrent que l'on se rend compte de ce qu'il fait et qu'on l'apprécie. Ce rôle des récompenses n'est d'ailleurs qu'un cas de la loi générale de l'influence du plaisir sur l'activité qu'il excite, rend plus énergique et plus courageuse. Aussi ne saurait-il être question de les proscrire et de s'en passer absolument ; même elles sont d'autant plus efficaces que l'on a affaire à des enfants d'un âge moins avancé.

**B.** — Par leur nature, les récompenses dont le maître peut se servir sont très différentes. C'est pourquoi son devoir est de les choisir avec discernement, surtout de les adapter à l'âge, au caractère des élèves auxquels il a affaire. Pour être vraiment utile, il faut que la récompense réponde aux dispositions de celui auquel elle s'adresse ; appréciée par celui-ci, la même récompense peut laisser celui-là indifférent : par exemple, un enfant peut être très sensible à un éloge alors qu'un autre y restera complètement froid. Aussi est-il nécessaire au maître de bien étudier la nature de ses élèves et de voir par quels moyens il aura prise sur eux. Il y a ainsi un art de récompenser, et cet art est souvent plus difficile, plus délicat qu'on le croit ; il demande un grand esprit de finesse. Avec les plus jeunes enfants (écoles maternelles, classes enfantines), il ne peut guère être fait usage que de récompenses d'un ordre matériel, consistant en des objets palpables et tangibles (bons points, billets de satisfaction, images). Il convient de s'interdire de recourir à l'appât des friandises qui peuvent seulement développer les tendances grossières : Locke a prononcé contre cette catégorie de récompenses et autres analogues une condamnation définitive. D'ailleurs, le plus tôt qu'il pourra, le maître aura soin de délaisser les récompenses matérielles pour y substituer des récompenses d'un ordre plus moral (notes écrites sur le cahier, inscription au tableau d'honneur, appréciation flatteuse sur le cahier de correspondance avec la famille, etc.). Aussi bien, il saura récompenser l'élève en lui disant tout le plaisir qu'éprouveront ses parents, toute la joie qu'il ressent lui-même à le voir travailler avec autant d'ardeur et à réaliser des progrès sensibles. — Enfin une récompense d'un caractère plus proprement moral encore consistera dans l'éloge et l'approbation du maître : l'instituteur doit chercher à obtenir de l'enfant que le plus tôt possible celle-ci soit placée au-dessus de toutes les autres.

C. — Toutefois, dans l'emploi de cette récompense, l'éducateur doit faire preuve de tact et de mesure. D'une part, l'éloge restera toujours modéré, évitant par là même de susciter trop facilement l'orgueil ou la vanité. D'autre part, il ne s'appliquera pas seulement au succès, à la conquête des premières places, c'est-à-dire, en définitive, aux qualités de l'esprit, aux dons naturels de l'intelligence : il risquerait de griser par trop ceux qui en seraient l'objet, de les exposer à des prétentions exagérées pour plus tard, surtout de provoquer l'envie, la jalousie, le découragement de ceux qui sont moins bien doués et, par suite, moins heureux, de faire naître ainsi des sentiments de mauvais aloi, susceptibles de troubler les bonnes relations à l'école et d'y semer la discorde. Surtout le maître se ferait facilement injuste, oubliant que ce qui a une véritable valeur, ce qui est surtout digne d'être apprécié, ce n'est pas ce qui vient de la nature et ce qui constitue déjà une faveur assez grande, mais ce qui émane de l'enfant lui-même ce qui est son œuvre propre, savoir l'effort, la bonne volonté, le mérite et le progrès moral.

D. — Même quand elle est appliquée avec plus de discernement et s'adresse aux qualités de la conscience, la récompense demande une judicieuse discrétion. Il y aurait des dangers réels à l'octroyer d'une façon trop large, trop fréquente, trop libérale. L'enfant serait tenté de la considérer comme un droit qu'il pourrait toujours réclamer, alors qu'elle doit rester une faveur qui ne doit pas toujours lui venir et dont il importe qu'il sache parfois se passer. Il serait aussi périlleux d'associer dans son esprit d'une façon indissoluble l'idée de bonheur et de devoir accompli. D'une part, ce serait l'exposer à des illusions que l'avenir se chargerait vite de dissiper, car la vie ne manquera pas de lui montrer que la vertu, le vrai mérite sont loin d'être toujours récompensés, qu'ils suscitent souvent au contraire bien des difficultés, des ennuis ou des douleurs à ceux qui en sont capables; ce serait aussi le laisser du même coup sans courage, sans énergie devant les tristes réalités dont la conscience reste parfois scandalisée. D'autre part, ce serait trop facilement le disposer à prendre la récompense comme le but de l'effort même, c'est-à-dire à corrompre la nature de l'effort qui doit rester désintéressé et à compromettre la pratique du devoir qu'il importe de laisser pure de tout calcul utilitaire. En conséquence, le maître s'abstiendra de toujours récompenser. Il doit diminuer la part et le rôle des récompenses à mesure que l'élève augmente en âge et qu'il se fait plus raisonnable.

**E.** — Certains pédagogues n'ont pas hésité à exclure les récompenses de l'école. Il y a dans cette conception quelque chose à retenir. L'idéal est que l'enfant arrive à se passer des récompenses extérieures plus ou moins artificielles, quelque prix qu'elles puissent d'abord avoir à ses yeux, surtout quelque différence qu'il soit capable d'établir entre elles, pour être par-dessus tout sensible à cette récompense tout intérieure, qui sort naturellement de la conscience et qui est la satisfaction du devoir accompli. On a pu dire que le maître ne récompense que pour ne plus récompenser : en tout cas, toutes les récompenses qui viennent de lui ne doivent avoir d'autre fin que d'amener et de provoquer la récompense de la conscience. C'est la formation de la conscience qu'il doit sans cesse avoir pour but ; c'est à l'appréciation, au jugement de la conscience qu'il lui importe d'inviter sans cesse ses élèves à se référer ; c'est sur les satisfactions propres de la conscience qu'il lui est nécessaire d'insister en en montrant à la fois toute la valeur et toute la plénitude. Et son rôle est terminé quand les enfants ont pris la précieuse habitude de prendre cette conscience pour règle et de se contenter du bonheur dont elle ne manque jamais de récompenser ceux qui le méritent.

*Ouvrages à consulter :* LOCKE : *Pensées sur l'éducation.* — KANT, *Pédagogie* (édit. Thamin). — PÉCAUT : *Quinze ans d'éducation.* — MARION : *L'Éducation dans l'Université.* — GRÉARD : *Éducation et instruction.* —BOUROUX : *Questions de morale et d'éducation.* — COMPAYRÉ : *Éducation intellectuelle et morale.* —VALLIER : *De l'intention morale.* —MALAPERT : *L'Éducation morale à l'école primaire (Revue politique et parlementaire,* septembre 1901). — FORFER : *Causeries* (recueillies par M. Lechantre). — CHARRIER : *Pédagogie vécue.* — VESSIOT : *L'Éducation à l'école.*

## 15. Comment convient-il de considérer le but de la punition à l'école ?

**A.** — A l'école, l'enfant ne se conforme pas toujours à la discipline, condition indispensable de l'enseignement collectif ; il lui arrive d'enfreindre les ordres du maître ou de ne pas tenir compte de ses défenses, de céder aussi à certains défauts ou à de mauvaises tendances (paresse, légèreté, mensonge, etc.). Il est donc nécessaire qu'il existe des sanctions pour sa conduite : ce sont les punitions. Le règlement a d'ailleurs eu soin d'en fixer le nombre, la nature et la gradation. L'éducateur ne peut se dispenser de sévir : non seulement il compromettrait l'ordre dont l'école ne saurait se passer, mais encore il abandonnerait l'élève à lui-même, lui permettrait de prendre des habitudes fâcheuses ou malsaines, le laisserait sous la domination de ses pires instincts. Sans aller jusqu'à prétendre avec certains pédagogues que l'enfant est par nature essentiellement mauvais, il faut bien reconnaître que, comme d'ailleurs l'homme lui-même, il est généralement plus disposé à accomplir le mal : le bien, s'opposant à l'égoïsme, est plus difficile à réaliser. Mais si, en matière d'éducation, la nécessité et par suite la légitimité de la punition n'est pas contestable, on peut se demander le but auquel, par elle, le maître doit tendre.

**B.** — On a parfois rapproché la punition à l'école du châtiment infligé au coupable dans la société. Le but des sanctions de la justice humaine est l'intimidation ; la société qui veut vivre et dont la sécurité n'est garantie que si tous respectent les droits de tous vise pour cela à établir entre l'idée de tel acte délictueux et l'idée d'une sanction précise (amende, prison, etc.) une association assez solide, assez forte pour que la tentation d'accomplir l'acte soit enrayée, refoulée par la crainte de la sanction. La punition tend à accroître la puissance de l'association qui une première fois a été incapable d'arrêter l'action et à lui communiquer une efficacité vraiment suffisante. — Elle vise aussi à servir d'exemple, à montrer à quoi l'on s'exposerait si l'on venait à commettre le même délit et elle tend à empêcher qu'on le commette. Bref, les sanctions de la justice sociale ont pour but de provoquer et d'entretenir une peur salutaire, utile à la conservation de l'ordre dans la société, condition de l'existence de la société même. Mais elles n'ont pas à aller au-delà : il leur suffit que l'ordre extérieur soit respecté ; tout ce qui touche à la conscience, aux dispositions intérieures des individus n'est plus de leur domaine et ne les intéresse pas.

**C.** — Certes il n'est pas douteux que la punition à l'école ait aussi pour premier effet d'empêcher que l'enfant retombe dans la même faute, tout au moins de le solliciter à ne plus y retomber. Elle constitue pour lui une douleur plus ou moins vive ; or, d'une façon générale, la souffrance est redoutée de l'être qui l'éprouve et à qui elle apparaît comme un mal. Aussi bien, en vertu d'une loi naturelle, tout être qui souffre ou a souffert redoute de souffrir de nouveau, tend à repousser ou à éviter cette souffrance, par là même à fuir, à éloigner ce qui la provoque ou l'a provoquée. Bref, la punition infligée par le maître a pour conséquence naturelle de susciter dans l'élève la peur de se rendre coupable de la même faute, de le solliciter à s'en abstenir. Effectivement cette crainte peut être assez forte pour déterminer l' « inhibition », l' « arrêt » nécessaires. Elle est aussi un exemple pour les autres écoliers qui, de cette façon, connaissent ce qui ne manquerait pas de leur arriver s'ils accomplissaient l'acte dont la punition a été la conséquence et sont ainsi disposés à l'éviter.

**D.** — Toutefois, si la punition a pour effet naturel de faire naître dans l'enfant la crainte de la faute et de l'inviter à s'en abstenir, ce résultat, quelle qu'en soit peut-être l'utilité pratique, ne saurait constituer son seul but, celui auquel le maître doit tendre et dont il importe qu'il se préoccupe. — *a)* Il suffit que l'enfant fût assuré de l'impunité ou qu'il pût l'espérer pour que la sanction du maître n'eût plus d'action sur lui et que dès lors il continuât à céder à tous ses caprices.

Or, avec un peu d'habileté, de diplomatie ou de prudence, l'élève a des chances de se dérober au châtiment ou du moins il peut toujours croire en avoir. En tout cas, en dehors de l'école, de la surveillance du maître, il se considérerait comme libre de faire tout ce qu'il voudrait. — *b)* Certains défauts ou certaines mauvaises habitudes sont parfois chers à l'enfant : ne préférera-t-il pas s'exposer à une souffrance plus ou moins passagère ou légère plutôt que de résister aux uns ou de renoncer aux autres ? — *c)* Si le maître se contente de sévir plus ou moins violemment, de vouloir effrayer et se faire craindre, il s'exposera à n'éveiller à son égard de la part de l'enfant que des sentiments d'aigreur, de haine, de résistance ou de révolte sourde, c'est-à-dire à augmenter le nombre des mauvaises dispositions de l'élève trop enclin alors à voir dans la sanction qu'il subit un simple abus de la force. — *d)* Surtout avec une telle méthode, il sera peut-être encore possible d'obtenir de l'ordre, une certaine quantité de travail, une certaine vigilance sur l'extérieur : tout cela est du dressage qui, pratiquement, n'est peut-être pas sans importance, mais ce n'est pas de l'éducation ; même, en agissant ainsi, c'est l'esprit de l'éducation que l'on méconnaît. Des élèves matés par la crainte ne sont pas des élèves disciplinés dans la raison.

**E.** — Quel est donc le vrai but de la punition à l'école ? — A la différence des sanctions légales qui se désintéressent des dispositions intérieures du citoyen qu'elles frappent, la sanction du maître doit avant tout tendre à l'amélioration morale de l'enfant auquel elle s'applique ; sa fin est de « corriger » la nature primitive de l'élève, d'opérer dans ses tendances, dans l'orientation de sa volonté, dans ses habitudes un redressement nécessaire. C'est en ce sens qu'elle rentre dans l'idée essentielle de l'éducation. Si l'on a pu dire que, d'une manière générale, la douleur est le signe, l'avertissement d'un mal introduit dans l'être qui la subit, on est aussi en droit de considérer la punition infligée par le maître comme destinée à révéler à l'enfant ce que d'abord il ne sait pas naturellement, ce que, laissé à lui seul, il pourrait continuer à ignorer assez longtemps, savoir qu'il n'est pas dans l'ordre, que ce qu'il a fait n'est pas normal, raisonnable, que les inclinations ou les habitudes auxquelles il a obéi ne sont pas bonnes. Du même coup, elle constitue pour lui une invitation, une sollicitation à rompre avec son passé, à le renier, à devenir autre, meilleur, à se réformer et, pour ainsi dire, à se recréer. C'est pour cette raison qu'au lieu de s'imposer du dehors la punition doit savoir se faire accepter du dedans ; et elle se fera accepter non seulement si elle est reconnue comme juste, équitable, mais encore si elle est donnée avec bienveillance et avec tact, si le maître arrive à produire cette conviction que, signe du mal, elle tend à lui substituer le bien, s'il sait persuader qu'avec de la bonne volonté, des efforts sincères, le bien prendra certainement la place du mal. Alors il amènera dans le cœur de l'enfant, qui de cette façon sera gagné, le sentiment du remords, du repentir qui est déjà le désaveu du passé et le désir de le réparer. Et la punition, au lieu de se faire craindre, se fera au contraire aimer, car l'enfant y verra l'occasion de se réhabiliter à ses propres yeux, de conserver ce qui est plus précieux que tout le reste, savoir l'estime de soi. En définitive, il est permis de le dire : la punition ne peut tendre qu'à opérer une sorte de « conversion ».

**F.** — On conçoit ainsi plus facilement la place de la punition en matière d'éducation. Dans l'enfant la conscience est encore trop faible, trop peu développée pour distinguer nettement le bien du mal, infliger aussi après la faute ou la rechute la douleur méritée : bref, la souffrance n'est pas immédiatement liée au mal moral. A cet égard, l'éducateur doit réparer l'indifférence de la nature. En l'absence et à défaut de la punition de la conscience, il doit infliger lui-même du dehors non pas sans doute une douleur identique ou équivalente à celle qui devrait jaillir du dedans, mais un succédané de cette douleur. Or précisément cette réaction n'a d'autre but que de provoquer celle de la conscience, sans laquelle d'ailleurs l'autre manque d'efficacité, c'est-à-dire d'être remplacée par celle de la conscience même et de devenir ainsi inutile le plus tôt possible. La sanction du maître n'est pour la conscience qu'un auxiliaire provisoire : elle l'instruit, elle contribue à sa formation, elle ne sert qu'à la rendre indépendante. Aussi l'on a pu dire avec raison que l'éducateur punit pour arriver à ne plus punir, qu'il intervient pour n'avoir plus à intervenir. C'est que la conscience ayant acquis assez de lumière pour indiquer clairement de quel côté se trouve le devoir, assez de force et d'autorité pour engendrer la crainte non pas seulement de la douleur morale — d'autant plus vive que la conscience est plus délicate — mais surtout de l'indignité de l'action dont le remords serait l'effet, le maître peut abandonner l'enfant à lui-même : désormais ce dernier est capable de se gouverner par lui-même, de se donner sa loi et de s'imposer à lui-même la sanction méritée de sa conduite.

*Ouvrages à consulter :* KANT : *Critique de la raison pratique ; Traité de pédagogie* (éd. Thamin). — SPENCER : *Éducation physique, intellectuelle et morale.* — GRÉARD : *L'Esprit de discipline.* — MARION : *L'Éducation dans l'Université.* — FOUILLÉE : *L'Idée moderne du droit.* — BOUTROUX : *Questions de morale et d'éducation.* — VESSIOT : *De l'éducation à l'école.* — COMPAYRÉ : *Éducation intellectuelle et morale.* —FORFER : *Causeries* (recueillies par M. Lechantre). — CHARRIER : *Pédagogie vécue.* — ROUSTAN : *Psychologie.*

## 16. La récitation des « morceaux choisis » à l'école primaire. Quelles sont les précautions que le maître doit prendre? Comment doit-il opérer le choix pour que cet exercice ait toute l'utilité désirable?

**A.** — L' « enseignement du français » à l'école primaire constitue pour le maître une tâche à la fois importante, complexe et délicate. Mais à cause de cela même, il importe qu'elle commence dès l'entrée de l'enfant en classe et se poursuive à travers tout le temps de la scolarité. Aussi bien elle comporte toute une diversité et une gradation d'exercices (lecture, exercices de vocabulaire, de langage, orthographe, grammaire, etc.). — L'un des plus utiles est certainement la récitation des « morceaux choisis ». Il consiste à donner à apprendre par cœur à l'élève des fragments tirés d'auteurs français (prosateurs et poètes) et à demander qu'il les reproduise oralement, de mémoire.

**B** — Quelle méthode le maître doit-il adopter pour la conduite d'un tel exercice et quelles précautions lui est-il indispensable de prendre? — Il est d'abord nécessaire que les morceaux choisis répondent à l'âge et au développement de l'enfant : certains d'entre eux peuvent être donnés aux élèves des cours moyen ou supérieur qui ne conviendraient pas pour ceux — plus jeunes — du cours préparatoire ; par exemple, il ne saurait être question de faire apprendre par cœur à ces derniers des extraits de nos grands auteurs classiques ; mais, réciproquement, la littérature plus spécialement enfantine ne serait point de mise dans les cours supérieurs. Bref, le grand art du maître consiste à chercher des morceaux susceptibles d'intéresser, par là même de retenir l'attention et d'être appris avec plus de facilité. Il s'agit par conséquent de tenir compte, jusque dans une certaine mesure, des goûts et des dispositions des élèves : l'intérêt ne naîtrait pas si on mettait ces derniers en présence d'idées ou de sentiments qui leur sont étrangers ou les dépassent par trop. Aussi bien l'on devra veiller à que ces morceaux soient assez courts, et cela non seulement pour que l'enfant les apprenne sans une fatigue trop considérable, mais surtout pour qu'il en recueille une idée d'ensemble assez précise, capable par là même de rester gravée plus longtemps dans son esprit. Avec des extraits trop longs, que l'on est obligé de couper et de faire apprendre en plusieurs fois, l'intérêt est plus morcelé, l'attention plus décousue, les impressions moins nettes, et celle qui doit dominer toutes les autres reste plus vague et plus flottante.

C. — Mais surtout il est indispensable de ne donner à apprendre par cœur que des morceaux qui soient sinon parfaitement compris et dont le sens profond soit complètement clair, mais au moins saisis d'une façon suffisante par l'enfant, dont le sens lui apparaisse assez nettement. Autrement dit, chacun d'eux doit au préalable faire l'objet d'une « lecture expliquée ». — Un tel exercice est difficile, car il exige des qualités d'intelligence et de sentiment que tous les maîtres ne possèdent pas au même degré. C'est que la lecture expliquée ne consiste pas dans une simple paraphrase du texte toujours moins intéressante que le texte même, ni dans une série de remarques d'ordre grammatical, historique, même scientifique ; elle doit être avant tout l'analyse pénétrante du fragment choisi, l'effort sérieux pour le serrer de près, donner le sens précis des mots avec leurs véritables nuances, surtout pour mettre en relief l'idée capitale, montrer comment toutes les autres s'y rattachent, l'expriment et la développent, retrouver le mouvement, la vie de la pensée, dégager les beautés du fond et de la forme. — Le maître serait très mal inspiré de faire apprendre des textes qui resteraient complètement obscurs pour l'enfant, qui ne lui représenteraient rien, de le transformer ainsi en une serinette condamnée à ne débiter mécaniquement et sans intelligence, parfois avec des contre-sens, que des mots n'ayant pour lui aucune signification (psittacisme). Ce danger existe surtout avec les plus jeunes enfants. Il convient de se rappeler le précepte de Montaigne : « Savoir par cœur, ce n'est pas savoir ». La mémoire ne doit pas se séparer du jugement ; aussi bien elle est d'autant plus facile et durable qu'elle repose sur l'intellection. On a longtemps tenu en discrédit les exercices de récitation parce qu'ils étaient pratiqués d'une façon irrationnelle.

**D.** — En réalité, les morceaux choisis ne méritent vraiment leur nom que s'ils sont judicieusement « choisis ». Leur but est de servir de « modèles » ; c'est dire qu'ils doivent être excellents à tous les points de vue. — D'une part, il importe que les idées qui en constituent le fond soient franchement saines. Avec eux, l'enfant doit être préservé de toute souillure ou de tout sentiment douteux ; il ne doit avoir affaire qu'à des dispositions de bon aloi, généreuses, vraiment dignes, capables de cultiver la volonté, d'ennoblir le cœur, d'élever l'âme. — D'autre part, il est nécessaire qu'au point de vue du style ils aient toute la perfection désirable, que la forme en soit correcte, pure, fidèle aux bonnes traditions de la langue française, que l'expression présente toute la richesse et l'élégance désirables. D'ailleurs ces deux éléments (forme et fond) se superposent et se font valoir réciproquement. En conséquence, on laissera de côté les auteurs de deuxième ordre, dont les œuvres ne représentent souvent que des productions banales ou de circonstance, susceptibles sans doute de jouir momentanément d'une certaine vogue, mais qui ne sont pas destinées à vivre parce qu'en elles il n'y a rien de solide ni d'universel. Il sera bon de porter le plus tôt possible son choix sur le « classique » et de se limiter à lui. Il est relativement facile de trouver dans les œuvres de nos grands auteurs des xvii<sup>e</sup>, xviii<sup>e</sup> et xix<sup>e</sup> siècles des passages offrant toutes les garanties désirables, accessibles à des esprits moyens, capables de présenter à leurs yeux un véritable intérêt : ce sera là la partie vraiment solide des « morceaux choisis ». Rien n'empêche d'ailleurs d'associer des genres différents (poésie et prose ; genre sérieux et genre plus léger ; descriptions et œuvres de pure imagination, etc.). En particulier certains auteurs, comme La Fontaine *(les Fables)*, sont capables de fournir à cet égard une mine presque inépuisable.

**E.** — L'utilité de la récitation des « morceaux choisis » ainsi comprise est évidente. — *a)* Elle constitue un excellent exercice de mémoire. Sans doute il ne faut pas abuser de la mémoire, s'en remettre exclusivement à elle, comme si, à elle seule, elle pouvait suppléer au travail de l'intelligence même. Mais ce serait une erreur analogue de la négliger et de la sacrifier absolument, de ne pas chercher à en créer et à en développer les diverses qualités (facilité, promptitude, richesse, etc.). Son utilité pour la vie et dans la vie ne saurait se contester : sans elle il n'y a point de progrès possible, car le progrès exige que l'on ne soit pas obligé de repasser sans cesse par les mêmes chemins ; or la mémoire est une précieuse faculté de conservation. Il convient donc de l'exercer et d'en tirer tout le parti dont elle est susceptible. Bien entendue, la récitation des morceaux choisis constitue pour cela le meilleur des instruments et il faut la réhabiliter du discrédit dans lequel elle est parfois tombée. — *b)* Elle représente aussi un élément capital de l'enseignement du français qui doit à l'école primaire garder la première place. Pour que l'enfant manie l'idiome national avec toute l'aisance, toute la correction et toute l'élégance désirables, il n'est pas de meilleur moyen que de le mettre en présence d'extraits des plus belles productions de notre littérature, des œuvres les plus appréciées de nos grands auteurs et de les graver profondément en lui. Au contact de ces modèles, il apprend à écrire, il apprend à parler, il apprend à penser ; son intelligence se discipline, adopte les mêmes habitudes de clarté, de précision, de logique qui constituent le fonds essentiel de l'esprit français, la marque du génie national. — *c)* Elle constitue ainsi une préparation tout indiquée pour l'exercice si fécond, si riche de la « composition française ». On se plaint parfois de la faiblesse dont à cet égard témoignent les élèves : une telle situation tient surtout à ce que les maîtres ne font pas assez lire leurs élèves, ne consacrent pas non plus autant de temps qu'il le faudrait à la récitation des morceaux choisis. Celle-ci est efficace pour élargir le fonds d'idées de l'enfant, le mettre en contact avec toute une variété de sensations ou de sentiments ;

surtout elle l'habitue à développer ses pensées, à les ordonner, à faire un choix entre elles, à les grouper suivant un plan précis et dans un cadre qui leur donne encore plus de force ; elle communique à son intelligence de la méthode, de la finesse, de la pénétration. En même temps, elle enrichit son vocabulaire, forme son style, lui assure toute la correction et toute l'élégance possibles. — *d*) Elle contribue non seulement à l'éducation intellectuelle. mais encore à l'éducation morale. C'est qu'en effet les morceaux choisis présentent à l'enfant des exemples des plus belles vertus (courage, générosité, héroïsme, dévouement à la patrie, etc.) et le mettent en contact avec les sentiments les plus nobles de l'âme humaine (amour du travail, de la science, de la nature, de l'humanité, de l'idéal, affections de famille, etc.). Il y a là pour l'enfant autant de souvenirs précieux qui plus tard influeront sur sa conduite, le détourneront du mal, l'orienteront vers le bien ou l'y maintiendront, « résonneront à son oreille dans les heures critiques comme un encouragement, une espérance ou comme une censure ».

**F.** — Conclusion. — Sans doute pour cet exercice il n'est pas défendu au maître de se servir des multiples recueils qui sont publiés et se publient encore chaque jour : il peut y puiser des indications et des renseignements utiles, y prendre des directions heureuses. Pourtant rien n'arrive à remplacer le travail personnel par lequel il constitue lui-même ses morceaux choisis. Seul en effet il connaît bien ses élèves, l'état de leur intelligence, le degré de leur savoir, la nature de leurs goûts et de leurs dispositions. C'est pourquoi il est le seul qui soit à même de bien déterminer ce qui leur convient ou ce qu'il leur faut, ce qui est de nature à les intéresser et à les former. D'ailleurs ce travail aura l'heureux résultat de lui faire éviter la routine, d'entretenir en lui l'habitude de la recherche, d'étendre et d'élargir sa culture, d'affiner son goût, de fortifier sa finesse d'esprit, de lui permettre de transporter dans son enseignement toute la substance dont il se sera par là même enrichi et de lui communiquer ainsi un intérêt toujours nouveau. Déjà commencé, ébauché dès l'école normale, il doit se poursuivre à travers toute la carrière de l'instituteur, car, pour le maître qui comprend bien sa tâche et désire s'en acquitter avec conscience, l'éducation de soi-même par soi-même représente une œuvre qui n'est jamais finie, que chaque jour il importe de faire en la parfaisant. Aussi bien ce sera pour lui la plus captivante des occupations, la plus saine des distractions, comme aussi la source intarissable, toujours fraîche, des émotions les plus délicieuses et des jouissances les plus délicates.

*Ouvrages à consulter :* LEGOUVÉ : *L'Art de la lecture.* — GUYAU : *Éducation et hérédité.* — PÉCAUT : *L'Éducation publique de la vie nationale.* — SPULLER : *Conférences populaires.* — VESSIOT : *L'Enseignement à l'école.* — PAYOT : *Aux instituteurs et aux institutrices.* — ROUSTAN : *Conseils généraux : préparation à l'art d'écrire.* — SARTHOU : *La Lecture expliquée au brevet supérieur.* — BOUILLOT : *Le Français par les textes.* — COMPAYRÉ : *Éducation intellectuelle et morale.* — AUBIN : *Les exercices de récitation à l'école primaire (Revue pédagogique,* 1918). — RABIER : *Leçons de psychologie.*

---

## 17. Quelle est la méthode qu'il convient d'adopter dans le choix des sujets de composition française pour que cet exercice remplisse vraiment son but?

**A.** — Les exercices scolaires sont très variés ; tous d'ailleurs ont pour but d'instruire l'enfant, de le munir de connaissances, surtout de cultiver et de former ses différentes facultés. La « composition française » est sans contredit l'un des plus importants et des plus intéressants. Elle consiste à apprendre à l'élève à traiter, à développer un sujet (exemple). — Elle représente d'abord un élément essentiel de l'enseignement du français : elle habitue l'enfant à énoncer sa pensée, à exprimer ses idées dans un style aussi correct que possible, dans un langage possédant toute l'élégance désirable. Mais pour être à même d'exposer des idées, il est évidemment nécessaire d'en avoir ou indispensable d'en trouver : c'est le travail d'« invention ». Il convient ensuite de ne pas accepter au hasard toutes celles qui sont le résultat de cette recherche, de faire un choix entre elles ; il importe surtout de les grouper, de les distribuer dans un ordre méthodique et dans le cadre d'un plan précis : c'est surtout dans cet arrangement, dans cette organisation que consiste l'art de la « composition ». Tout ceci revient à dire que la « composition française » demande l'activité de l'esprit tout entier, constitue une excellente culture de l'imagination qui invente et combine, du jugement qui, sous la forme du « goût », apprécie et choisit.

**B.** — Ainsi comprise, la « composition française » n'est guère accessible qu'aux élèves des cours moyen et supérieur ; encore faut-il reconnaître que, même pour ces derniers, elle constitue l'exercice peut-être le plus difficile et le plus délicat celui dans lequel ils réussissent moins bien, avec lequel ils donnent au maître le moins de satisfaction. Dans les cours inférieurs, on s'efforcera d'y initier progressivement les enfants par certains exercices journaliers, comme les exercices de vocabulaire et de langa e, la reproduction orale d'une lecture ou d'un récit, les narrations orales, etc. — La composition française exige une longue préparation ; elle implique en effet une certaine richesse du vocabulaire, un maniement facile du langage, surtout un commerce assidu avec les auteurs, l'explication de textes judicieusement choisis, leur possession par l'enfant d'une façon parfaitement sûre. Elle demande surtout de la part du maître une attention toute spéciale pour ce qui concerne les sujets à développer et elle ne peut produire tous ses fruits, avoir sur la culture de l'esprit toute l'action désirable que si de ce côté toutes les précautions nécessaires ont été prises. Or, il faut bien reconnaître qu'à cet égard tout n'est pas toujours parfait, et si parfois il arrive au maître de se plaindre de l'insuffisance, de la pauvreté des idées de l'enfant, de son défaut d'originalité et de personnalité, il n'est pas toujours sans avoir sa part de responsabilité dans la situation qu'il dénonce.

**C.** — C'est qu'il est exposé à deux dangers contraires dont il ne sait pas toujours se préserver. — D'une part, il lui arrive d'emprunter des sujets de composition française à des leçons de morale, d'instruction civique, d'histoire, même de sciences physiques et naturelles qui ont été antérieurement traitées par lui et que l'enfant a apprises (exemples). Dans ces conditions, il est naturel que l'élève ne puisse rien trouver par lui-même, qu'il reste incapable de faire preuve d'originalité : il se borne en effet naturellement à reproduire ses souvenirs, à les exprimer dans un langage plus ou moins correct, avec une exactitude souvent relative. Aussi tous les devoirs sont-ils à peu de chose près absolument semblables les uns aux autres ; on y retrouve toujours les mêmes idées, exposées dans le même ordre et la lecture en devient vite d'une monotonie insupportable. A proprement parler, ce ne sont point là

des exercices de « composition » : seule la mémoire est en jeu et
fait tous les frais ; l'imagination n'intervient pas et n'a pas à
intervenir ; l'esprit est dispensé de tout effort pour trouver
les matériaux qui lui sont donnés et chercher un ordre qui est
tout fait. Aussi lieu de développer la faculté d'invention et de
combinaison, de tels exercices contribuent plutôt à la paralyser
parce qu'avec eux l'enfant met son idéal à reproduire le plus
fidèlement possible ce qu'il a entendu ou appris. La seule originalité qui lui serait permise consisterait pour lui à s'écarter
des souvenirs auxquels il cherche au contraire à se conformer
le plus rigoureusement possible. Il convient de renoncer d'une
façon définitive à de tels devoirs, et c'est par un abus de mot
qu'ils peuvent être désignés sous le nom de « compositions
françaises ».

**D.** — D'autre part, et par un défaut opposé, le maître choisit parfois des sujets qui ne représentent rien à l'enfant, qui
sont étrangers à son expérience, sans rapport avec les choses
ordinaires de sa vie. C'est condamner l'imagination à rester
absolument stérile, la frapper d'impuissance en dépit de tous
les efforts qu'elle peut faire. Il importe en effet d'éviter toute
illusion sur la nature de cette faculté. A proprement parler,
elle ne crée rien, et, même dans ses manifestations les plus
remarquables, dans ses inventions les plus sublimes, elle
suppose toujours l'existence de matériaux préalablement
donnés : toute son œuvre se borne à associer, à combiner les
éléments ainsi fournis par l'expérience dans un ordre nouveau ;
c'est seulement dans la forme qu'elle leur donne, dans le tout
qu'elle constitue que l'imagination est vraiment originale.
Pour que l'enfant puisse grouper ses idées, les ordonner, il est
donc de toute nécessité qu'au préalable il ait des idées, qu'il
ait fait des observations, que le cercle de son expérience soit
aussi large que possible. Sans cette condition, il aura beau
« se creuser la tête », se tourmenter aussi longtemps qu'il vou-
dra : il ne trouvera rien ; c'est uniquement dans ses impressions,
dans ses sentiments, c'est-à-dire dans ses souvenirs, qu'il lui
est possible de puiser tous les matériaux de son travail. Si la
« composition française » ne doit pas consister en un pur exercice de mémoire, en tout cas la mémoire est comme le trésor
où doit venir s'alimenter, se nourrir tout le travail de la composition française. Il serait absurde de demander à un enfant

de la campagne de décrire une « promenade en mer », car il n'a jamais vu la mer et n'a jamais fait de promenade en mer, ou à un enfant de la ville de raconter le « travail de la ferme », car il n'a jamais visité de ferme et n'a jamais été témoin des divers travaux qu'on y exécute.

**E.** — Les exercices de composition française comportent une grande variété; ils peuvent consister en « narrations », « récits », « lettres », analyses d'impression ou de sentiments. Mais toujours les sujets doivent se rapporter à des choses connues de l'enfant, vécues par lui, à des scènes, à des spectacles, à des événements auxquels il a réellement assisté ou participé, qui ont laissé en lui des impressions précises, à des actions qu'il a accomplies ou vu accomplir, à des décisions ou des résolutions qu'il a prises, bref au cercle de son expérience sensible, intellectuelle ou morale : tous doivent être pour lui évocateurs de sensations ou d'émotions personnelles. — Le premier travail du maître sera donc de faire trouver ou plutôt retrouver à l'élève les idées conservées au fond de sa mémoire, de lui demander de ressusciter en quelque sorte par la puissance magique du souvenir ce qu'il a vu, pensé, fait ou senti. C'est seulement quand tous ces matériaux auront été obtenus que commencera le travail de la composition proprement dite. — En quoi consiste cette œuvre d'élaboration ? Il s'agit d'opérer une sélection entre les idées, de les choisir, surtout de les classer, de les mettre en ordre, de les grouper d'après leur importance, de les relier par des rapports naturels et logiques, d'en faire une synthèse qui se tienne bien et à travers laquelle la pensée circule aisément. — La composition française est ainsi le résultat de la collaboration des élèves qui cherchent et du maître qui guide, et cette collaboration rend la classe essentiellement vivante. — Mais une fois les idées trouvées et bien ordonnées, il s'agit de les exprimer dans un langage correct et un style élégant. Il convient de ne pas permettre à l'enfant de se fier à l'improvisation et d'écrire au hasard, de l'obliger au contraire à opérer toutes les retouches, toutes les corrections nécessaires jusqu'au moment où l'expression sera vraiment satisfaisante, convenable. On connaît le précepte de Boileau : « *Vingt fois sur le métier remettez votre ouvrage)* ; on sait aussi quelle application remarquable en ont donnée les grands écrivains.

**F.** — Sans doute pour le choix des sujets de composition française le maître peut s'inspirer des manuels, livres ou journaux pédagogiques qui en fournissent en effet une ample provision. Mais il importe qu'il ne les prenne pas au hasard, qu'il se demande toujours s'ils conviennent réellement à ses élèves, répondent à leur expérience, sont en harmonie avec leur vie. Il doit toujours, le cas échéant, y apporter les modifications et les adaptations nécessaires. Aussi rien ne remplace le travail par lequel lui-même cherchera les sujets susceptibles d'intéresser les élèves, de leur permettre de faire appel à leur mémoire, de donner sous une forme originale des choses personnelles, surtout des sentiments vrais et des émotions sincères. D'ailleurs, mêlé intimement à leur existence, associé parfois aux mêmes événements, aux mêmes manifestations, aux mêmes joies, il est mieux placé que personne pour savoir ce qu'ils ont vu, ce qui les a particulièrement frappés. De cette façon, si les élèves ont à « composer » sur des sujets donnés, il appartient au maître de « composer » lui-même ces sujets ; les « compositions » des élèves doivent être faites d'après les « compositions » du maître : ce qui revient à dire que pour développer les sujets donnés, l'enfant doit faire preuve des mêmes qualités d'imagination et de jugement qui ont été d'abord indispensables à l'instituteur pour les constituer.

*Ouvrages à consulter :* RABIER : *Leçons de psychologie.* — RIBOT : *L'Imagination créatrice.* — BUISSON : *Les Devoirs des écoliers américains.* — PÉCAUT : *L'Éducation publique et la vie nationale.* — PAYOT : *L'Apprentissage de l'art d'écrire.* — VANNIER : *L'Art de composer.* — AMAND : *La pratique de la composition française.* — BOCQUÉE-PERROTIN : *Méthode de français.* — COMPAYRÉ : *Éducation intellectuelle et morale.* — VESSIOT : *L'Enseignement à l'école.* — ROUSTAN : *La Composition française.* — CHARRIER : *Pédagogie vécue.*

---

## 18. On recommande au maître de ne pas oublier l'exercice du « calcul mental ». — Établir avec précision la nature de cet exercice ; donner quelques-unes de ses principales règles et indiquer nettement son utilité pédagogique.

**A.** — On connaît la place qu'occupent à l'école primaire les exercices de calcul : le maître s'efforce d'apprendre le plus vite possible à ses élèves à « compter », à faire aussi sur les nombres les quatre opérations essentielles (addition, soustraction, multiplication, division). Aussitôt que l'enfant en connaît le mécanisme, l'instituteur l'invite à les appliquer à des cas déterminés, provoquant du même coup son raisonnement : il donne à résoudre des problèmes d'arithmétique. Cette partie des programmes officiels n'est négligée nulle part ; même c'est surtout avec elle que les maîtres paraissent le plus à l'aise ; en tout cas, c'est sur ce terrain qu'ils obtiennent le plus rapidement les résultats les plus satisfaisants. — Mais il est un autre mode de calcul auquel on accorde moins d'intérêt et auquel on ne donne pas toujours la place qu'il semble mériter. C'est surtout cette méthode de compter qui est utilisée par certaines personnes, pourtant illettrées ou n'ayant qu'une instruction sommaire (paysan, ménagère), pour se tirer rapidement d'affaire avec les opérations qu'elles doivent constituer dans certaines circonstances de leur vie journalière. Ces personnes calculent alors « de tête », sans secours étranger (papier, plume ou crayon). Même, à cet égard, par la rapidité des résultats qu'elles obtiennent, elles se montrent souvent supérieures à d'autres qui ont reçu une culture plus développée. C'est en cela que consiste le « calcul mental ». Mais il est nécessaire de définir avec précision en quoi il consiste et d'éviter à cet égard toute confusion.

**B.** — A un certain point de vue, le terme de « calcul mental » désigne non pas une espèce ou une méthode particulière de calcul, mais tout calcul en général. C'est qu'en effet tout calcul constitue toujours une opération « mentale », c'est-à-dire une démarche, un acte de l'esprit. Quand après avoir écrit sur une feuille de papier ou sur une ardoise les deux nombres 246 et 79, je « calcule » leur somme, c'est-à-dire quand je les additionne l'un à l'autre, c'est nécessairement mon intelligence qui est en jeu, qui est chargée de trouver le résultat, et ce résultat c'est-à-dire la « somme » sort évidemment de la démarche de ma pensée. Ce calcul est « mental », et à cet égard le « calcul écrit » est lui-même du « calcul mental ». Si maintenant j'arrive à faire l'addition sans recourir à aucun auxiliaire matériel, en me représentant seulement dans mon esprit les deux nombres en question, en les conservant fixés dans ma mémoire, le calcul est encore « mental ». Même, à un certain point de vue, il l'est doublement ; *a)* c'est toujours mon intelligence qui est chargée de constituer l'opération, de faire avec deux nombres donnés un nombre unique, nouveau par rapport aux deux premiers ; *b)* les deux nombres n'existent qu'à l'état d'images, c'est-à-dire de fait mental, dans mon esprit qui, par la force de l'attention dont il dispose, les tient présents pour ainsi dire devant son regard jusqu'à ce que l'opération soit terminée. Et si, pour disposer d'un point d'appui plus solide, j'utilise la « mémoire verbale.» à côté de la « mémoire visuelle », c'est-à-dire si je prononce oralement les deux nombres à additionner, ce « calcul oral » est encore du « calcul mental ».

C. — Mais ce n'est pas ainsi que l'on entend d'ordinaire la nature du « calcul mental ». Dans son sens précis, étroit, « pédagogique », ce terme désigne une méthode de calcul destinée à effectuer de tête et rapidement des opérations (additions, multiplications, etc.), qui demanderaient plus de temps si l'on adoptait la voie et les procédés ordinaires. Sans doute c'est toujours l'intelligence qui opère, car elle seule peut opérer ; mais elle opère sans aucun auxiliaire matériel (papier, crayon, etc.), sans aucun signe matériellement écrit ou prononcé ; elle se propose aussi d'opérer avec plus de célérité, et elle trouve ingénieusement des combinaisons, des artifices qui effectivement lui permettent d'aller plus vite, de trouver les résultats d'une façon plus prompte. Si, par exemple, il s'agit d'additionner les deux nombres désignés plus haut et si je veux adopter le « calcul mental », je ne placerai plus les deux nombres l'un au-dessous de l'autre ni sur le papier, ni même dans mon imagination pour faire l'addition d'après la règle ou le dispositif classique. Je remarquerai que

$$246 = 240 + 6$$
$$\text{que } 79 = 70 + 9$$

je dirai ensuite :

$$240 + 70 = 310$$
$$6 + 9 = 15$$

d'où
$$246 + 79 = 325.$$

De même, si je veux multiplier « mentalement » 246 par 7, je ne placerai ni sur le papier ni dans mon esprit le plus petit nombre au-dessous du plus grand pour dire ensuite et suivant l'usage : 7 fois 6 = 42, je pose 2 et je retiens 4, etc., je dirai :

$$200 \times 7 = 1\ 400$$
$$40 \times 7 = \phantom{1\ }210$$
$$6 \times 7 = \phantom{1\ 4}42$$

d'où 246 × 7 = 1 400 + 210 + 42 = 1 652.

On le voit : le « calcul mental » consiste à décomposer les nombres donnés (centaines, dizaines, etc.), à substituer par cette décomposition même aux nombres sur lesquels les opérations seraient, de tête, plus difficiles, d'autres nombres — naturellement équivalents aux premiers — sur lesquels les opérations faites de tête seront plus aisées et plus promptes. De là résulte la physionomie particulière du calcul mental : dans le calcul ordinaire ou « calcul écrit », les opérations commencent toujours (sauf pour la division) par la droite, c'est-à-dire par les unités les plus faibles; au contraire, dans le calcul mental, les opérations commencent toujours par la gauche, c'est-à-dire par les unités les plus fortes.

**D.** — Quelles sont les principales règles du calcul mental ? — *a)* Tout d'abord on arrondira les nombres soit par augmentation, soit par diminution, sous réserve d'établir ensuite la compensation nécessaire.

Exemples :

Additionner 46 + 18. — L'on dit 46 + 20 — 2.
Additionner 88 + 92. — L'on dit 90 + 90.
Soustraire 85 — 18. — L'on dit 85 — 20 + 2.
Soustraire 85 — 22. — L'on dit 85 — 20 — 2.

*b)* On substituera la dizaine aux nombres qu'il s'agit d'additionner ou de soustraire, aux nombres 5, 9, 11 quand l'un de ces nombres est employé comme multiplicateur, sauf à rectifier le résultat en prenant la moitié si le multiplicateur est 5, en retranchant le multiplicande si le multiplicateur est 9, en ajoutant le multiplicande si le multiplicateur est 11, aux nombres 19, 29, 39 quand il s'agit de multiplier par ce nombre un autre nombre, en multipliant ce nombre par le nombre de dizaines immédiatement supérieur au multiplicateur et en retranchant le multiplicande du produit.

Exemples :

Additionner 60 + 80. — L'on dit 6 dizaines + 8 dizaines.
Multiplier 39 par 5 = 390 : 2.
Multiplier 39 par 9 = 390 — 39.
Multiplier 39 par 11 = 390 + 39.
Multiplier 39 par 19 = 39 × 20 — 39.

*c)* On divisera les nombres en parties aliquotes.

Exemples :

Multiplier un nombre par 25 : on le multipliera par 100 et l'on prendra le quart du produit;

Multiplier un nombre par 15 : on le multipliera par 10 et l'on augmentera ce produit de sa moitié ;

Multiplier un nombre par 75 : on le multipliera par 100 et l'on prendra les trois quarts du résultat ;

Diviser un nombre par 15 : on le divisera par 5, puis on divisera par 3 le quotient obtenu.

**E.** — Sans doute lorsque l'on doit procéder avec de grands nombres, faire de grosses opérations, le calcul mental n'est pas toujours applicable avec la même facilité et la même sûreté que le « calcul écrit » : il exigerait de la part de la pensée une puissance d'attention, surtout de mémoire, dont sa mobilité et son instabilité ne la rendent pas toujours capable. Quand les opérations sont compliquées, l'esprit ne peut se mouvoir avec assurance qu'appuyé, soutenu en quelque sorte sur un support, des signes matériels bien fixes. Il n'en reste pas moins vrai que, dans la plupart des autres cas, l'utilité du calcul mental n'est pas contestable. — *a)* Sa valeur pratique est certaine; on n'a pas toujours à sa disposition les éléments matériels pour calculer; il est donc au moins prudent de s'habituer à pouvoir s'en passer. — *b)* Le calcul mental permet à la pensée de faire des opérations avec plus de rapidité. — *c)* Il est moins machinal que le «calcul écrit»; les décompositions, les combinaisons qu'il exige demandent que l'on réfléchisse ; elles doivent être trouvées par l'intelligence, surtout justifiées devant elle. — *d)* Son principal avantage est de constituer pour l'esprit une excellente gymnastique ; il lui communique plus d'indépendance, lui permet de s'exercer dans le domaine de l'intelligible ; par lui, la pensée s'affranchit de tout auxiliaire matériel qui constitue en somme une sorte d'esclavage ; elle n'a plus affaire qu'à ses propres idées, car le nombre n'est après tout qu'une idée. Sans doute ces idées n'ont pas encore un caractère de spiritualité absolue ; elles sont toujours mêlées d'images, résidus de sensations : le concept pur semble n'être pour notre intelligence qu'un idéal, une limite impossible à réaliser. En tout cas, le calcul mental permet à l'enfant de pousser l'abstraction aussi loin, aussi haut que cela lui est possible. Et si maintenant l'on considère qu'une intelligence manifeste d'autant plus de puissance, de maturité qu'elle est davantage capable de s'élever au-dessus du domaine de la sensation, de se déployer en dehors du domaine de la matière, on ne pourra douter de la haute valeur pédagogique du « calcul mental, » et l'on devra le considérer comme un des instruments les plus efficaces pour la formation de la pensée.

*Ouvrages à consulter* : PLATON : *La République.* — RABIER : *Leçons de psychologie.* — EVELLIN : *Infini et quantité.* — DUMESNIL : *La Vie des concepts.* — BUISSON : *Dictionnaire de pédagogie* (article : *Calcul mental*). — TANNERY : *Sur l'enseignement de l'arithmétique à l'école.* — LACABE-PLASTEIG : *Leçons de calcul.* — CHARRIER : *Pédagogie vécue.*

## 19. Quel caractère l'enseignement de la géométrie doit-il avoir à l'école primaire?

**A.** — L'on connaît la nature de l'œuvre du maître à l'école. D'une part, il doit se préoccuper de l'éducation générale de l'enfant, s'efforcer de faire de lui une personne véritable. D'autre part, il lui importe de munir l'élève des diverses connaissances qui lui seront plus spécialement utiles dans la vie. Or, au nombre de ces dernières se trouvent celles qui se rapportent aux propriétés fondamentales, à la mesure des figures et des formes les plus communément réalisées dans les objets de la nature. Par exemple, il est très intéressant pour l'enfant — futur agriculteur ou futur ouvrier — d'être capable de déterminer la surface d'un champ (rectangle, trapèze), le volume d'un arbre, d'un tuyau (cylindre), d'une poutre ou d'un tas de bois (parallélipipède), la contenance d'un fût, etc. Mais pour cela il est indispensable qu'il ait reçu des notions fondamentales de « géométrie ». La géométrie et l'arithmétique sont les seules sciences mathématiques enseignées à l'école primaire.

**B.** — La géométrie se présente actuellement à nous sous la forme d'une longue chaîne de vérités reliées les unes aux autres par des rapports nécessaires, depuis les plus simples jusqu'aux plus complexes. Sa méthode est la « démonstration », forme particulière du raisonnement déductif : par cette démarche, l'esprit montre qu'une proposition déjà établie ou évidente par elle-même est la raison d'une autre proposition encore douteuse, mais qui s'impose et est admise comme certaine dès qu'elle apparaît comme une conséquence logique de la première. — Il ne saurait évidemment être question d'essayer de donner un tel caractère, essentiellement rationnel, à l'enseignement géométrique à l'école. Il faudrait en effet pour cela que l'enfant possédât une maturité d'esprit, une faculté de se mouvoir dans l'abstrait, une puissance de raisonnement qui ne se trouvent point en lui et ne sont réalisées que dans les intelligences adultes, plus cultivées. D'une part, l'enseignement géométrique à l'école primaire ne peut incontestablement porter que sur un petit nombre de vérités élémentaires, d'un caractère plus directement pratique, utilitaire. D'autre part, la méthode qu'il convient d'adopter doit être naturellement en harmonie avec la nature, la force de la pensée de ceux auxquels ces notions doivent être communiquées.

C. — Il convient d'ailleurs de ne pas l'oublier : la géométrie n'a pas toujours eu le caractère qui la distingue actuellement ; ce n'est pas du premier coup et d'emblée qu'elle a revêtu une forme purement déductive. L'étymologie même du mot « géométrie » (mesure de la terre) évoque l'idée d'une science d'abord purement pratique et tout expérimentale. C'est à l'observation que l'homme doit l'idée première des figures et des formes déterminées qui en constituent la matière précise. C'est encore l'observation qui a permis à l'homme d'établir les propriétés essentielles, les plus intéressantes de ces figures et de ces formes. C'est seulement dans la suite que la géométrie s'est transformée : alors, en effet, l'esprit a substitué aux figures toujours plus ou moins irrégulières de l'expérience d'autres figures idéales, d'une perfection absolue ; il les a recréées en les définissant ; c'est désormais sur celles-ci qu'il a opéré, en commençant par les plus simples, en faisant découler leurs propriétés de leurs définitions mêmes, en y rattachant les plus complexes et en déterminant les propriétés de ces dernières par l'intermédiaire des propriétés des précédentes, et cela par la seule force du raisonnement. Ainsi s'est constituée cette longue chaîne de vérités qui a toujours fait l'admiration des savants et des philosophes. Autrement dit, la géométrie a commencé par être une science inductive, par tout emprunter à l'expérience ; son caractère actuel, essentiellement déductif et rationnel, n'est que le résultat de son développement, de ses progrès. — A cet égard, l'histoire de l'enfant doit précisément reproduire celle de l'humanité même. L'enseignement géométrique doit être réservé aux cours moyen et supérieur. Mais même avec les élèves de cet âge, il importe qu'il conserve une physionomie nettement concrète ; la nature que cette science avait à ses débuts, dans ses commencements, est encore celle qu'elle doit avoir avec ceux qui font leurs débuts avec elle, qui en commencent l'étude. Bref, la seule méthode applicable est non pas le raisonnement pur, la démonstration, mais l'expérience, l' « intuition ».

**D.** — On doit d'abord éviter d'aborder l'étude de cette science en mettant l'enfant en présence d'idées abstraites, de définitions théoriques qu'il ne comprendrait pas. Il s'agit au contraire de lui faire observer des figures et des formes concrètes. Le maître lui donnera connaissance de celles qui existent dans la nature, même dans la salle de classe (angles, carrés, cylindres, etc.). Lui-même pourra avoir constitué une collection des « solides » les plus usuels (cônes, pyramides) en bois ou en carton. Il ne débutera pas en déclarant que « le triangle est une surface comprise entre trois droites qui se coupent deux à deux », que « la circonférence est une ligne engendrée par un point astreint à se mouvoir dans le même plan à égale distance d'un autre point ». Il commencera par montrer des triangles ou des circonférences réelles, par recourir à l' « intuition ». Bien plus, il devra se contenter d'établir expérimentalement, empiriquement quelques-unes des propriétés fondamentales de ces figures, même leur mesure, si cette mesure est directement possible. Par exemple, pour montrer que la somme des angles d'un triangle est égale à deux angles droits, il opérera sur un triangle et pratiquera ou fera pratiquer la mesure effective des trois angles. C'est par la même méthode qu'il fera voir que tous les rayons d'un cercle sont égaux, que le diamètre est égal au double du rayon, que

la longueur de la circonférence est toujours avec le diamètre
dans un rapport constant exprimé par le nombre 3,14 ; en
traçant un rectangle de 3 centimètres de long et de 2 centimètres de large, il lui sera facile de faire constater que cette
figure peut être divisée en deux bandes de 3 centimètres carrés chacun, que par suite sa surface est de 3 centimètres carrés
multipliés par 2, autrement dit de 6 centimètres carrés, que de
même un autre rectangle de 3 mètres de long et de 2 mètres
de large a 6 mètres carrés, bref que la surface du rectangle
est égale au produit d'une de ses dimensions par l'autre. Un
rouleau de papier ou de carton représente un cylindre ; il est
terminé par deux cercles égaux qui sont ses bases; la longueur
du rouleau ou distance des bases est la hauteur; la surface
latérale est la surface cylindrique. Le maître fendra cette dernière dans le sens de la longueur et l'appliquera à plat : il
obtiendra du même coup un rectangle qui a pour côtés la circonférence de base et la hauteur ; il aura ainsi établi par
l'observation que la surface cylindrique est le produit de la
circonférence de base par la hauteur du cylindre, que la surface totale du cylindre égale la surface cylindrique augmentée
de la surface des deux bases.

E. — Conclusion. — L'enseignement de la géométrie à l'école
primaire ne peut reposer que sur l'expérience : cette science
doit être une sorte de « physique » basée sur l'observation et
l'induction; le maître « montre » et ne « démontre » pas.
Néanmoins, dès qu'il le pourra, il devra reproduire à l'école
ce que l'homme a fait au cours de l'histoire, c'est-à-dire donner à cette science un caractère de plus en plus rationnel :
c'est pour lui une affaire de tact, de mesure. Il en résultera
deux conséquences dont l'importance ne saurait être mise en
doute. — a) Les vérités géométriques présenteront à l'enfant un caractère plus rigoureux et plus précis. Tant que
l'on fait seulement appel à l' « intuition », à l'expérience, il est
permis de se demander si toute erreur a été évitée : la certitude
est toujours relative; elle est au contraire définitive, dès que
la vérité, d'abord constatée, a pu être démontrée, c'est-à-dire
établie par l'intermédiaire d'une autre vérité évidente ou déjà
démontrée; alors ce qui était un pur fait contingent devient
une réalité nécessaire. D'ailleurs nos mesures, si bien prati-
quées qu'elles soient, ne fournissent que des « à peu près », des

approximations ; les instruments avec lesquels nous les opérons sont toujours imparfaits : en évaluant les trois angles d'un triangle, on verra bien que leur somme est sensiblement égale à deux angles droits ; mais on ne trouvera jamais qu'elle lui est absolument égale. Nous en serons au contraire parfaitement sûrs dès que la démonstration aura établi que les trois angles du triangle se ramènent aux angles formés du même côté d'une droite. — *b)* De plus en plus, le maître, après avoir appris à l'enfant à observer, l'habituera à raisonner. Il lui permettra de se dégager de plus en plus des impressions sensibles pour se mouvoir dans le domaine des abstractions, des pures créations de l'esprit. Du même coup, il formera sa pensée, lui communiquera plus de puissance et de force. Surtout, en l'obligeant à rattacher les vérités les unes aux autres, à en constituer des systèmes où toutes se tiennent et s'enchaînent, il la rendra difficile en matière de preuve, l'habituera à demander les raisons des choses, la rendra plus ferme, plus rigoureuse, plus éprise de clarté et de logique. Sans doute, avec Pascal, on a quelquefois opposé l' « esprit de géométrie », qui est plus lent, et l' « esprit de finesse », qui est plus prompt et plus apte à se mouvoir au sein de la complexité du réel parfois si nuancé. La vérité est que les deux disciplines sont également indispensables à une culture complète de l'intelligence. Aussi bien, la géométrie elle-même semble être capable de les développer harmonieusement toutes deux : c'est qu'au début elle exige une faculté d'observation aussi subtile et aussi délicate que possible, alors qu'ensuite, changeant de caractère, elle réclame une faculté de raisonnement solide et robuste.

*Ouvrages à consulter :* DESCARTES : *Discours de la méthode ; Règles pour la direction de l'esprit.* — STUART-MILL : *Système de logique inductive et déductive.* — POINCARÉ : *La Science et l'hypothèse.* — MILHAUD : *La Certitude logique.* — RIBOT : *Évolution des idées générales.* — LALANDE : *Leçons de philosophie scientifique.* — RABIER : *Leçons de logique.* — LEYSSENNE : article *Géométrie (Dictionnaire de pédagogie).* — APPELL : *Quelques réflexions sur l'enseignement des mathématiques à l'école primaire (Manuel général).* — GOBLOT : *Logique.*

**20. On assiste parfois dans les écoles à des « leçons de choses » sans choses. Quels sont les inconvénients d'une telle pratique et comment le maître doit-il s'en préserver?**

**A.** — L'enfant ne connaît tout d'abord que le très petit nombre de choses avec lesquelles ses sens le mettent directement en relation. Aussi bien les connaissances limitées, ainsi spontanément acquises, restent pour lui incomplètes, superficielles, imprécises : souvent il ne saisit dans les objets que certains détails qui l'intéressent plus directement au point de vue pratique et n'aperçoit point tout le reste. Il est donc nécessaire d'élargir son instruction, d'étendre le cercle des connaissances qu'il a sur le monde, de les rendre plus exactes, surtout de créer et de développer en lui la faculté, l'esprit d'observation. C'est précisément là le but des « leçons de choses ». Elles consistent en leçons orales faites par le maître et dont les sujets sont empruntés au milieu dans lequel vivent les élèves, aux objets dont ils se servent, aux faits habituels de leur vie quotidienne. Elles constituent en définitive une initiation à l'enseignement scientifique qu'elles précèdent et dont elles sont la préparation. Par là même, elles sont plutôt réservées aux élèves des cours inférieurs, bien que néanmoins, dans certains cas, elles puissent servir de « leçons communes ». — Il est indispensable que la « leçon de choses », qui est une leçon sur une chose ou à propos d'une chose, se fasse toujours avec la chose même dont elle se propose de donner, d'étendre ou de préciser la connaissance. Et cependant cette méthode, pourtant naturelle, n'est pas toujours adoptée : on assiste parfois à des « leçons de choses » sans choses : par exemple, le maître parlera du « charbon » ou du « blé » sans avoir pris la précaution de s'être procuré, dans le but de les montrer aux enfants et de les faire observer par eux, quelques morceaux de charbon ou quelques épis de blé.

**B.** — Une telle pratique a évidemment de sérieux inconvénients. Elle accuse d'abord de la part du maître une insuffisance regrettable de préparation. Si l'instituteur ne s'est pas soucié d'apporter en classe la chose même qui doit servir de thème à sa leçon et qu'il devrait présenter aux yeux des élèves pour qu'ils en fassent l'analyse méthodique et sérieuse, c'est que lui-même n'a pas pensé davantage à l'observer chez soi, avant la classe ; tout au plus s'est-il contenté de consulter son manuel ; il n'a pas cherché à rafraîchir la connaissance qu'il avait de la chose par un examen attentif de la chose même. C'est dire qu'il n'a pas eu soin de tracer d'avance le cadre de sa leçon, d'établir la façon dont il devait la conduire, l'ordre qu'il devait adopter, la série des observations qu'il devait suggérer ou provoquer, la diversité des questions qu'il devait poser. Aussi constate-t-on la plupart du temps qu'une leçon développée dans ces conditions, en l'absence même de la chose qui devait en constituer le centre, se réduit à un ensemble de digressions sans intérêt pour l'intelligence des enfants qu'elle obscurcit par sa confusion plutôt qu'elle ne l'instruit par sa clarté. — Même quand le maitre a soin de ne parler qu'avec l'objet dans la main ou sous les yeux, un tel exercice est toujours difficile et délicat ; peu de maitres y réussissent parfaitement ; l'instituteur n'arrive pas toujours à ne dire que ce qu'il faut dire, à porter l'attention des élèves là où il est intéressant qu'elle s'applique, à résister à l'association des idées toujours susceptible de l'entrainer hors de son sujet, de l'amener à aborder une série de questions et à ébaucher une diversité de leçons qui n'ont plus avec la chose précise dont il s'agit que des rapports lointains. Or le danger sera bien plus sérieux s'il parle en quelque sorte à vide et pour ainsi dire en l'air, lorsque l'objet, par sa présence même, ne le sollicite plus à fixer son attention sur lui, à se contenter d'en faire ou d'en provoquer l'analyse précise et d'inviter les enfants à l'observer avec méthode.

**C.** — Mais surtout de telles leçons vont directement contre le but pour lequel elles doivent toujours être faites : on a dit d'elles qu'elles constituaient des « contre-sens pédagogiques ». Toute « leçon de choses » doit nécessairement viser ou à donner à l'enfant la connaissance d'une chose nouvelle ou à augmenter et à préciser les notions qu'il possédait déjà sur cette chose. Mais pour qu'une chose soit connue ou pour que la connaissance que l'on en a déjà puisse s'enrichir, devenir plus exacte, la première condition est que la chose elle-même soit présentée successivement à nos différents sens et que l'on complète les données déjà obtenues par ces instruments naturels de perception. Les sens sont seuls capables de nous fournir sur les diverses qualités des objets les renseignements qui sont de leur compétence (couleur, résistance, saveur, etc.); seule l'attention apportée dans cette observation — qui n'est pas alors spontanée, mais volontaire — et aidée des instruments par lesquels, dans le but précis d'obtenir une connaissance plus adéquate ou moins inadéquate que celle que nous possédions sans eux, nous cherchons à augmenter la portée de nos sens, seule l'attention nous met à même de communiquer à nos perceptions plus d'exactitude et de finesse. Si donc la « leçon de choses » n'est pas d'abord la présentation de la chose même, si elle n'est pas pour l'enfant un « exercice d'observation », l'occasion de faire appel à ses sens et de tirer d'eux tout ce qu'il est possible de leur demander, elle est nécessairement incapable de lui faire obtenir la connaissance de cette chose ou de préciser les notions qu'il pouvait d'abord avoir sur elle par l'emploi en quelque sorte spontané de ses facultés naturelles. Sans doute le maître lui-même parlera de la chose ; mais ce « discours » sur la chose n'équivaut pas à l'intuition de la chose même, à l'analyse qu'il pourrait en faire, aux observations qu'il pourrait susciter de la part des enfants, aux comparaisons qu'il serait à même de leur suggérer, à la perception des rapports qu'il serait capable de provoquer. Dans la « leçon de choses », c'est en quelque sorte la chose, non le maître, qui doit parler ; c'est en tout cas le maître qui doit faire parler la chose en invitant chacun de nos sens à nous parler sur elle avec son langage spécial. Si donc la « leçon de choses » est faite en dehors de toute chose, non seulement elle perd son nom, mais encore elle se réduit à une série de mots qui sont impuissants à en invoquer ou à en préciser l'idée, à la faire vivre devant l'esprit avec la richesse de ses qualités, avec la juste appréciation de celles qui sont importantes, intéressantes et de celles qui le sont moins : elle n'est plus qu'une succession de formules abstraites que l'enfant est exposé à ne pas comprendre. Aussi de telles leçons, n'ayant rien de prenant, n'engendrent que l'ennui; elles fatiguent l'esprit au lieu de l'instruire.

**D** -- Stériles au point de vue de la connaissance, elles sont aussi sans importance pour la formation de la pensée. La « leçon de choses » représente essentiellement un « exercice d'observation »; elle tend à remplacer l'usage spontané de nos sens par une application attentive, patiente, méthodique de ces mêmes organes de connaissance, grâce à laquelle ils font leur « éducation », c'est-à-dire arrivent à gagner en subtilité, en précision, en finesse en même temps qu'ils semblent s'enrichir de pouvoirs nouveaux. Un tel exercice vise surtout à apprendre à l'enfant comment il convient d'observer, à quelles conditions intellectuelles et morales doit satisfaire l'observation pour qu'au point de vue de la connaissance des choses elle ait toute la perfection désirable, par suite tout l'intérêt et toute l'utilité nécessaires. D'ailleurs les sens ne se séparent pas de l'esprit, puisqu'ils sont l'esprit lui-même dans son activité tournée du côté de la perception des choses; c'est toujours l'esprit lui-même qui observe et ce sont surtout les qualités de l'esprit qui font la qualité des observations. Pour bien observer les objets, il convient de se poser sur eux une série de questions et d'émettre une diversité d'hypothèses, de les approcher les uns des autres, d'éclairer ceux-ci par ceux-là, de procéder à des comparaisons rapides, de se donner parfois des objets une perception idéale en pénétrant par dessous les caractères les plus apparents pour dégager et saisir les propriétés plus secrètes et plus cachées, les ressemblances plus subtiles et plus délicates. C'est cet esprit d'observation que la « leçon de choses » doit surtout viser à créer dans l'intelligence de l'enfant.

L'utilité d'une telle disposition n'est pas douteuse. Déjà habitué à observer dès l'école, devenu par là même curieux — d'une saine curiosité —, comprenant quelle multitude de choses lui échappent encore, l'enfant aura naturellement plus tard le désir de continuer à étudier dans le grand livre du monde; il analysera les êtres ou les faits, les hommes ou les choses avec toute la finesse, tout le soin nécessaires pour percer la réalité qui se cache si souvent derrière le voile des apparences et n'être pas dupe de ses premières impressions : dans chaque chose nouvelle, il verra l'objet d'une « leçon de choses » à constituer par l'examen et l'analyse personnelle Des « leçons de choses » sans choses seraient naturellement incapables de produire un tel résultat; c'est qu'avec elles, l'enfant n'observerait rien parce qu'on ne lui donnerait rien à observer : ni ses sens, ni son intelligence ne seraient en jeu. Une telle méthode, en même temps qu'elle le priverait des jouissances délicieuses de la vérité découverte, aurait tout au plus le déplorable résultat d'amener en lui la funeste et dangereuse habitude d'écouter passivement les autres, de s'en remettre à eux au lieu d'étudier par soi-même et de ne se fier qu'aux fruits d'une réflexion sincère, loyale, personnelle.

**E.** — Conclusion. — Le maître doit toujours constituer ses « leçons de choses » avec des choses, ou, quand cela n'est pas possible, avec les équivalents des choses, c'est-à-dire des gravures, des images : ces dernières doivent alors être la représentation aussi fidèle que possible des choses mêmes. Il est nécessaire que l'instituteur n'oublie jamais de se procurer les objets indispensables ou de les faire apporter par les élèves qui devront, avant la classe même, procéder à une première analyse : c'est cette étude que la « leçon de choses » précisera ou complètera. Il sera surtout excellent d'organiser un « musée scolaire ». Toutefois on s'abstiendra de le constituer avec des choses rares, curieuses ou étranges, sans rapport avec le milieu dans lequel vivent les enfants ; il devra surtout renfermer des échantillons appartenant à ce milieu même et offrir ainsi une sorte d'image du pays. D'ailleurs, dans chaque école, il aura sa physionomie spéciale, car c'est au maître qu'il appartient de dresser son programme de « leçons de choses » en tenant compte de la région dans laquelle il exerce (adaptation au milieu, à la saison, etc.). Aussi bien le musée scolaire pourra être organisé, renouvelé, enrichi par les apports des enfants ainsi plus directement intéressés à la vie scolaire ; de cette façon une heureuse collaboration est possible entre le maître et les élèves. A cet égard d'ailleurs et pour recueillir les divers matériaux, rien ne sera plus utile que les promenades collectives. — Bref, par sa richesse, son renouvellement, le musée scolaire témoigne de la vie qui règne à l'école, de l'intérêt que tous y prennent ; il représente aussi la première condition pour que la « leçon de choses » ait vraiment toute la vie, tout l'intérêt désirables, pour qu'elle dispose de toute son efficacité sur la pensée de l'enfant.

*Ouvrages à consulter :* J.-J. ROUSSEAU : *Émile.* — BAIN : *La Science de l'éducation.* — GRÉARD : *Instruction et éducation.* — MICHEL BRÉAL : *Quelques mots sur l'instruction publique.* — W. JAMES : *Causeries pédagogiques.* — RABIER : *Leçons de logique.* — COMPAYRÉ : *Éducation intellectuelle et morale.* — BERGSON : *Matière et mémoire.* — VESSIOT : *De l'enseignement à l'école.* — R. LEBLANC : *Les Sciences à l'école primaire.* — BLANGUEREON, *Les classes-promenades (Revue pédagogique,* juillet 1920).

---

### 21. Les programmes officiels prescrivent de donner à l'enseignement scientifique de l'école primaire une orientation pratique. Cela signifie-t-il que l'instituteur doive se dispenser de le faire servir à l'éducation générale?

**A.** — Chacune des sciences, dont l'ensemble constitue actuellement le « savoir » humain, se compose d'un système complexe de vérités qu'il ne saurait être évidemment question d'enseigner à l'enfant dans leur intégralité. Le maître lui-même n'en a pas la connaissance complète ; quand même il l'aurait, le temps de la scolarité est trop court, surtout l'esprit des élèves, même les plus intelligents, n'a pas assez de maturité et de force pour que l'on songe à une pareille œuvre, véritablement infinie. Il importe donc, dans chaque science, de ne choisir, pour les en instruire, qu'un petit nombre de notions fondamentales, susceptibles d'être assimilées par eux ; il ne faut leur apprendre que ce qu'il ne leur est pas permis d'ignorer. C'est en particulier ce que recommandent les programmes officiels à l'égard des sciences physiques et naturelles. Ils ne comportent en effet que l'étude d' « éléments » essentiels, vraiment accessibles à des enfants. Ils ajoutent qu'un tel enseignement ne doit pas rester purement spéculatif, théorique, qu'il convient de lui communiquer une orientation, une portée pratique, utilitaire, c'est-à-dire de ne donner ces notions fondamentales qu'en vue de leurs applications directes à l'agriculture, à l'hygiène, à l'économie domestique. Par exemple, le maître ne se contentera pas de faire connaître que l'air se compose d'oxygène et d'azote, qu'il contient aussi du gaz carbonique ; il devra surtout insister sur les conséquences applicables : *a)* à l'hygiène (nécessité de respirer profondément, d'aérer les appartements, de dormir les fenêtres ouvertes, etc.); *b)* à l'économie domestique (nécessité de soustraire au contact de l'air, agent de transmission des microbes, certains liquides fermentescibles, etc.); *c)* à l'agriculture (nécessité des binages et des sarclages pour permettre aux plantes de respirer par leurs racines ; nécessité de ne pas enfouir trop profond les semences qui ont besoin d'air pour se développer, de ne pas trop effeuiller les plantes pour qu'elles puissent fixer le carbone nécessaire, etc. Mais comment convient-il d'interpréter les programmes? Le maître doit-il vraiment renoncer à faire de l'enseignement scientifique un moyen pour l'éducation générale ?

**B.** — *A priori*, cela n'est pas possible. Si sans doute il doit se soucier de la condition qui plus tard sera faite à l'enfant, le préparer à sa future profession et le doter du plus grand nombre de connaissances qui lui seront alors utiles, il importe qu'il ne perde jamais de vue la fin essentielle de l'éducation qui est la culture et le développement harmonieux des facultés de l'esprit : avant de former des agriculteurs ou des ouvriers, il faut qu'il forme des hommes. Certes on a pu parfois reprocher à l'enseignement scientifique de n'avoir pas à cet égard toute l'efficacité désirable. C'est que trop souvent il revêt un caractère purement livresque : le maître se contente alors d'exposer ou de faire apprendre ce qui est dans le manuel. Les inconvénients d'une telle méthode sont évidents. — *a)* Par elle, l'élève ne retient guère que des mots, des formules abstraites et vides qui encombrent sa mémoire sans l'instruire; il faut éviter l'abus de termes scientifiques que l'enfant répète sans comprendre ce qu'ils signifient. — *b)* De telles leçons demeurent sans intérêt; elles n'ont aucune action sur l'intelligence ou plutôt elles ne créent en elle que la mauvaise habitude de se payer de mots et de se détourner de l'étude de la réalité : « c'est proprement le verbalisme, c'est-à-dire un fléau » (Liard). — *c)* Surtout une telle discipline est contraire à l'esprit même des sciences de la nature. En effet, toutes les vérités dont actuellement elles se composent sont dues à l'observation et à l'expérimentation qui n'est encore qu'une forme originale de l'observation, une « observation provoquée ». Constater, supposer, vérifier, tels sont les trois moments indispensables par lesquels passe nécessairement la pensée dans sa recherche des lois. Celles-ci ne sont pas d'emblée données à l'intelligence; il est nécessaire que l'esprit les cherche et les trouve à force d'ingéniosité ; comme ces lois sont réalisées dans les choses, la première condition pour qu'il les découvre, c'est qu'il étudie attentivement les choses mêmes. A l'école, l'enseignement scientifique doit avoir le même caractère essentiellement expérimental : enseigner une vérité, c'est en effet après tout la faire retrouver à l'enfant, l'aider à repasser par les mêmes voies, les mêmes opérations que celles qui ont conduit le savant à la découvrir. Bref, pour développer les applications pratiques des « éléments » des sciences physiques et naturelles, il importe de posséder ces éléments, de les faire connaître : or, pour ceci même, la seule méthode rationnelle, c'est la méthode expérimentale.

C. — L'enseignement scientifique à l'école primaire doit donc faire appel sans cesse à l'observation de l'enfant et donner la place la plus large à l'expérimentation, c'est-à-dire constituer pour la pensée — dont l'observation n'est qu'une attitude, un acte — un moyen de formation et de culture. Déjà les « leçons de choses », initiation à l'enseignement scientifique, ne sont pour le maître que des occasions renouvelées de faire observer. Mais il est possible d'instituer d'autres observations d'un caractère plus scientifique. Ce sera, en physique, l'observation de l'ébullition de l'eau, du phénomène de l'évaporation, des courants d'air, de la réflexion dans un miroir, etc. ; en chimie, l'observation d'un morceau de soufre, des bruits qu'il produit quand on le tient dans la main, de la forme particulière de ses cristaux, la constatation de l'odeur spéciale du chlore ou de l'ammoniaque, etc. ; en anatomie et en physiologie, l'observation de la pulsation sanguine, d'une dent, d'une mâchoire, d'un cerveau d'animal, etc. ; en botanique, l'observation d'une fleur et de ses différentes parties, de la feuille et de ses divers éléments, etc. — L'enseignement plus spécialement agricole comporte lui-même tout un ensemble d'observations analogues. Le jardin de l'école constitue déjà un terrain propice pour les observations (cultures en pot, greffe, soins à donner à la vigne, etc.) D'ailleurs le maître peut inviter l'enfant à observer autour de lui, en dehors de l'école, dans la campagne : les travaux des champs, les cultures, les instruments aratoires seront pour cela une mine inépuisable. Il sera de même utile d'organiser des « promenades scolaires », des visites de carrières, de terrains, de fermes ou d'écuries bien tenues, etc. Toutes ces observations seront le point de départ et l'occasion de causeries ou de leçons aussi intéressantes qu'éducatives. Il sera utile que l'élève tienne un cahier spécial d'observations.

**D.** — Au surplus, le maître ne manquera jamais de recourir à l'expérimentation toutes les fois que cela sera possible. Il n'a pas besoin pour cela d'un laboratoire, ni d'un matériel compliqué ; un outillage élémentaire lui suffit : plus ses appareils sont simples, plus ils sont démonstratifs et probants. Même bien souvent, avec un peu d'ingéniosité et d'initiative, il lui sera facile de constituer les divers instruments qui lui seront nécessaires. Citons quelques expériences réalisables à l'école. — En physique, c'est la vérification du principe d'Archimède, de la loi de la pesanteur de l'air, de la dilatation des corps par la chaleur, la décomposition de la lumière par le prisme, sa recomposition par le disque de Newton, etc. — En chimie, c'est l'action comburante de l'oxygène, l'analyse de l'air, l'action décolorante des vapeurs de soufre, l'action de l'acide sulfurique sur du cuivre, une pierre calcaire, etc. — En anatomie et physiologie animales ou végétales, ce sont les expériences pour montrer que l'air expiré contient du gaz carbonique, faire comprendre le rôle des poumons dans le phénomène de la respiration, prouver que la plante respire par les feuilles, établir que l'oxygène est nécessaire à la vie des animaux ou bien encore les expériences sur la germination, la fonction chlorophyllienne, etc. — Dans l'enseignement plus spécialement agricole, l'expérimentation est encore de mise à chaque instant : de là l'utilité du champ de démonstrations de l'école ou de la commune. Il est facile au maître de rendre sensible à l'aide de « témoins » l'action fertilisante de tel ou tel engrais sur telle ou telle culture, de telle ou telle substance (chaux, purin, etc.) sur tel terrain particulier, etc. Il a ainsi mille occasions de provoquer l'intérêt des élèves, surtout de susciter et de fortifier en eux l'amour de la terre. Toujours d'ailleurs il devra adapter ses leçons et ses expériences à la région spéciale où il exerce.

**E.** — Au surplus, l'enseignement scientifique ne communique pas seulement à la pensée l'habitude précieuse de l'observation ; il forme encore en elle la faculté du raisonnement, et cela sous ses deux formes principales (induction et déduction). Par exemple, après avoir répété un certain nombre de fois une expérience dans des conditions différentes, fait constater que toujours les mêmes faits se reproduisent, il sera facile au maître d'amener l'enfant à la pensée que cet ordre n'est pas dû au hasard, qu'il ne saurait être le résultat d'un accident, de l'élever ainsi jusqu'à la conception de la loi. Par là même, il l'habituera à induire, mais à induire avec toutes les précautions nécessaires, avec toute la sécurité désirable. Sans doute il n'y a pas à stimuler chez l'enfant la tendance à passer du particulier au général; il s'agit plutôt de la discipliner, de l'endiguer en la rendant plus prudente dans ses affirmations. Ce sera précisément là le rôle de l'enseignement scientifique : par lui, la pensée obtiendra plus de vigueur; plus difficile en fait de preuve, elle marchera avec plus de solidité. Du même coup, elle sera en mesure de devancer l'expérience, de s'en rendre indépendante en anticipant sur elle. C'est qu'en effet, une fois en possession de la loi, elle est à même de prévoir ce qui va ou plutôt ce qui doit se passer dans tel ou tel cas particulier, autrement dit de « voir » les faits avant même qu'ils se produisent, d'assigner en quelque sorte aux phénomènes l'ordre dans lequel ils doivent se dérouler, de commander véritablement à la nature qui semble obéir. C'est précisément en cela que consiste la « déduction » : aussi une telle démarche marque-t-elle au plus haut point la puissance de la pensée. Bref, de toute façon, l'enseignement scientifique aura pour résultat de donner au futur agriculteur d'excellentes habitudes d'esprit. Sans doute le maître peut ne pas avoir pour les divers travaux des champs la même habileté manuelle que l'agriculteur lui-même. Mais ce qu'il veut apprendre à l'élève, à l'enfant du cultivateur, c'est ce que le cultivateur ignore, c'est la raison d'être de ce qui souvent est fait machinalement, par pure tradition, par empirisme; autrement dit, il veut que l'enfant puisse plus tard se rendre compte des opérations culturales, en connaître le pourquoi, s'expliquer ce qu'il fait ou ce qu'il va faire, le justifier à ses yeux comme aussi, le cas échéant, aux yeux des autres, éviter la routine, rompre avec le préjugé, par là même apporter les perfectionnements désirables, provoquer les progrès d'où naîtra un rendement plus appréciable, par suite une prospérité plus grande. Bref, le maître forme dans l'enfant l' « esprit scientifique » c'est-à-dire la saine curiosité, le don de l'étonnement, le besoin de trouver la cause, la raison des choses, l'habitude d'observer patiemment, d'affirmer prudemment, de ne s'en remettre qu'à l'autorité des faits et de la raison.

**F.** — D'ailleurs ce serait méconnaître la véritable portée de cet enseignement que de ne voir en lui qu'un instrument, si précieux qu'il soit, pour la culture de la pensée : son rôle est plus important et plus large ; en réalité, son action intéresse l'âme tout entière. C'est que les sciences physiques et naturelles, en même temps qu'elles nous font assister à l'infinie diversité des faits, à la prodigieuse multiplicité des êtres, ont cet avantage de nous révéler l'ordre profond, l'harmonie admirable qui existe au sein de la nature. Grâce à elles, le monde se manifeste à nous comme un cosmos bien organisé, d'une merveilleuse sagesse, comme une œuvre d'art d'une incomparable beauté. Mais un tel spectacle invite notre volonté à reconnaître qu'elle-même ne peut, au sein des choses, constituer une incompréhensible exception, c'est-à-dire qu'elle aussi est soumise à une loi qui doit en régler les diverses manifestations. Du même coup, il ne saurait laisser notre cœur indifférent; il éveille au contraire spontanément en nous les sentiments les plus purs et les plus sains, nous élève jusqu'à l'intuition de l'idéal, de l'infini. Bref, l'enseignement scientifique peut ainsi exercer sur nous une influence nettement morale, produire aussi une sorte d'émotion religieuse. Dans ces conditions, ce serait vouloir le rétrécir outre mesure, en méconnaître le véritable esprit que d'insister seulement sur son utilité pratique et de ne pas en faire un excellent instrument pour la culture de l'esprit, l'élévation de l'âme, c'est-à-dire pour l'éducation générale.

*Ouvrages à consulter : Instructions ministérielles* (4 janvier 1897 et 13 mai 1911). — CL. BERNARD : *Introduction à la médecine expérimentale.* — RABIER : *Leçons de psychologie; Leçons de logique.* — GRÉARD : *Instruction et éducation.* — THAMIN : *Éducation et positivisme.* — COMPAYRÉ : *Éducation intellectuelle et morale.* — RICARDOU : *De l'idéal.* — R. LEBLANC : *Les Sciences à l'école primaire.* — PETITOT : *Le Laboratoire scolaire.* — *L'inspection académique* (Recueils de documents pour l'Exposition universelle de 1889). — MÉLINE : *De la réforme de l'enseignement primaire au point de vue agricole (Manuel général,* 1908). — G. VARET : *L'idolâtrie de la science et l'esprit scientifique (Revue pédagogique,* 1913). — G. COLOMB : *L'Enseignement scientifique à l'école primaire (Manuel général,* 1920). — DÈROME, *L'Enseignement des notions scientifiques à l'école primaire élémentaire (Revue pédagogique,* avril 1920). — LAPIE : *L'Enseignement scientifique* (Discours prononcé à la distribution des prix du lycée de Toulouse, 13 juillet 1913).

**22. On a parfois considéré l'enseignement de l'histoire à l'école primaire comme s'adressant exclusivement à la mémoire. Est-ce se faire sur sa valeur éducative une conception juste?**

**A.** — Au milieu de la diversité des sciences actuellement constituées par l'homme, l'histoire possède une physionomie spéciale : avec les autres sciences, la pensée part de faits présents, immédiatement donnés dans l'expérience, et, par eux, s'efforce de construire l'avenir; au contraire, avec l'histoire, elle cherche à établir des événements qui se sont déroulés autrefois à travers l'humanité et à recréer le passé. — Il est évident qu'à l'école primaire l'enseignement de l'histoire ne saurait dépasser des limites restreintes : il ne consiste qu'à apprendre à l'enfant les événements les plus marquants de la vie du pays, ceux qui ont eu sur les destinées de la patrie l'influence la plus décisive et qu'il n'est pas possible à un citoyen français d'ignorer. Aussi, au premier abord, paraît-il ne faire appel qu'à la mémoire : il suffira, semble-t-il, que le maître fasse retenir à l'enfant les faits qui auront servi d'objet à la leçon, qu'il arrive à les lui graver assez profondément dans l'esprit pour qu'ils ne soient plus oubliés. Et, en effet, c'est bien ainsi qu'assez longtemps cet enseignement a été compris; il se réduisait alors facilement à une énumération plus ou moins sèche de faits avec leurs dates (guerres, traités de paix, avènements de rois, etc.) ; c'était tout ce que l'on demandait à l'élève de savoir et de conserver par cœur : bref, il constituait en somme un pur exercice de mémoire et c'était aussi toute la valeur éducative qu'on lui reconnaissait.

**B.** — En réalité c'était là une vue très incomplète. Même à l'école primaire, le rôle de l'histoire, bien que bornée à des éléments essentiels relatifs au passé de la France, est plus large et plus important. Aussi bien, par une réaction heureuse, il est actuellement mieux compris. Certes il ne saurait être question de contester la part que la mémoire doit y tenir : les grands faits avec leurs dates doivent être pour l'enfant l'objet d'une connaissance sûre; à cet égard, sa faculté de se souvenir ne saurait avoir trop de promptitude ni trop de fidélité ; sans cette condition, sans « cette armature qui sou-

tient et relie toutes les notions, il n'y a pas plus d'histoire que
de science possible ». En conséquence, il est juste d'approuver
les maîtres qui, par certains dispositifs ingénieux, s'efforcent
de faciliter à l'enfant les connaissances historiques, de lui
permettre de retenir les faits d'une façon plus aisée et plus
durable. Ces dispositifs sont d'autant plus intéressants qu'ils
sont plus rationnels : le rôle du jugement, des rapports logiques dans la fixation et la conservation des souvenirs est bien
connu. Il n'en reste pas moins vrai que l'histoire ne doit pas
seulement intéresser la mémoire : en réalité, elle sert à l'éducation tout entière, considérée dans ses deux parties essentielles (éducation intellectuelle, éducation morale).

C. — Tout d'abord cet enseignement doit faire sa part à
l'imagination. On connaît le mot de Michelet : « L'histoire est
la résurrection du passé. » — Il est nécessaire au maître de
la rendre aussi pittoresque que possible, c'est-à-dire de faire
revivre, de mettre sous les yeux des enfants les époques et
les personnages avec leur couleur, leur physionomie particulière, les mœurs, les usages, les coutumes, les formes spéciales
de la civilisation (habitation, mode de vivre, vêtements,
armures, etc.). Autrement dit, il importe qu'il joue lui-même
véritablement le rôle de l'historien, qu'il tire les faits ou les
hommes du passé dans lequel ils sont ensevelis, qu'il les évoque
devant l'esprit de ceux qui l'écoutent, qu'il donne aux élèves
les éléments nécessaires pour qu'ils se les représentent avec
netteté et les créent à leur tour, bref qu'il parle à leur imagination et arrive à l'ébranler. C'est d'ailleurs la condition
essentielle pour que l'enseignement de l'histoire intéresse et
frappe ; ainsi présenté, il a bien plus de chances d'être vite
et longtemps retenu. Pour réaliser cette fin et « dramatiser »
ses leçons, le maître pourra recourir aux tableaux historiques, aux gravures du livre, au dessin, aux productions
de l'art, et, toutes les fois que cela est possible, à la visite
des monuments (importance de l'histoire locale ; excursions à
un ancien château, à des ruines, à une vieille église, etc.).
Aussi bien, il devra mettre de la chaleur, de l'émotion dans
son récit pour raconter certains faits ou décrire certaines scènes
(reddition de Vercingétorix, mort de Jeanne d'Arc, campagne de Russie, vie des soldats de la grande guerre dans
la tranchée, etc.). De même, il sera bon qu'il ait recours

aux lectures historiques. — Ainsi comprise, l'histoire à l'école constitue une excellente discipline pour la culture de l'imagination.

**D.** — C'est aussi vrai pour la formation du jugement et du raisonnement. Les événements historiques ont, comme les faits de la nature, leurs causes précises, quoique plus complexes, plus nombreuses et enchevêtrées les unes dans les autres, c'est-à-dire leur « déterminisme ». Ce serait se tromper que d'y voir le résultat du hasard ou le produit d'une intervention surnaturelle : ce sont des événements humains qui ont des causes humaines. Ils ont leur raison dans d'autres faits qui les ont précédés et qui les ont plus ou moins longuement préparés. Aussi bien, s'ils sont des effets, ils produisent aussi des effets, engendrent telles ou telles conséquences. Dans ces conditions, l'enseignement de l'histoire est pour le maître une occasion sans cesse renouvelée de poser des « pourquoi » et des « comment », c'est-à-dire d'interroger l'enfant, de le forcer à réfléchir et à penser, de l'inviter à trouver la raison explicative ou du moins à choisir entre les diverses causes possibles celle qui a le plus de chances d'être la vraie. Sans doute il est bon que l'élève se souvienne ; il vaut encore mieux qu'il « comprenne », qu'il demande à comprendre, qu'il fasse preuve de curiosité, qu'on développe en lui l'esprit scientifique. L'enseignement historique ne doit pas se borner à présenter une série d'événements décousus, sans lien : ce ne serait plus un enseignement, mais un pur chaos ; l'enfant serait incapable de se retrouver au sein d'un tel désordre et la mémoire elle-même succomberait à sa tâche. Ce qui importe, c'est d'organiser les faits, de les rattacher les uns aux autres par des rapports de cause à effet, de moyen à fin, de faire de chaque époque principale un système où l'esprit voit clair. C'est seulement à cette condition que les leçons du maître seront aisément retenues et gravées pour longtemps. Mais ceci montre encore davantage l'erreur de concevoir l'histoire comme se rapportant exclusivement à la mémoire : elle demande du jugement. D'ailleurs on a pu dire qu'elle recommence sans cesse ; en tout cas, certains événements se reproduisent plus ou moins analogues au cours de l'évolution des nations ou des peuples. Aussi sera-t-il intéressant pour le maître de faire procéder à des comparaisons d'inviter à rechercher certaines analogies, d'éclairer ainsi certaines époques par certaines autres. C'est là un exercice essentiellement intellectuel, qui ne peut avoir que d'heureux effets sur la pensée à laquelle il communique plus de finesse et en même temps plus de prudence, car il apporte le sentiment de l'infinie complexité des choses humaines et de la difficulté d'arriver à une certitude parfaite. A cet égard, l'importance de l'histoire pour la formation de l' « esprit scientifique » ne saurait se discuter.

**E.** — Ce n'est pas tout. Précieuse pour l'éducation intellectuelle, l'histoire l'est également pour l'éducation morale. Elle est comme une vaste scène où viennent se dérouler d'innombrables actions d'une valeur bien différente, susceptibles d'être soumises aux appréciations de la conscience. C'est dire que par elle le maître dispose d'une foule d'occasions pour faire distinguer à l'enfant le bien du mal, le beau du laid, la vertu du vice, provoquer l'éloge des hommes dont la conduite ou l'attitude a été juste, courageuse, généreuse, héroïque, de ceux qui ont eu le culte de la charité, de la tolérance, se sont dévoués pour leur pays, ont consacré leur vie à sa gloire, sont morts afin de le sauver de la domination ou de l'esclavage, faire jaillir à leur égard l'admiration, l'enthousiasme, le respect, l'amour, susciter au contraire le blâme, le mépris, l'aversion ou l'indignation pour ceux qui ont fait preuve de lâcheté, d'égoïsme, de félonie, de duplicité ou de cruauté, ont foulé aux pieds la justice et le droit, ont trahi leur pays ou déchaîné sur lui les plus funestes calamités. On connaît le mot de Montaigne : « Qu'on apprenne pas tant les histoires qu'à en juger ». — A cet égard, l'enseignement historique peut être considéré comme un élément de l'enseignement moral : il contribue à développer la conscience, à l'éclairer, à la rendre plus sûre et plus subtile; il le fait surtout par le contraste qu'il révèle souvent entre la réalité et les besoins du cœur humain : l'enfant proteste naturellement quand il voit d'une part l'homme vertueux méprisé ou persécuté, d'autre part le méchant au sein du bonheur et de la prospérité; une telle réaction ne peut avoir que d'heureux effets au point de vue de la formation de la volonté qu'elle fortifie dans l'amour du bien, dans la foi à une justice capable d'amener tôt ou tard les réparations nécessaires, dans l'espoir d'un ordre de choses différent de celui que l'expérience nous présente et qui nous scandalise.

**F.** — Mais ce n'est pas seulement à ce point de vue que l'histoire possède une véritable action morale. Le maître ne doit pas oublier de mettre en relief le rôle joué par la France à travers l'humanité, de montrer que c'est elle qui a semé à travers le monde les idées généreuses de justice, de droit, de liberté, qu'elle a toujours conservé, entretenu le flambeau précieux de l'idéal, défendu et parfois sauvé la cause de la civilisation, qu'elle est constamment venue au secours du faible contre le fort. Par là même, il éveillera et alimentera le sentiment du patriotisme qui élargit le cœur de l'homme et l'ouvre déjà à l'amour de l'humanité. Il ne devra pas non plus se borner à faire connaître les guerres, les victoires ou les revers, les conquêtes militaires ; il n'oubliera pas d'exposer les inventions scientifiques, les productions littéraires, les créations artistiques, les conquêtes pacifiques qui concourent à la civilisation et contribuent au moins autant que les autres à la gloire d'un pays. Et ainsi il pourra aisément établir le « culte des grands Français », qui n'est qu'une forme vivante et concrète du « culte de l'idéal ». Aussi bien, il sera merveilleusement placé pour insister sur les sentiments qui ont inspiré ceux qui nous ont précédés et les aspirations qui les ont fait agir, sur ce qu'ils ont espéré ou voulu à travers le temps, bref pour mettre l'enfant en contact avec le génie même de la nation. u même coup, c'est la grande âme de la patrie qui pénétrera dans l'âme de l'élève, l'enveloppera subtilement et la formera profondément ; l'histoire établit ainsi une solidarité entre les générations successives, permet l'éducation des diverses générations les unes par les autres, entretient l'esprit national.

**G.** — Conclusion. — L'histoire ne s'adresse pas seulement à la mémoire. Elle intéresse aussi l'imagination de l'enfant, le fait penser, réfléchir, raisonner, remonter des effets aux causes, descendre des principes aux conséquences ; elle cultive sa curiosité et forme son intelligence. Et d'autre part, elle fortifie sa conscience morale, aiguise en lui le sens du bien et du juste, consolide sa volonté dans le culte de la vertu, donne une forme concrète à l'idéal moral. En même temps, elle éveille en lui les sentiments les plus nobles, élargit son cœur par l'amour de la patrie, l'enrichit de toutes les aspirations dont étaient animés ceux qui vivaient avant lui. Ce qui revient à dire qu'en définitive elle contribue à l'éducation de l'âme tout entière. On a même pu déclarer qu'elle était la grande éducatrice des sociétés. C'est qu'en effet elle renferme une série de leçons dont doivent s'inspirer à la fois les gouvernés et les gouvernants. On connaît le mot de Bossuet : « Quand l'histoire serait inutile aux autres hommes, il faudrait l'apprendre aux rois ». Il convient de l'apprendre aussi aux peuples, aux démocraties, de rappeler aux nations quelques vérités importantes, par exemple qu'un pays n'est fort que quand il est uni, qu'il est dangereux pour un État de vouloir faire la loi aux autres, etc. Ainsi comprise, elle ne devient pas seulement un instrument précieux pour l'éducation individuelle ; elle est encore « la grande inspiratrice de l'éducation nationale ».

*Ouvrages à consulter :* PÉCAUT : *L'Éducation publique et la vie nationale; Quinze ans d'éducation.* — RABIER : *Leçons de logique.*— LAVISSE : Article *Histoire (Dictionnaire de pédagogie)*; *L'Enseignement de l'histoire (Revue pédagogique)*; *Histoire de France* (cours moyen : avant-propos).—LEMONNIER : *L'Enseignement de l'histoire dans les écoles primaires* (Recueils de monographies pédagogiques pour l'Exposition de 1889). — A. GASQUET : *Conférence sur l'enseignement de l'histoire.*— PIZARD : *L'Histoire à l'école primaire (Revue pédagogique)*; — MENTION : *L'Enseignement de l'histoire à l'école primaire (Manuel général).* — FUSTEL DE COULANGES : *La Cité antique.*— VESSIOT : *L'Enseignement de l'histoire.* — MORTET : Article *Histoire (Grande Encyclopédie).*

-------

## 23. L'enseignement de la géographie à l'école n'a-t-il de l'intérêt qu'au point de vue de la formation de l'esprit et ne doit-il pas être considéré comme constituant aussi un instrument d'éducation morale?

**A.** — Ainsi que son nom l'indique, la géographie est la « description de la terre », de la planète que nous habitons, des différents pays et des diverses régions dont elle se compose avec ce qui les caractérise (configuration, nature et relief du sol, montagnes, plaines, fleuves, climats, richesses naturelles, industries, modes de vivre des habitants, etc.). Elle touche ainsi à toute une série d'autres sciences (cosmographie, géologie, minéralogie, physique et chimie, agriculture, histoire, etc.).

L'utilité d'un tel enseignement à l'école primaire ne se discute pas; mais il a aussi des limites nécessaires : il comprend surtout l'étude de la France et de ses colonies, avec des notions essentielles sur l'Europe et des indications plus sommaires sur les autres « parties du monde ».

**B.** — Peut-être est-il un de ceux en qui ont été apportées depuis quelque temps les améliorations les plus heureuses.— Réduit autrefois à peu près exclusivement à une nomenclature morte et sèche (énumération des montagnes avec leur altitude, des fleuves avec leurs affluents, des contrées avec leurs capitales, etc.), il vise maintenant non seulement à donner à l'enfant des notions précises portant sur des choses intéressantes, à le doter par là même d'une instruction susceptible d'élargir utilement le cercle de son expérience, mais encore à devenir pour son intelligence l'instrument d'une formation véritable. D'une part, toutes les fois que cela est possible, il fait appel à l'observation directe ; d'autre part, il s'efforce de suppléer au peu d'étendue de cette intuition — condamnée à ne s'exercer que dans des limites nécessairement très restreintes — par une vision idéale, une sorte d'évocation des choses, et cela en revêtant un caractère aussi concret que possible. La description du maître, pittoresque et suggestive dans son indispensable sobriété, permet à l'enfant de se faire une représentation à la fois exacte et vivante des diverses régions dont on lui parle : cartes murales, croquis au tableau noir, tableaux Hugo d'Alési, gravures du livre ou de l'atlas, cartes postales, projections lumineuses, vues cinématographiques, etc. tout cela est du plus utile secours. S'il est vrai que, par la vision directe qu'ils donnent des choses, les voyages constituent en définitive la seule façon de bien connaître les diverses régions du monde, il importe que chaque leçon serve pour l'enfant comme d'un voyage idéal d'où il sortira presque aussi instruit que d'un voyage réel. Tout ceci revient à dire qu'un tel enseignement est, au plus haut point, du ressort de l'imagination.

**C.** — Il intéresse de même directement la culture du raisonnement. En effet, le maître ne doit pas se contenter de faire voir directement ou d'amener indirectement l'enfant à voir par la force de son imagination ; son rôle est surtout de

l'amener à « comprendre », c'est-à-dire de lui donner les raisons ou mieux de l'inviter à chercher lui-même et à trouver
les raisons des divers faits sur lesquels porte la leçon. C'est
que toutes les particularités géographiques ont leurs causes
bien déterminées : par exemple, ce n'est point par hasard que
tel ou tel fleuve coule dans telle ou telle direction, que son débit
est régulier ou non, que son volume varie ou ne varie pas ; ce
n'est point non plus par hasard que telle ou telle industrie
s'est développée dans telle ou telle ville, que dans telle ou
telle région l'on s'adonne à tel genre de culture ou à tel mode
d'élevage, que la population est ici plus ou moins dense
qu'ailleurs. Tout cela s'explique et peut être expliqué. C'est
principalement à la nature du sol, à son relief, à ses richesses
matérielles, à la situation de la région, au climat qu'il importe
de toujours revenir : là est en effet le principe profond de ce
que l'observation révèle. A ce point de vue, on a pu dire que
la géographie physique est la clef de toute la géographie (économique, politique, historique). Dans ces conditions, il n'est
pas impossible, même en géographie, de trouver certaines
vérités d'ordre général, des lois (géographie générale). Bref,
on le voit : un enseignement de la géographie bien compris
est excellent pour former l' « esprit scientifique », habituer
l'enfant à la recherche des causes, du « pourquoi », du « comment » des choses, tenir sa curiosité en éveil, lui communiquer
le don précieux de l'étonnement qui est le commencement de
la science, exercer et cultiver sa faculté de raisonner.

**D.** — Sur tous ces points, et grâce à l'idée plus exacte
que l'on se fait maintenant de la géographie, il ne saurait plus
désormais exister aucun malentendu, aucune contestation.
— Mais il faut aller plus loin, insister sur une autre vérité
laissée plus ordinairement dans l'ombre, savoir que l'enseignement d'une telle science possède une réelle portée morale.
— Tout d'abord, la géographie nous fait assister au travail
prodigieux qui s'accomplit à travers le monde entier, à l'éton-
nante multiplicité des industries, des formes du commerce
dues à l'activité de l'homme, à l'incessant mouvement des
échanges économiques qui s'opèrent non seulement entre les
nations d'une même partie du globe, mais encore entre toutes
les parties de l'univers. Or toutes ces transactions sont nécessaires pour que les divers peuples puissent vivre et vivre plus

facilement; elles montrent aussi que tous les hommes ont besoin et dépendent les uns des autres, que le travail de chacun est indispensable à tous. Le maître a ainsi toute facilité pour mettre en relief la grande loi de la solidarité universelle. Sans doute un tel sentiment n'est pas encore à proprement parler l'amour de l'humanité; en tout cas, il prépare, ouvre plus aisément le cœur à cette large et généreuse affection. — Aussi bien, la géographie nous révèle la place exacte que tient notre pays au point de vue économique dans l'ensemble des autres nations, l'importance et les résultats de son effort dans l'effort universel. Elle nous fait aussi connaître ses beautés, ses richesses, son heureuse situation, la variété de son climat, la diversité de ses productions, le pittoresque ou la splendeur de ses sites, l'originalité de chacune de ses provinces, etc. C'est pourquoi, grâce à elle, l'enfant comprend mieux pour quelles raisons la France a toujours été un objet de convoitise de la part d'autres peuples moins favorisés par la nature, quel culte il convient d'entretenir à l'égard de ceux qui, aux divers moments de son histoire, l'ont défendue contre l'envahisseur, de ceux qui, par leur labeur, leur intelligence sont parvenus à la faire ce qu'elle est aujourd'hui. Ceci revient à dire qu'elle est éminemment propre à éveiller le sentiment du patriotisme, à l'éclairer, par là même à le fortifier. Du reste une telle affection n'empêche pas de reconnaître les vertus des autres nations, de leur rendre une justice légitime. Aussi la géographie est-elle capable de susciter dans le cœur de chacun de nous une généreuse émulation, le désir de contribuer, chacun pour notre part, à ce que notre pays occupe au milieu des autres nations la place à laquelle il peut légitimement aspirer.

**E.** — Au surplus, cette action morale, si importante qu'elle soit, n'est pas la seule. La géographie est encore excellente pour établir d'une façon frappante la grandeur de l'homme. Sans doute elle nous montre la durée tout éphémère de la vie humaine : notre existence n'est vraiment rien, elle ne représente qu'un moment imperceptible en comparaison de l'entassement considérable, décevant, incalculable de siècles que notre planète a mis à se former : c'est presque le néant par rapport à l'infini du temps. Mais à un autre point de vue, l'homme se relève à ses propres yeux. C'est en effet grâce à son labeur, à sa patience, à la puissance de son travail conduit et guidé par sa pensée, c'est grâce à cela qu'il a apporté à la planète sur laquelle il vit des changements considérables et importants, converti les déserts en plaines fertiles, bâti les villes, percé les montagnes, dompté les fleuves pour les utiliser, établi les voies de communication sur terre et sur mer, supprimé ou brisé les obstacles naturels, etc., bref apporté partout la civilisation. Comment n'être pas frappé des différences énormes qui séparent l'homme actuel d'avec l'homme primitif, du progrès qui s'est réalisé de l'un à l'autre? Aussi la vie individuelle reprend toute sa valeur par la contribution qu'elle nous permet d'apporter à ce développement infini. Et le même contraste se retrouve à un autre point de vue. Qu'est-ce que l'homme par rapport à l'infini de notre planète dont les diverses régions n'ont pas encore pu être toutes explorées? Qu'est-ce aussi que notre planète par rapport à l'infini du cosmos qui dépasse tout ce que l'imagination la plus puissante est capable de concevoir ? Replaçant l'homme au sein de la terre et la terre dans l'infini de l'univers, la géographie est ainsi essentiellement propre à faire pleinement ressortir notre petitesse, notre situation au sein des choses, à nous préserver de tout orgueil inadmissible et à nous rappeler au sentiment d'une modestie nécessaire. Mais, d'un autre côté, elle nous communique aussi la conscience de notre incomparable grandeur. C'est, que seul de tous les autres êtres de la création, l'homme est capable de s'élever jusqu'à la conception de l'infini, de se représenter l'innombrable multitude des mondes au milieu desquels celui qu'il habite n'est plus qu'un point imperceptible. Cela même témoigne de la supériorité que lui assure le privilège inestimable de la possession de la raison. C'est pourquoi, provoquant dans l'enfant l'intuition de cette vérité, le maître pourra produire une action des plus efficaces sur sa volonté, parce qu'il fera sentir, comprendre qu'il convient de toujours rester digne de la raison qui habite en nous, de la prendre en tout pour la règle de la vie, de ne rien faire qui la ternisse et la compromette.

**F.** — Conclusion. — On a raison d'insister sur le rôle de la géographie au point de vue de l'éducation de l'esprit : elle exerce l'imagination, forme le raisonnement, entretient la curiosité de l'intelligence. Toutefois son importance morale est non moins certaine et l'on ne saurait en méconnaître le prix. Elle nous montre l'impossibilité de vivre et d'être heureux isolément, nous révèle les liens de solidarité qui nous unissent à tout l'ensemble de nos semblables, amène ainsi dans notre cœur des sentiments vraiment humains. Elle donne plus de force à notre amour naturel pour la patrie, communique aux énergies individuelles une orientation plus précise et un but plus désintéressé. En même temps, elle met en relief la puissance de l'activité de l'homme dans la conquête de la civilisation, établit tout le prix de l'effort individuel ; elle nous hausse aussi jusqu'à la conception de l'infini dont elle provoque en nous le salutaire frisson ; du même coup, elle nous apprend notre incomparable dignité de personne raisonnable. Un grand historien de nos jours, M. Lavisse, a pu dire que la « géographie est la plus philosophique des sciences » : c'est qu'en effet non seulement elle tient toujours en éveil ce besoin de trouver les raisons des choses d'où la philosophie est sortie, mais encore elle élève la pensée jusqu'à ces problèmes portant sur la place, la destinée de l'homme au sein du monde, la valeur et le sens de l'existence, problèmes essentiellement humains, plus spécialement réservés à la philosophie, qui intéressent non seulement l'intelligence, mais la volonté et le cœur, de la solution plus ou moins réfléchie desquels dépendent aussi toute l'orientation et toute la fécondité de notre vie.

*Ouvrages à consulter* : LUCRÈCE : *La Nature* (livre V). — PASCAL : *Pensées.* — MICHELET : *Histoire de France.* — E. BOURGEOIS : *La Solidarité.* — PÉCAUT : *L'Éducation publique et la vie nationale.* — RABIER : *Discours à la distribution des prix du concours général* (1886). — SCHRADER : *Dictionnaire de pédagogie*, article : *Géographie.* — DUPUY : *L'Enseignement de la géographie à l'école primaire* (Recueil de monographies pour l'Exposition de 1889). — VESSIOT : *L'Éducation à l'école.* — LEVASSEUR : *Conférence sur la géographie* (1878). — VIDAL-LABLACHE : *La Géographie à l'école* (*Manuel général*). — DEMANGEON : *Cours de géographie* (1e Volume). — PASQUIER : *Progrès accomplis en France depuis 1870 dans l'enseignement de la géographie* (*Revue pédagogique*, 1884).

**24. On a parfois prétendu que « la morale se respire plutôt qu'elle ne s'apprend », qu'en conséquence il s'agit moins d'en constituer l'objet d'un enseignement particulier que de la faire pénétrer dans l'ensemble de tous les enseignements à l'école, de créer ainsi autour de l'enfant comme une atmosphère qui le pénètre et forme sa volonté. Que faut-il penser de cette opinion ?**

**A.** — L'œuvre de l'éducation est complexe : son rôle n'est pas seulement de cultiver l'intelligence, mais encore de former la volonté ; il semble même que c'est surtout de cette dernière fin qu'elle doit plus particulièrement se préoccuper ; c'est qu'en effet l'intelligence est comme une arme à deux tranchants, parce qu'elle peut aussi bien servir à la réalisation du mal qu'à l'accomplissement du bien. Or l'école doit surtout viser à faire de l'enfant un honnête homme, un bon citoyen, une personne consciente de ses devoirs et ayant la force de s'en acquitter, advienne que pourra. C'est pourquoi il semble indispensable d'instituer un enseignement moral particulier ayant directement pour but l'éducation de la volonté. Toutefois ce point de vue n'a pas toujours été admis par tous les pédagogues. D'aucuns en effet ont déclaré que la « morale se respire plutôt qu'elle ne s'apprend », qu'il convient non pas d'en constituer l'objet d'un enseignement distinct, mais de la faire pénétrer en quelque sorte à travers tous les enseignements, si divers qu'ils soient, d'y subordonner toutes les autres leçons et tous les autres exercices de la vie scolaire, de façon à créer une sorte d'atmosphère au sein de laquelle l'enfant vive, qui le pénètre intimement et qui forme sa volonté. —Une telle conception ne manque pas d'intérêt et il vaut la peine d'en examiner la valeur.

**B.** — Il est certain qu'elle contient une part de vérité. Il n'est pas impossible au maître d'arriver, avec un peu d'attention, à dégager et à faire dégager des diverses leçons ou des différents exercices qu'il donne une impression ou une émotion morale. Rien ne l'empêche de prendre pour ses leçons de « lecture expliquée » des morceaux qui expriment de beaux sentiments, des aspirations nobles et généreuses, qui relatent aussi des exemples de vertu, de dévouement à la famille, à la patrie, à l'humanité. — Le même esprit peut procéder au choix des dictées ; il est d'ailleurs d'une bonne méthode de faire servir un texte préalablement expliqué à un exercice d'orthographe. — Cela est encore vrai de la « composition française »: il est facile au maître d'emprunter ses sujets aux incidents de la vie journalière, de donner à raconter une action accomplie par un élève, une scène à laquelle il a assisté, d'inviter toute la classe à faire connaître les jugements ou les sentiments qu'elle estime justes et légitimes. Bref, il peut se dégager principalement de tout l'enseignement du français une influence morale réelle. — A son tour, l'histoire, avec la riche variété des actions qu'elle présente, offre au maître une série d'occasions d'en appeler à la conscience morale de l'enfant, de provoquer ses appréciations sur la conduite des hommes, de susciter en lui certaines émotions, comme l'admiration ou l'indignation, le respect ou l'aversion, l'enthousiasme ou l'antipathie, etc. On connaît le mot de Fénelon : « L'histoire est une école de morale ». Sans doute tous les exemples qu'elle nous offre ne sont pas excellents, dignes d'être imités ; en tout cas, elle nous permet de poser entre eux des différences de valeur et d'éclairer ainsi notre sentiment du bien et du mal. — De même, la géographie, enseignée comme il convient, est également capable de communiquer des impressions morales : elle montre la solidarité universelle de tous les hommes, élargit notre cœur par le sentiment du patriotisme et l'amour de nos ancêtres, établit la grandeur de l'homme qui a transformé la surface du globe et créé la civilisation., etc. — Il n'est pas jusqu'aux problèmes d'arithmétique qui ne soient susceptibles de recevoir une portée morale (exercices sur l'économie, la prévoyance, les conséquences désastreuses de l'alcoolisme, etc.).

C. — Cependant, malgré sa part d'exactitude, un tel point de vue ne saurait être définitif et la méthode préconisée reste insuffisante. — a) Tout d'abord, les diverses impressions ainsi communiquées à l'enfant risqueraient de rester flottantes ou sans coordination ; répandue à travers toutes les autres parties de l'instruction, la morale risquerait d'être volatilisée à force de diffusion. — b) De deux choses l'une : ou le maître insisterait d'une façon plus particulière sur ce qui, dans les divers enseignements, se rapporte à la morale, ou il n'y insisterait pas. Dans le premier cas, on peut se demander s'il réussirait à donner aux divers enseignements tout le temps nécessaire, s'il n'en diminuerait pas l'efficacité propre ou n'en fausserait pas la nature. Dans le second cas, l'action morale qu'il cherche à exercer risquerait d'être manquée ou d'être par trop faible. — *c)* En portant partout et sans cesse la préoccupation d'user de toutes les occasions de tout tourner au profit de la morale, en la faisant apparaître à chaque instant, le maître serait peut-être conduit à transformer les leçons les plus intéressantes en méditations facilement fastidieuses ; si important qu'il soit, l'enseignement moral doit être donné avec une certaine discrétion. — *d)* Surtout, avec une telle méthode, l'enfant n'aurait que des impressions ; or, par nature, celles-ci sont fugitives ; aussi bien elles sont aveugles, du moins elles n'éclairent pas. Sous leur poussée, l'enfant sera peut-être capable d'agir ou de ne pas agir, mais il ne connaîtra pas avec précision pourquoi il convient d'accomplir telle action ou de s'en abstenir, quelle est la raison qui oblige à la réaliser ou à l'éviter. Or pour former la volonté dans l'enfant, pour créer en lui la « bonne volonté », il est indispensable de lui faire connaître ses devoirs d'une façon précise, de le renseigner avec clarté sur le bien et de lui dire en quoi il consiste dans les diverses occasions de la vie.

**D.** — Il convient donc de le reconnaître : la morale doit être l'objet d'un enseignement propre, méthodiquement conduit, donné surtout au début de la classe du matin ; alors en effet l'esprit a plus de fraîcheur et est capable d'une attention plus soutenue. — Il ne s'agit pas d'ailleurs de se faire illusion : un tel enseignement ne saurait consister en un ensemble de leçons dogmatiques, abstraites, où le maître exposerait seul des théories plus ou moins savantes ; il doit se présenter sous la forme de causeries familières, d'entretiens vivants, d'une allure simple, dans lesquels l'éducateur met les élèves en présence d'exemples concrets des vertus dont il veut progressivement donner l'idée exacte et dont il se propose de mettre en relief toute la beauté. L'instituteur sera sagement inspiré en profitant des divers incidents de l'école ou du milieu dans lequel vit l'enfant, des actions accomplies par les élèves ou des scènes auxquelles ils ont assisté dans leur entourage. Aussi bien, il aura soin de pénétrer ses divers entretiens de l'esprit de la vraie, de la pure moralité, c'est-à-dire de ne pas se contenter, pour justifier tel ou tel devoir et montrer qu'il s'impose, de faire appel à l'égoïsme, à la prudence, à l'intérêt ou au plaisir; il faudra qu'il aille plus haut, jusqu'au principe même de la dignité personnelle dont la possession de la raison constitue le fondement. Il ne lui sera pas impossible de prouver que, dans l'ensemble des êtres, l'homme occupe une place à part, qu'il se distingue par une perfection supérieure de tout le reste de la création, que par certains de ses actes, de ses sentiments, il compromettrait sa nature, la ternirait, de sorte qu'ils lui sont absolument interdits, que par d'autres au contraire il la respecte, en augmente la valeur de sorte qu'ils prennent pour sa volonté la forme d'obligations absolues, inconditionnelles. Il importe d'ailleurs que dans ces entretiens il se mette, se donne avec sa personnalité tout entière, que, par le ton de son langage, il témoigne de la sincérité de sa conviction, qu'il parle avec chaleur et avec émotion, mette en relief la splendeur du devoir, la beauté de celui qui l'accomplit, provoque ainsi dans le cœur de l'enfant une impression profonde et durable. Certes dans l'enseignement de la morale, il s'agit d'éclairer l'intelligence; mais il importe encore plus de toucher l'âme, de susciter l'amour du bien et par là même les bonnes résolutions. Aussi, pour rendre son action plus efficace, l'éducateur utilisera avec profit les lectures, les récits qui exaltent les diverses vertus dont il fait l'objet de ses causeries ; de cette façon, il confirmera et fortifiera les impressions qu'il aura déjà réussi lui-même à communiquer.

**E.** — On le voit : il n'est pas impossible d'opérer la conciliation entre les deux conceptions différentes relatives à la méthode propre de l'enseignement moral. Les uns ont raison de prétendre que rien ne saurait remplacer un enseignement régulier, méthodique, vivant des différents devoirs. Il importe de donner à l'enfant la connaissance précise de ses obligations, d'insister sur les raisons vraiment morales pour lesquelles telle action est défendue, telle autre obligatoire, de dégager le grand principe de la dignité humaine sans lequel tout reste superficiel et manque d'explication suffisante. En d'autres termes, toute leçon morale doit être une « instruction ». Les autres ont raison d'affirmer que cette instruction ne doit pas ressembler aux autres, qu'elle doit être pénétrée d'un élément émotionnel ; il est, en effet, indispensable que l'enseignement du maître produise et laisse dans l'âme de l'enfant une forte impression. Mais, d'une part, l'émotion ne peut aller sans l'idée qui l'éclaire et l'assure. D'autre part, l'idée ne doit pas rester abstraite et froide ; il faut qu'elle descende jusqu'au cœur. C'est précisément en réalisant cette union intime, nécessaire de l'émotion et de l'idée, du cœur et de l'intelligence que le maître communiquera à ses leçons toute l'action qu'elles peuvent et doivent comporter.

*Ouvrages à consulter :* Pécaut : *L'éducation publique et la vie nationale ; Quinze ans d'éducation.* — Gréard : *Éducation et instruction.* — Lichtenberger : *L'Éducation morale dans les écoles primaires* (Recueil de monographies pour l'Exposition de 1889). — J. Ferry : *Lettre aux instituteurs.* — Buisson : *A propos des carnets de morale* (Revue pédagogique, 1895). — Vessiot : *Le Sentiment du respect* (Revue pédagogique). — Marion : *L'Enseignement de la morale à l'école primaire et dans les écoles normales* (Revue pédagogique, 1882). — Jacob : *Pour l'école laïque.* — Sauvage : *L'Enseignement de la morale à l'école primaire* (Revue pédagogique, 1887). — G. Maurice : *L'Heure de la morale* (Revue pédagogique, 1914). — *L'inspection académique* (Extraits de rapports pour l'Exposition universelle de 1889). — Gazin : *L'Enseignement de la morale dans les classes primaires* (Revue pédagogique, 1913). — Evellin : *L'Enseignement de la morale à l'école.*

---

**25. On a parfois regretté que le chant n'ait pas, à l'école primaire, une place plus importante. Pécaut écrit à ce sujet : « L'enfant chante naturellement jusqu'au moment où il entre à l'école. Entre vos mains, hélas ! il cesse de chanter. Cette expression libre et spontanée de sa vie s'arrête et il ne reste plus que le seul labeur de l'intelligence. » Montrer la valeur éducative du chant.**

A. — L'école doit s'adresser à l'âme tout entière de l'enfant sans négliger une seule de ses facultés, une seule de ses puissances. Par la nature des leçons ou des exercices dont so compose sa vie ordinaire, l'esprit qui l'anime, elle intéresse certainement la mémoire, le jugement et le raisonnement, c'est-à-dire l'intelligence. D'un autre côté, par les efforts, l'attention qu'elle exige, l'enseignement moral qu'elle donne, elle agit assurément sur la volonté. Elle paraît avoir un souci moins visible pour ce qui regarde la vie du sentiment, du cœur, les impulsions intimes de la nature humaine ; elle semble faire une place plus restreinte à tout ce qui est capable de toucher, de secouer l'âme, de la pénétrer jusque dans son fond le plus intime, c'est-à-dire aux diverses manifestations de l'art (poésie, musique, etc.), et en particulier à cette forme plus spécialement simple, populaire de l'art constituée par le chant. Parfois on a regretté qu'à cet égard elle soit par trop pauvre et par trop sèche, alors que pourtant son rôle est de former les masses profondes de la nation. Pécaut écrit à ce sujet : « L'enfant chante naturellement jusqu'au moment où il entre à l'école. Entre vos mains (celles des maîtres), hélas ! il cesse de chanter. Cette expression libre et spontanée de sa vie s'arrête et il ne reste plus que le seul labeur de l'intelligence. »

**B.** Pour quelles raisons le chant est-il ainsi trop souvent négligé, et cela malgré les prescriptions des règlements qui sont à cet égard formelles ? D'abord beaucoup de maîtres déclarent qu'ils ne savent pas chanter, que par suite ils sont incapables de faire chanter et de donner l'enseignement du chant. Aussi bien, les autres sont en général trop aisément portés à considérer comme du temps perdu les moments consacrés au chant. Les programmes sont chargés ; il s'agit de ne point se mettre en retard ; il faut aller au plus pressé, c'est-à-dire donner les connaissances les plus essentielles ; les instants que l'on accorderait au chant seront plus utilement occupés à d'autres exercices. — Une telle situation, de semblables dispositions ne peuvent qu'être regrettables. L'école ne doit pas seulement être instructive, mais éducative ; il ne faut pas qu'elle cherche à entasser le plus rapidement possible dans l'esprit de l'enfant « comme avec un entonnoir » le plus grand nombre de connaissances, alors même que ces connaissances sont pour la vie d'un rôle pratique incontestable. Son rôle principal est d' « élever » l'âme de ceux qui plus tard seront des citoyens, de l'ouvrir à toutes les grandes et belles émotions, aux sentiments généreux, de la hausser au-dessus de la plate monotonie de la vie et d'illuminer l'existence. Il importe qu'elle ne ressemble pas à une sorte de culture intensive, faite comme en serre chaude, de la pure intelligence abstraite et froide, mais qu'elle soit au plus haut point une puissance morale, qu'elle atteigne ce qui est au fond même de la conscience, réussisse à en faire vibrer toutes les cordes, ne néglige aucune de ses grandes aspirations. Or, à cet égard, le chant exerce une action incontestable et possède une réelle action éducative.

**C.** — En premier lieu, il constitue une récréation des plus saines. Demandant une tension souvent pénible de l'esprit, l'école engendre facilement la fatigue, et cela est d'autant plus vrai que l'on a affaire à des intelligences plus jeunes. C'est pourquoi il sera bon que le maître fasse chanter de temps en temps, à des intervalles plus ou moins réguliers, par exemple quand il s'apercevra que la puissance d'attention de l'enfant diminue ou est épuisée. Un tel exercice servira de saine distraction, d'heureuse diversion : l'élève pourra se reposer, prendre de nouvelles forces pour les travaux qui restent à faire. A cet égard, le chant sera surtout efficace s'il est accompagné d'évolutions, avec les fenêtres de la classe largement ouvertes. — Il aura surtout cet avantage précieux de rendre l'école plus attrayante. L'enfant chante spontanément, parce que le chant est la manifestation spontanée d'un surcroît de vie et d'activité qui demande à se dépenser, et cela dans le seul but de se dépenser : les jeux, les gazouillements de l'enfant au berceau en sont la preuve. Aussi viendra-t-il avec plus de plaisir dans une école où l'on chante que dans celle où rien ne parle au cœur, où se déroule d'une façon froide et monotone la diversité des exercices purement intellectuels. Il y a là un élément intéressant pour la fréquentation, et les maîtres auraient tort de le négliger.

**D.** — Le chant est encore la manifestation naturelle de la joie : l'homme chante quand il est heureux et que la vie lui sourit. Mais le chant, effet de l'émotion, est à son tour capable d'être la cause de l'émotion même. On connaît la loi générale qui unit le sentiment aux faits organiques ordinairement considérés comme en étant l'expression objective : d'une part, le sentiment amène la modification corporelle ; d'autre part, et réciproquement, la modification corporelle détermine le sentiment. Dans ces conditions, le chant, conséquence de l'émotion joyeuse, est aussi le principe de la même émotion. Aussi vient-il atténuer d'une façon heureuse l'espèce d'austérité qui règne souvent à l'école et qui provient de la nécessité pour le maître de faire observer la discipline, de maintenir entre les élèves et lui une certaine distance indispensable à son autorité. Il communique à la classe un caractère plus gai, plus doux, plus aimable, y apporte quelque chose de plus chaud, de moins artificiel, de plus familial. — D'ailleurs, bonne en elle-même, la joie est non moins heureuse par ses effets : elle constitue un auxiliaire utile, un stimulant efficace pour le travail scolaire. Spencer l'a dit : « La joie est un tonique ». Le paysan creuse plus allégrement son sillon quand il chante que quand il est triste ou mélancolique, éprouve de l'aigreur à l'égard de la destinée. Il en est même de l'enfant : joyeux, il accomplira plus aisément sa tâche, il supportera plus facilement les petits ennuis de son labeur quotidien quand il aura dans le cœur plus d'allégresse. Michelet l'a dit avec raison : « On ne travaille bien que dans la joie ». Aussi certains maîtres ont-ils raison de commencer la classe par un chant qui met les élèves dans de bonnes dispositions.

**E.** — D'ailleurs le chant possède une action encore plus directement éducative. Il va sans dire que le choix des morceaux doit être judicieusement fait ; il importe de n'introduire à l'école que ceux qui, d'une forme très simple, faciles à apprendre par audition, expriment des sentiments de bon aloi, éloignés de toute vulgarité ou de toute influence malsaine, comme l'amitié, l'amour du travail, de l'honneur, de la liberté, du sol natal, de la patrie, la joie de vivre, le sentiment de la nature, etc. Or, par le chant, ces nobles dispositions pénètrent plus facilement dans le cœur qu'elles épurent, forment, élèvent. Aussi bien, le chant est une manifestation de l'art ; par suite, il nous met directement en contact avec le beau. On a souvent insisté sur la relation du beau et du bien. Le sentiment du beau « fait vivre notre âme en bonne compagnie », nous détourne de ce qui est laid, de ce qui amènerait dans notre conscience une tache ou une souillure, nous préserve des tentations malsaines, nous rend plus indépendants des instincts vulgaires et grossiers. On a pu dire que « la morale se respire plutôt qu'elle ne s'apprend ». A ce point de vue, le chant constitue un élément important de l'atmosphère qui doit envelopper l'école et pénétrer l'enfant.

**F** — Il y a plus. Grâce au chant, toutes les consciences, si différentes, si fermées qu'elles soient, vibrent en quelque sorte à l'unisson ; les mêmes dispositions les animent, les mêmes frissons les secouent ; elles communient, au moins momentanément, les unes avec les autres. « Nous nous sentons meilleurs ensemble qu'individuellement : c'est que chacun sort de soi et s'unit aux autres dans un même sentiment ; l'âme s'élargit, la vie s'accroît ». Toutes les religions ont bien vu cet effet du chant, et lui-même est en quelque sorte une « religion », c'est-à-dire un lien moral. Il crée la sympathie qui agrandit notre faculté d'aimer, qui s'oppose à notre fonds d'égoïsme naturel ; il nous fait vivre dans les autres et pour les autres. On peut dire que par l'harmonie des voix il est le principe de l'harmonie des cœurs. Aussi bien il nous donne des clartés précieuses sur la vie ; il nous révèle ce que, dès maintenant, le monde devrait être, savoir « l'accord libre des volontés individuelles dans le bien », l'union des nations dans le respect de la justice et du droit. Il y a là un « sentiment inappréciable » qui nous renseigne à la fois sur notre destinée et la fin des choses ; par lui, nous comprenons mieux que notre existence individuelle, si pauvre et si éphémère qu'elle soit, est sacrée parce que notre raison d'être est de tendre, par la bonne volonté, à la réalisation de l'harmonie universelle (la cité de Dieu des philosophes ; le règne de Dieu du christianisme).

**G.** — Conclusion. — Le chant apporte à travers les exercices facilement fastidieux de l'école un chaud rayon de poésie et d'idéal. Grâce à sa puissance magique, l'enfant oublie pour un moment le labeur de sa vie quotidienne et la monotonie de ses occupations ; par lui, il vit dans un monde plus léger, où l'existence est plus facile, où il respire plus à l'aise, où il peut rêver, d'où il revient aussi avec une provision de joie, c'est-à-dire de force. Plus tard, quand il sera devenu homme, il en éprouvera encore les mêmes résultats heureux, la même action bienfaisante. Il sera plus sûrement doté de tout ce qui charme, console, relève, colore la vie, permet qu'on la supporte, qu'on l'aime, qu'on ne la calomnie pas en dépit de ses vulgarités, de ses épreuves, même de ses scandales. Le chant est de l'énergie morale ; il crée le courage, nourrit l'espérance. Or il importe de donner à chaque élève une large provision d'idéal et de foi; même, cela est d'autant plus nécessaire que son existence sera plus obscure, plus humble, vouée à un métier terre-à-terre. Aussi n'y a-t-il rien de plus utile que de munir chaque enfant d'un riche bagage de chants qu'il apportera dans la famille et qui s'y conserveront peut-être longtemps. Qui sait si quelque jour ce ne sera pas un de ces refrains appris sur les bancs de la classe qui « le soutiendra à l'heure du danger, qui lui rappellera son devoir et le préservera de la défaillance » ?

*Ouvrages à consulter* : RABIER : *Leçons de psychologie*. — W. JAMES : *Principes de psychologie*. — HÖFFDING : *Principes de psychologie*. — RAVAISSON : *Dictionnaire pédagogique*, article : *Beau*. — D.-E. PÉCAUT : *Dictionnaire pédagogique*, article : *Poésie*. — PÉCAUT : *Quinze ans d'éducation*. — VESSIOT : *De l'enseignement à l'école*. — BUISSON : *Discours à l'association polytechnique* (1883). — A. FRANCE: *Nos enfants*. — COMBARIEU : *Le Chant choral*. — *L'inspection académique* (Recueil de rapports pour l'Exposition de 1889).— FORFER : *Causeries* (recueillies par M. Lechantre). — BLANGUERNON : *Pour que l'on chante* (*Manuel général*). — CHARRIER: *Pédagogie vécue*. — HENRY et PARISOT : *Recueil des morceaux extraits des pédagogues*. — PAYOT : *Aux instituteurs et aux institutrices*.

---

## 26. Quelles sont les principales œuvres qu'un maître, conscient de sa tâche, doit créer, conserver et développer dans son école et surtout autour de l'école ?

**A.** — La tâche du maître à l'école est parfois très lourde : souvent il a affaire à un très grand nombre d'enfants de six à treize ans dont il faut qu'il surveille à la fois l'instruction et l'éducation. D'ailleurs le travail de la classe l'occupe au moins six heures par jour. Il lui est encore nécessaire de se consacrer à une sérieuse préparation de toutes les leçons qu'il doit faire et de tous les exercices qu'il doit donner. Il a de même à procéder chez lui à une correction consciencieuse des devoirs. Il lui faut enfin provoquer et assurer les progrès de tous, sans négliger ni sacrifier personne. — Et néanmoins il ne doit pas limiter son idéal à faire sa classe d'une façon aussi convenable et aussi fructueuse que possible, quelle que soit la fatigue

qu'une telle occupation lui demande. S'il a vraiment le sentiment de l'importance de sa mission, s'il comprend tout ce
que la nation attend de lui, tout le rôle qu'il peut jouer,
toute l'influence intellectuelle et morale qui lui revient dans
le milieu où il exerce, il est indispensable qu'il n'enferme
pas son activité dans les bornes de son labeur purement
scolaire, mais qu'il la fasse rayonner plus loin. Déjà il importe
que, dans l'école même, il ne se contente pas du pur enseignement ; mais surtout il est nécessaire qu'à côté et en dehors
d'elle, il crée, organise, fasse vivre une série d'œuvres « auxiliaires » ou « complémentaires ». Il ne saurait, en tout cas,
négliger les plus importantes : ce serait manquer à son devoir.

**B.** — L'une de celles auxquelles il doit songer dès l'école
même, c'est la « mutualité scolaire ». On sait que l'idée première en est due à un philantrophe, M. Cavé. D'abord établie
en 1880 à Paris, dans le quartier de la Villette, la mutualité
scolaire s'étend aujourd'hui dans tous les départements. C'est
une véritable « société de secours mutuels » établie entre les
écoliers, grâce à laquelle ils s'assurent contre la maladie et se
préparent une retraite pour la vieillesse. On connaît le principe essentiel de son fonctionnement. L'enfant verse au
maître une cotisation annuelle de 5 francs (dix centimes par
semaine). De cette cotisation, il est fait deux parts égales,
l'une qui est affectée à la constitution d'un livret individuel
pour la retraite, l'autre qui est destinée à payer aux sociétaires
une indemnité déterminée en cas de maladie. L'excédent de
recettes, placé à la Caisse des dépôts et consignations au taux
de 4 1/2 p. 100, augmenté des cotisations des membres hono-
raires, des dons des particuliers, des subventions des communes, des départements ou de l'Etat, forme un fonds inalié-
nable dont le but est de servir la pension de retraite. —
L'importance morale de la mutualité scolaire est évidente.
Elle « montre à l'enfant la puissance de l'épargne et celle
de l'association ; en unissant l'idée d'économie à l'idée de
solidarité, elle apprend à la fois à l'enfant la prévoyance pour
soi qui est une forme de l'intérêt bien entendu et la prévoyance
pour autrui qui est une forme de la fraternité ». De cette façon,
elle a l'avantage d'habituer l'enfant à ne pas séparer son intérêt particulier d'avec l'intérêt général, de le préparer à la
vertu de l'économie et de l'initiative intelligente, de dévelop-

per en même temps en lui le sentiment de la solidarité qui prépare la sympathie et celui de la dignité personnelle, attendu que l'indemnité reçue en cas de maladie ne peut être considérée comme une aumône toujours plus ou moins dégradante pour celui qui en est l'objet. Elle peut ainsi illustrer utilement certaines leçons morales et leur donner plus de force.

**C.** — D'autres œuvres intéressent plus spécialement les élèves qui, à cause de leur âge, ont cessé de venir en classe. — Les « associations amicales d'anciens ou d'anciennes élèves » ont pour but de conserver et de resserrer les liens de camaraderie, d'amitié qui se sont formés sur les bancs de l'école. A des dates périodiques, le maître réunit ceux qui l'ont quitté, organise pour eux des causeries familières, donne des idées utiles, des conseils salutaires. Aussi bien l'association accorde un intérêt précieux à tout ce qui regarde le développement et les progrès de la maison dont ses membres sont sortis ; elle achète des livres, des journaux pour la bibliothèque, fonde des prix, pourvoit au placement de ceux qui ont fini leurs études, s'occupe de leur trouver des débouchés ou bien encore organise des fêtes, des sorties, des excursions attrayantes et instructives. Parfois elle se complète par une société de sports, de tir, de gymnastique ou de chant. On insiste avec raison de nos jours sur l'importance nationale de l'éducation physique et de la préparation militaire. En tout cas, le rôle moral des « associations amicales d'anciens élèves » ne saurait être discuté : elles constituent un milieu qui protège contre les influences souvent dangereuses de la rue, procurent des distractions à la fois intelligentes et saines, entretiennent l'esprit et les bonnes traditions de l'école. Lorsqu'elles sont créées avec la collaboration, grâce à l'appui d'amis de l'enseignement, elles prennent plus spécialement le nom de « patronages ». Elles empêchent le jeune homme d'être brusquement livré à lui-même, exercent avec discrétion sur lui une sorte de tutelle morale, lui facilitent les débuts parfois si difficiles dans la vie. L'instituteur — ou l'institutrice — demeure naturellement l'âme vivante de ces œuvres.

**D.** — Depuis quelque temps déjà l'attention des pouvoirs publics s'est portée d'une façon spéciale du côté de l' « éducation des adolescents ». Les élèves quittent l'école dès l'âge de treize ans, après n'avoir fréquenté bien souvent que d'une façon irrégulière. Dans ces conditions, ils ne peuvent emporter qu'un bagage de connaissances assez limitées, insuffisantes, exposées d'ailleurs à être plus ou moins vite oubliées. Aussi est-il extrêmement important que jusqu'au moment de leur arrivée au régiment ils conservent, rafraîchissent ou plutôt complètent leur instruction restée forcément sommaire, qu'ils reçoivent les notions qui leur sont plus particulièrement utiles pour l'exercice de leur profession. Ils échappent ainsi plus aisément aux mauvaises compagnies ou aux mauvais exemples de la rue, trouvent des distractions de bon aloi, conservent le goût des occupations de l'esprit et des choses intellectuelles. C'est précisément là le but que le maître doit chercher à atteindre par la création des « cours d'adultes ». Organisés le soir, surtout durant l'hiver, ces cours peuvent être extrêmement variés pour s'adapter aux besoins des auditeurs. Toutefois, d'une manière générale, ils doivent comprendre deux parties, l'une visant à la culture générale et consistant particulièrement en lectures bien choisies, d'une valeur littéraire et d'un intérêt réels, en causeries d'un caractère familier, l'autre tendant à des enseignements d'un profit plus immédiat et différents selon les milieux (calcul, comptabilité, orthographe, rédaction, dessin, agriculture, etc.). Du reste, il y a lieu de constituer des cours d'adultes pour les jeunes filles aussi bien que pour les garçons. L'institutrice insistera tout naturellement sur les questions d'hygiène et d'économie domestiques, de puériculture, enseignera les travaux à l'aiguille, la coupe, le repassage, tout ce qui intéresse un ménage, peut entretenir le goût de la vie simple, d'un intérieur à la fois modeste, heureux, agréable, prospère. On sait que l'éducation des adolescents (éducation générale, éducation professionnelle) est actuellement à l'ordre du jour ; il est question de la rendre obligatoire en la divisant en deux périodes, la première s'étendant de treize à dix-sept ans pour les garçons et de treize à seize ans pour les jeunes filles, la seconde allant de dix-sept à vingt ans pour les garçons, et de seize à dix-huit ans pour les jeunes filles. Il appartiendra au maître d'être l'âme essentielle du fonctionnement de cette organisation.

E — Aussi bien il est bon que l'instituteur fasse, surtout

pendant l'hiver, quelques « conférences populaires », c'est-à-dire des causeries portant sur des questions d'actualité, l'histoire, le droit usuel, qu'il organise des lectures récréatives s'adressant au grand public, à la population au sein de laquelle il exerce. Il agira d'ailleurs sagement en s'adjoignant pour cela quelques collaborateurs animés du même esprit que lui (médecins, avocats, agriculteurs, professeurs, etc.). De telles causeries seront surtout goûtées si elles sont accompagnées de projections lumineuses et ont l'attraction du cinématographe. D'autre part, avec le concours des amis de l'école et des municipalités, il peut créer une « bibliothèque populaire » composée d'ouvrages à la fois attrayants, utiles et intéressants ; de cette façon, il lui sera permis de compléter l'instruction de l'école, de faire naître et d'entretenir le goût de la lecture personnelle, de fournir une saine pâture aux esprits désœuvrés, de préserver des mauvaises tentations, de nourrir les bons sentiments et les heureuses dispositions. A cet égard et dans cette direction, l'œuvre que le maître doit chercher à réaliser est considérable. Sans doute dans beaucoup de localités on a bien constitué des bibliothèques populaires ; malheureusement les résultats obtenus semblent insuffisants ; souvent les livres ont déjà été lus plusieurs fois, de sorte qu'ils n'offrent plus d'intérêt, ou bien ils ne sollicitent pas la curiosité parce que ce sont des ouvrages de pure érudition, présentant alors un caractère trop spécial. Il appartient à l'instituteur de choisir ce qui est en rapport avec le milieu où il vit, de chercher ce qui est à la fois susceptible de plaire, de récréer et d'élever ; c'est surtout à lui de déployer tous ses efforts pour renouveler et rafraîchir le fonds de la bibliothèque, en faire comme un vrai foyer de vie intellectuelle et morale.

**F.** — Conclusion. — Le maître se tromperait s'il se croyait dégagé de toutes ses obligations une fois que sa classe est finie et s'il estimait que c'est assez pour lui de se consacrer à ses élèves ; la vérité est que sa mission est plus haute et plus large ; c'est toute une œuvre « post-scolaire » qui le réclame. En même temps qu'il donne tous ses soins aux plus jeunes enfants encore soumis à l'obligation légale de la fréquentation, il doit continuer à instruire et à élever ceux pour qui cette obligation n'existe plus et qui, en conséquence, l'ont quitté. Sa sollicitude doit aller aux anciens élèves : il est nécessaire qu'il les groupe en associations, que de temps en temps il les réunisse à l'école même, qu'il continue à exercer sur eux une action salutaire. Sa vigilance doit s'étendre aux adolescents, aux adultes ; à lui de veiller à ce que, durant le temps critique qui sépare l'école du régiment, l'instruction qu'il a donnée ne s'évapore pas, qu'elle demeure, se renouvelle, même se complète et se précise. Il faut aussi qu'il s'intéresse à toute la population qui l'entoure ; son devoir est de créer en elle comme une atmosphère de travail intellectuel et d'élévation morale. Bref, son action, déjà si intense à l'école, doit dépasser l'école même, déborder la pure scolarité. Sa mission est de faire de son école, si humble qu'elle soit, comme un centre puissant de lumière intellectuelle, de progrès, de vie spirituelle, un centre accueillant, attirant où tous soient appelés, invités à venir nourrir et cultiver leur pensée, élever leur cœur, fortifier leur volonté, goûter aux plaisirs délicieux du vrai, du bien et du beau. Bref, le maitre n'est pas seulement l'instituteur des enfants ; il doit aussi se faire l'éducateur de la jeunesse et des vieillards, des adolescents et des grandes personnes, c'est-à-dire l'éducateur des masses, l'éducateur du peuple : c'est à lui qu'incombe la noble mission de former l'âme même de la nation. Cette œuvre considérable constitue pour lui un véritable sacerdoce; c'est avec ses forces tout entières qu'il doit s'y consacrer, sûr de s'attirer la sympathie, l'estime, le respect et jusqu'à une sorte de vénération.

*Ouvrages à consulter* : LÉPINE : *La Mutualité scolaire.* — ED. PETIT : *L'École nouvelle.*— L. BOURGEOIS: *L'Éducation de la démocratie française.*— BOUCHER: *Les Lectures populaires.*—COMPAYRÉ :*Éducation intellectuelle et morale.* — R. POINCARÉ Circulaire du 10 juillet 1895. — *La Ligue de l'enseignement*, compte rendu des divers congrès. — *L'inspection académique* (Extraits des rapports pour l'exposition de 1889). — P. LAPIE : *L'École d'après-guerre.* — CHARRIER : *Pédagogie vécue.* — LAFFERRE : *L'Obligation post-scolaire*, exposé des motifs (Chambre des députés, 12 mars 1917).

# CONCLUSION

## Quel est le sens de l'œuvre de l'éducation dans l'évolution générale de l'humanité ?

**A.** — Il suffit à l'homme de réfléchir sur ce qu'il a d'abord accompli spontanément pour qu'apparaissent aussitôt certains problèmes, parfois difficiles, qu'auparavant il ne soupçonnait pas, qui se rapportent aux manifestations de son activité et qu'il avait d'abord comme inconsciemment écartés. Par exemple, se tournant immédiatement vers les choses du monde extérieur, l'intelligence s'élance à la conquête de la connaissance, comme mue par une impulsion instinctive. C'est seulement après avoir déjà obtenu certains résultats plus ou moins importants, réalisé certains progrès que, revenant sur soi, se prenant elle-même pour objet d'étude, elle se demande si elle est réellement faite pour connaître les choses ou quelle est la valeur de la connaissance qu'elle peut en obtenir (problème de la connaissance). — La même attitude est possible pour ce qui regarde cette autre œuvre humaine qui s'appelle l'éducation (action d'un homme sur un autre homme). Celle-ci est certainement, de la part de ceux qui s'y sont consacrés ou qui s'y consacrent encore, une manifestation d'activité spontanée : ils s'y sont adonnés ou s'y adonnent sans avoir l'idée des nombreuses questions qui s'y rattachent, en tout cas sans les examiner, en laissant aussi à d'autres le soin de les discuter et, si possible, de les résoudre ; eux-mêmes se contentent d'agir. Aussi bien, la nature de leur action, le terrain sur lequel elle s'exerce, les moyens dont elle dispose, tout cela ne change pas, quelle que soit la solution plus ou moins discutable que l'on apporte à ces problèmes. Il serait facile d'énumérer toutes ces questions. C'est ainsi que l'on pourrait se demander si l'éducation est légitime, si un homme a le droit d'agir, pour la former, sur une âme d'enfant, etc. Mais, à coup sûr, l'une des plus intéressantes est de savoir quel est exactement le sens même de l'œuvre de l'éducation, sa place au milieu de l'évolution générale de l'humanité (philosophie de l'éducation).

**B.** — On le sait : l'éducation est l'œuvre du maître ; c'est proprement le maître agissant sur l'enfant. Par elle, il cherche d'abord à l'instruire, à meubler son esprit, à le doter de certaines connaissances essentielles qu'il n'est pas permis de ne pas posséder. Mais il s'efforce de faire plus ; il veut cultiver l'âme tout entière, former la pensée, élever le cœur, créer et diriger la volonté, bref préparer dans l'enfant la vie de la personnalité, le rendre capable de se conduire par lui-même en prenant le bien pour règle de son activité. Or, d'une part, les vérités dont le maître enrichit l'intelligence de l'élève ne viennent pas de lui et n'ont pas été découvertes par lui. Sans doute, pour les enseigner, il est au préalable indispensable qu'il les possède, mais elles ne représentent pas son œuvre personnelle ; s'il les communique, c'est qu'à son tour lui-même les a reçues. On ne doit voir en elles qu'une partie du savoir en général, et ce savoir est le résultat de tout le travail de l'humanité poursuivi à travers les diverses époques de son histoire, le fruit du labeur de tous ceux qui, à travers le temps et aux quatre coins du monde, ont cherché, peiné pour découvrir, fragments par fragments, dans les divers ordres du réel, les différentes vérités dont l'ensemble constitue l'état actuel de la connaissance, le bilan scientifique de l'homme.

**C.** — Ce qui est vrai de ce qui concerne plus spécialement l' « instruction » l'est aussi de ce qui se rapporte plus particulièrement à l' « éducation ». Si le maître enseigne les devoirs, s'efforce d'en assurer la pratique par la formation de la volonté, lui-même ne les a pas créés. Ici encore il faut voir dans ces principes moraux le fruit d'un long travail continué à travers l'humanité, avec bien des vicissitudes, surtout les conquêtes progressives d'âmes supérieures ayant eu, à diverses époques, une intuition plus haute et plus profonde du bien, ayant conçu un idéal moral plus large, plus pur que celui sur lequel jusque-là l'humanité avait vécu et grâce auquel le monde a été comme illuminé de clartés jusqu'alors insoupçon-

nées. On ne peut le nier : chacune des vertus humaines
aujourd'hui reconnues, proclamées comme règles universelles de conduite, constitue une véritable création de
la conscience ; ce n'est pas non plus immédiatement et comme
d'emblée que l'homme s'est dégagé des liens qui l'attachaient
à la pure animalité, qu'il s'est élevé au-dessus de la bête
par la manifestation de sentiments désintéressés, généreux,
délicats, l'éclosion de certaines aspirations idéales que les autres
êtres de la nature ne connaissent point et dont ils semblent à
tout jamais incapables. Bref, pour parvenir, monter jusqu'à
sa nature, sa constitution morale actuelle, force a été à l'humanité d'accomplir un effort soutenu, un travail considérable.
A ce point de vue, il est permis de dire que l'âme humaine, avec
ses facultés, n'a pas été une chose toute faite, que c'est une
« création », un « progrès » ; elle n'a pas d'abord été donnée à
l'homme ; au contraire avec sa richesse, sa pureté actuelles,
elle constitue une perfection qui représente vraiment une
longue conquête de l'homme.

**D.** — Ceci même permet d'apercevoir aisément le sens de
l'œuvre de l'éducation au milieu de l'évolution générale des
choses. Sa tâche consiste à mettre le plus tôt possible
l'enfant au niveau intellectuel et moral de l'humanité, à le
faire profiter de tous les résultats du travail immense
accompli avant lui, à lui livrer directement les conquêtes
les plus essentielles réalisées au cours des siècles qui l'ont
précédé, à mettre son âme au contact de l'âme même de
l'humanité, telle qu'elle s'est progressivement créée, et à la
former par elle. On peut le dire : l'éducation, c'est l'humanité
agissant sur l'enfant, le mettant à même de repasser rapidement par les étapes de sa propre histoire, de recueillir, sans
qu'il ait besoin de faire les mêmes efforts et de recommencer
le même travail, tous les fruits de son propre labeur, le dotant
ainsi de l'idéal auquel elle est parvenue. Grâce à elle, il
s'établit ainsi un lien de solidarité entre les diverses générations, et les générations antérieures deviennent vraiment les
institutrices des générations nouvelles. C'est pourquoi le
maitre doit en quelque sorte disparaitre derrière l'humanité
dont il est le représentant, ne jamais parler en son nom
personnel, mais toujours au nom de l'humanité, n'enseigner
que les idées, les sentiments, les aspirations créés par l'hu-

manité et auxquels aujourd'hui l'humanité est justement attachée. On connaît la conception de Rousseau : d'après lui, l'enfant ne doit rien recevoir de l'éducation, mais refaire lui-même, par un travail personnel, tout ce qui a été accompli avant lui par les hommes, retrouver par son propre effort toutes les vérités scientifiques ou morales découvertes au cours des siècles antérieurs. Une telle théorie est chimérique : l'existence humaine, si limitée et si courte, serait radicalement insuffisante pour permettre de réaliser une œuvre aussi considérable; aussi bien, il faudrait supposer dans l'enfant une puissance de génie qu'il n'a pas. Bref, il est impossible que l'enfant accomplisse à lui tout seul et en vertu de ses seules forces tout le travail réalisé à travers l'humanité tout entière. L'éducation consiste précisément à suppléer à cette impuissance de l'enfant, à le doter des richesses intellectuelles et morales conquises avant lui et dont lui-même n'aurait pu tout seul s'assurer la possession, à le faire profiter des résultats d'un progrès qui a été réalisé avant lui et qui d'ailleurs le dépasse, le déborde par son ampleur et son étendue.

**E.** — Du même coup, le vrai sens de l'éducation se dégage encore avec plus de netteté. Celle-ci place l'enfant en face du progrès accompli par l'humanité à travers les âges, le dote et l'enrichit de tout ce qu'il y a en lui de plus essentiel. Mais précisément ce progrès est loin d'être terminé ; ce n'est pas une chose faite, c'est une chose à faire ; il représente comme une carrière illimitée, vraiment infinie, dont l'homme, en dépit de tous ses efforts et des résultats déjà acquis, n'a jusqu'ici parcouru que quelques étapes. Il ne faut pas se faire d'illusion sur les bornes du progrès scientifique, les limites de notre science : à vrai dire, ce que nous connaissons n'est vraiment rien en comparaison de tout ce que nous ne connaissons pas; il convient de rappeler le mot de Newton : « Nous ressemblons à des enfants qui voudraient épuiser toute l'eau de la mer avec des coquillages. » C'est pourquoi les grands savants sont aussi modestes : c'est qu'ils sont les premiers à reconnaître l'obscurité, le mystère qui de toutes parts environne et emprisonne l'intelligence humaine. Quant au progrès moral, il est peut-être encore plus lent que le progrès scientifique, parce qu'il demande des dispositions intérieures qui sont sujettes à périr. L'humanité est loin d'être conforme à l'idéal conçu par la raison; dans son état actuel, elle n'est pas encore humaine, sortie de l'animalité, elle ne s'en est pas jusqu'ici entièrement affranchie; elle continue d'y plonger par tout un ensemble d'instincts, de tendances, d'appétits qui engendrent les conflits, les rivalités, les luttes d'individu à individu ou les guerres entre les peuples, et tous les malheurs qui en sont la conséquence naturelle. Sans doute il convient de se préserver de la désolante doctrine du pessimisme suivant laquelle tout progrès est impossible ou illusoire. Il n'y a pas lieu davantage d'accepter celle de l'optimisme béat pour qui tout progrès est inutile, tout effort absurde parce que, d'après lui, tout est bien dans le meilleur des mondes. La vérité est que, soulevée par les hommes de bonne volonté, l'humanité a déjà accompli des progrès, mais doit en accomplir encore; la formation, l'avènement d'une humanité vraiment humaine, raisonnable demeure l'idéal, le but suprême de toute l'évolution de l'humanité elle-même; c'est précisément cette œuvre qui doit constituer pour chaque individu en particulier l'idée directrice de sa vie, l'âme et la règle de sa volonté : il y a là comme un édifice immense, dont les lignes générales se dessinent à peine, qui s'élabore petit à petit et auquel chacun de nous doit apporter sa pierre. Héritier du progrès qui l'a précédé, chacun de nous doit donner à ce progrès même un nouvel élan, le porter plus loin et plus haut; aux richesses qui lui ont été transmises, il doit ajouter lui-même la part de richesses conquises par ses efforts personnels; profitant de tout ce qui a été accompli avant lui, il importe qu'à son tour il fasse profiter les autres de ce qui aura été accompli par lui.

Et ainsi l'œuvre de l'éducation apparaît comme extrêmement sérieuse : elle consiste à faire comprendre, sentir à chaque enfant la grandeur de cette tâche qui dépasse et déborde notre petite individualité, surtout à lui faire vouloir cette œuvre qui donne une signification à notre vie et permet de la comprendre, à le préparer à y consacrer toutes ses forces, à en constituer comme l'âme de son âme, de façon qu'il soit plus tard comme un artisan fécond de l'évolution infinie des choses, un ouvrier efficace de la constitution de la « cité de l'avenir » établie sur la justice, l'amour et la paix. A cet égard, le problème du sens de l'éducation n'est qu'une face de l'éternel problème du sens de l'existence même et de la destinée de l'homme.

*Ouvrages à consulter* : J.-J. ROUSSEAU : *Émile*. — PÉCAUT : *Quinze ans d'éducation*. — GUYAU : *Éducation et hérédité*. — COMPAYRÉ : *Éducation intellectuelle et morale*. — MARION : *La solidarité morale*. — L. BOURGEOIS : *La solidarité*. — J. LUBBOCK : *L'emploi de la vie*. — VALLIER : *De l'intention morale*. — RABIER : *Descartes* (Édition classique, notes) ; *Discours à la distribution de prix du concours général* (1886). — RENOUVIER : *Essais de critique générale : Psychologie rationnelle ; La nouvelle monadologie*. — IZOULET : *La Cité de l'avenir*. — THOMAS : *Morale et éducation*. — CHABOT : *Nature et moralité*. — LALANDE : *Dissolution et évolution*. — BERGSON : *L'Évolution créatrice*. — BOUTROUX : *Questions de morale et d'éducation*. — THAMIN : *Éducation et positivisme ; Pédagogie de guerre*.

# TABLE DES MATIÈRES

## DEUXIÈME PARTIE

## PARTIE SPÉCIALE ET PRATIQUE

## CONCLUSION.



745-20. — CORBEIL. Imprimerie CRÉTÉ.